維新期天皇祭祀の研究

武田秀章

法蔵館文庫

本書は一九九六年一二月二三日、神道文化叢書第21輯
（神道文化会）として大明堂より刊行された。

序

本書は、筆者がこれまでに発表してきた論稿から、幕末維新期における天皇親祭祭祀・皇霊祭祀の形成過程にかかわる研究を一書に纏めたものである。

幕末維新期は、国家存亡如何の危機の只中、天皇を軸芯としてわが国近代国民国家が形成されてゆく産みの苦しみの時期であった。この過程において、天皇および天皇の行なう祭祀（親祭祭祀）もまた、幕末維新の政治過程に呼応しつつ、著しい変容・拡充を遂げてゆく。本書は、こうした幕末維新期における天皇親祭祭祀の展開過程を、その過程を主導した最も基本的な動向――文久山陵修補事業（中古以来荒廃に帰していた歴代天皇山陵の復興事業）着手に端を発する山陵・皇霊祭祀の形成と展開――に着目しつつ検討しようとするものである。

筆者の考察によれば、近代天皇祭祀の形成過程とは、（一）幕末、孝明天皇の山陵修補事業によってその基礎が据えられた天皇「追孝」の祖先祭祀が、（二）維新に至り、明治神祇官の改革を経て、天皇親祭のための宮中神殿創祀（賢所・皇霊・天神地祇を奉祀）へと進展してゆく過程にほかならなかった。こうした観点からすれば、神祇官改革、その廃止は、実は宮中神殿創祀・祭政一致実現のための一階梯にほかならず、通説のようにそれを「神道国教化政策の挫折・国学者勢力の没落」（たとえば村上重良『国家神道』岩波新書、など）の画期としてのみ捉えるのは、あまりにも一面的に失した理解といわなければならない。すなわち、神祇官改革・宮中神殿創祀こそが、近代皇室祭祀の枠組のみならず、皇祖皇宗への責務を存立の根拠とする近代天皇制度の根幹を礎定したのであり、それこそが、幕末以来の山陵・皇霊祭祀形成の論理的発展・必然的帰結として明確に位置付けられなければならないのである。

翻って従来の研究史を顧みる時、戦前の研究としては、維新以降の山陵祭祀の展開を独自の観点から跡付けた山口鋭之助氏の研究(1)、維新期の山陵行政の実態・明治神祇官の実質的機能を検討した藤井貞文氏の研究(2)が先駆的業績として挙げられる。戦後の論稿としては、幕末の山陵修補事業を検討した戸原純一氏(3)・大平聡氏(4)、維新政府の陵墓行政の諸相を考察した外池昇氏(5)、皇室における神仏分離の遂行過程を検討した阪本健一氏(6)、明治神祇官制の特質を制度的・イデオロギー的に検証した羽賀祥二氏(7)、近代皇室祭祀・儀礼の形成史的特質を検討した高木博志氏(8)、明治国家の祝祭日の制定・普及過程を跡付けた有泉貞夫氏(9)、春秋皇霊祭の制定過程を考察した阪本是丸氏(10)、明治初年の天皇誕生日の祝祭を検討した井上勝生氏(11)らの実証的研究が代表的業績として挙げられよう。

しかしながら、これらの諸研究においても、幕末の山陵復興と近代の皇霊祭祀形成との不可分の関連についてはあまり注目されず、また明治初年の神祇官改革が、皇霊祭祀を機軸とする宮中祭祀形成にほかならなかった事情についても、十分に検証されてきたとは言い難い。本書は、これまで比較的看過されてきた右のような視点に立脚しつつ、幕末維新期における天皇親祭祭祀・皇霊祭祀の形成過程を考察しようとするものである。こうした筆者のアプローチは、従来の一般的な既成概念から離れて、維新変革における天皇・祭祀の役割はもとより、天皇を軸芯とした近代日本国家形成のユニークな特質についても、これまで以上に立ち入った分析を求めることになるであろう。

以上のような問題意識にもとづき、本書は以下のように構成される。まず前半、第一章から第四章までは、幕末の朝権進出に伴う天皇親祭祭祀の展開過程、山陵・皇霊祭祀の形成過程を跡付け、近代天皇祭祀成立の諸前提を探る。

第一章では、国家的危機到来の渦中において、孝明天皇によって行なわれた公卿勅使発遣・三社奉幣儀について検討し、それが朝政刷新を志向する天皇の叡慮のもと、近代の天皇親祭体制への展望を開く意義を有するものであったことを検証する（安政五年）。

第二章では、孝明天皇の叡慮により着手された一連の文久山陵修補事業、その第一着手としての「初代」神武天皇陵修補・神武天皇祭創出が、国家祭祀上においては「皇祖皇宗」を機軸とした近代山陵・皇霊祭祀の原点であったこと、政治思想上においては維新変革を主導した「神武創業」の理念を用意するものであったことを検討する（文久二年〜元治元年）。

第三章では、文久修陵事業の端緒としての神武天皇山陵修補過程において、これ以降の修補事業展開のための経営的基礎が模索され、整備されてゆく経緯を跡付ける（文久二年〜元治元年）。

第四章では、孝明天皇崩御に伴う先帝山陵造営が、文久修陵事業の総仕上げとしての意義を有するものであったこと、ここに「初代」「歴代」天皇陵竣功に呼応して「先代」天皇陵が竣功に及び、かくて歴代皇霊合祀を根幹とする近代皇室祭祀の前提条件が成立するに至った事情を検討する（慶応二年〜三年）。

本書後半、第五章以降においては、維新以降における天皇親祭祭祀・皇霊祭祀の展開過程、それを承けた神祇官改革・宮中神殿創祀の実施過程を検討、さらに皇位継承儀礼の最重儀たる大嘗祭の執行過程をも考察する。

第五章では、神武創業・祭政一致を根本理念とした維新変革遂行とのかかわりにおいて、維新政府発足以来の天皇親祭祭祀・皇霊祭祀の進展過程を検証、「初代」神武天皇祭典に対応した「先帝祭」（天皇を祭主とする宮中親祭・山陵親謁により実現）の成立過程を辿る（明治元年）。

第六章では、明治二年、令制により再興された明治神祇官が、決して本来の祭政一致の原則を具現するものではなかったとされた所以を、神祇官の担い手たる津和野派等の関係資料に即して検証、彼らが当初から神祇官改革による祭政一致・天皇親祭体制（賢所・皇霊奉祀）形成を構想していた事実を明らかにする（明治二年〜三年）。

第七章では、明治神祇官の改革過程を検討、神祇官廃止がとりもなおさず賢所・皇霊奉祀による宮中神殿創祀にほかならなかったこと、それこそが祭政一致の理念を存立の根拠とする近代天皇制度の中枢部分の確立を意味していたことを考察する（明治二年〜四年）。

第八章・第九章では、廃藩置県直後、皇位継承儀礼として行なわれた明治大嘗祭の国家的・国民的拡大の諸相（節会・国民奉賛の拡大等）を、維新変革による国民国家形成過程との関連において考察する（慶応三年〜明治四年）。

本書所収の論文は、いずれも平成の御代替わり前後の時期に、あいついで執筆する巡り合わせとなったものである。敗戦・占領という未曽有の変革を経つつ、なおかつ国家的重儀として行なわれた先帝の大喪儀、新帝の皇位継承儀礼は、筆者が幕末維新の御代替わりの時期の研究を進めてゆく上において、この上ない学問的刺激となった。このことを、最後に付け加えておきたいと思う。

なお、収録論文については、できるかぎり初出を重んじ、必要最小限の加除を行なうにとどめた。また体裁の不統一・内容の重複等も、敢えてそのままとした。読者の理解を得るためには、各論の独立性はもとより、ある程度の繰り返しもまた必要であるとの判断による。何卒諒とされたい。

註

(1) 山口鋭之助「明治神道史の一節神祇伯再設問題に就きて」(『神社協会雑誌』二七冊一・二号、一九二八年)、同「明治戊辰の祭政一致の制度御回復」(『神道学雑誌』五、一九二八年)、同「明治戊辰祭政一致の御制度」(『神祇』七九号〜八二号・八四号・八五号、一九二九〜三一年)。

(2) 藤井貞文「明治新政と山陵の措置」(『国史学』六、一九三一年)、同「明治政府の神祇行政と神祇事務局」(『国史学』二〇、一九三四年)、同「神祇官の再興と其の機能」(『歴史地理』六五巻二・三・五号、一九三五年)。

(3) 戸原純一「幕末の修陵について」(『書陵部紀要』一六、一九六四年)。

(4) 大平聡「公武合体運動と文久の修陵」(『考古学研究』三一巻二号・通巻一二二号、一九八四年)。

(5) 外池昇「陵墓観の変遷」(『成城文芸』一一五、昭和六一年)、同「地方の陵墓伝承と明治政府——明治四年二月の「太政官布告」をめぐって——」(『調布日本文化』創刊号、一九九一年)、同「村落と陵墓古墳の周濠——古市古墳群をめぐって——」(『成城文芸』一三一、一九九〇年)、同「村落による陵墓古墳の利用形態——山野としての墳丘部——」(徳川林政

史研究所『研究紀要』二三、一九八九年)、同「『上野国郡村誌』にみる「陵墓」」(『調布日本文化』三、一九九三年)、同「豊城入彦命墓の指定運動——熊谷・群馬両県と明治政府の軋轢——」佐伯有清先生古稀記念会編『日本古代の祭祀と仏教』(吉川弘文館、一九九五年)、同「「文久の修陵」と年貢地」(『調布日本文化』五、一九九五年)、同「間瀬和三郎と戸田家——「文久の修陵」以前——」(『調布日本文化』六、一九九六年)。

(6) 阪本健一「皇室に於ける神仏分離」(『明治維新神道百年史』第四巻、神道文化会、一九六八年)。

(7) 羽賀祥二「開国前後における朝幕関係」(『日本史研究』二〇七、一九七九年)、同「明治神祇官制の成立と国家祭祀の再編」(上)(下)(『人文学報』四九・五一、一九八一・八二年)、のち『明治維新と宗教』(筑摩書房、一九九四年)収録。

(8) 高木博志「神道国教化政策崩壊過程の政治史的考察」(『ヒストリア』一〇四号、一九八四年)、同「明治維新と大嘗祭」(岩井忠熊・岡田精司編『天皇代替り儀式の歴史的展開』柏書房、一九八九年)、同「明治維新と賀茂祭・石清水放生会——「朝廷の祭」から「神社の祭」へ——」(岩井忠熊編『近代日本社会と天皇制』柏書房、一九八八年)、同「日本の近代化と皇室儀礼——一八八〇年代の「旧慣」保存——」(『日本史研究』三二〇、一九八九年)。

(9) 有泉貞夫「宝祚節不制定始末」(『国史論集——赤松俊秀教授退官記念——』、赤松俊秀教授退官記念事業会、昭和四七年)、同「明治国家と祝祭日」(『歴史学研究』三四一、一九六八年)。

(10) 阪本是丸「春秋二季皇霊祭の制定過程」(『神道学』一一八、一九八三年)。
(11) 井上勝生「一八六八年の天皇誕生日の祝祭——近代成立期の国民統合について——」(『史林』七二巻三号、一九八九年)、のち『幕末維新政治史の研究』(塙書房、一九九四年)収録。

目次

第五章　明治元年における先帝祭の成立

維新期天皇祭祀の研究

第一章　安政五年の三社奉幣

はじめに

本章の目的は、安政五年に行なわれた公卿勅使発遣・三社奉幣について検討し、その歴史的意義と社会的影響を考察することである。

安政五年は幕末維新史の大きな転換点であった。この年、老中堀田正睦の通商条約勅許奏請とその「列参」による却下という画期的な事件があった。それは、条約問題に関わる天皇の政治的意志表示に端を発し、従来の朝幕関係の転換のみならず、摂家を中心とする朝廷内秩序の急激な変動をも促したのである(1)。周知のように、近世を通じて、幕府の基本方針は一貫して朝廷統制にあった。元和元年の「禁中並公家諸法度」は幕府が朝廷に与え、その遵守を誓わせた統制のための法度であり、天皇の非政治化と御所内への封じ込め、摂関・議奏・伝奏制による一部公家の朝廷内支配によって、官位叙任・改元等を除く天皇・朝廷の政治的・社会的影響力を抑制してゆくことが幕府の根本政策だったのである(2)。

ところが、安政五年に至って、この朝廷統制の基本的枠組は覆された。孝明天皇は、幕府の通商条約勅許奏請を契機として、条約勅許の拒否という明確な政治的意志をお示しになられた。それは、朝廷内の廷臣に対する意志表示（安政五年一月以降頻発される「宸翰」）から、老中に対する条約勅許拒否の意志表示（三月二十日勅答）、さらには全国の大名に対する直接の意志表示（戊午の密勅）となって発現したのである。それこそは、「国体の安危」にかかわって示された天皇の政治的意志表明にほかならなかった。ここに至って、幕府開設以来、幕府の法度支配・摂家支配によって厳封されてきた天皇の政治的意志が発動し始めたのである。これに伴って、朝廷内に天皇の「叡慮」を根拠としつつ宮廷改革・王政復古を主張する非職廷臣の政治勢力が急浮上し、従来通り朝幕協調政策のもとに朝廷を運営してゆこうとする関白主導下の朝廷会議と鋭く対立してゆく。

以上のような全体状況の転換を背景として、孝明天皇は公卿勅使・三社奉幣使発遣（神宮・石清水社・賀茂下上社）を発意される。そもそも公卿勅使の制は、平安期以降の内廷組織の整備に即応して、重位の近臣をもって天皇の御願をより直截に神宮に伝えることにその意義があったとされる(3)。幕末、安政五年度の公卿勅使も、列参による朝議撤回、関白の専断打破という事態に即応して、天皇の意を体した股肱の廷臣が、その願意をより直截に神宮に祈願するために発遣された。それは、右のような天皇の叡慮の公然化、それを根拠とする朝廷内秩序の変更を如実に反映、従来の朝廷祭祀の枠を越えて、近代の天皇親政・天皇親祭を展望するものであったように思われる。ここにおいて孝明天皇は、旧来の朝廷制度とは異なった、いわば天皇を主体とする新しい朝政体制、天皇親政・親祭体制の模索を行なわれたと見ることができる。さらにそれは、従来の朝廷祭祀にはなかった広汎な社会的反響を喚起し、そこで示された祭祀者としての天皇像は、これ以降、全国民的関与のもとに展開して行く尊攘運動の不可欠の前提となっていったのである。

ここで公卿勅使の制について、若干概観しておきたい。公卿勅使は、国家の大事に際して、定例の奉幣とは別に、重位の廷臣を発遣するところにその本旨があった。公卿勅使発遣は、南北朝期、後醍醐天皇の御代における勅使発遣（嘉暦三年）を最後にして中絶、大嘗祭・新嘗祭以下の恒例祭祀同様、長い中断期間を経過する。かかる中世以降の朝儀廃絶の状況に対する「朝儀再興」の課題は、近世朝廷の最重要課題であった[4]。この「朝儀再興」のスローガンのもと、神宮例幣・大嘗祭・新嘗祭等、数々の朝廷祭祀が再興されてゆく。この中で、公卿勅使は、正保四年、神嘗祭奉幣（神宮例幣）再興の由奉告に際して約三百十九年振りに再興される[5]。神宮への公卿勅使発遣は、これ以後四度に及び、安政五年の公卿勅使発遣は、近世に入って六度目の公卿勅使発遣であった[6]。

本稿は、右のような歴史的背景を有する安政五年の公卿勅使発遣・三社奉幣について、これを孝明天皇による旧来の朝廷制度を越えた新しい朝政体制、天皇親政・親祭体制の模索と見る立場から、近代天皇制度形成を視野に入れつつ、その歴史的意義を考察しようとするものである。

一　安政五年の政治情勢

以下では、公卿勅使発遣・三社奉幣の前提となった安政五年の政治情勢の転換、朝廷内秩序の変更を概観したい。

1　勅許奏請

先に触れたように、元和以来の幕府の一貫した朝廷政策は、「禁中並公家諸法度」と摂関・議奏・伝奏制による朝廷統制にあった。しかしこのような幕府の政治方針は、弘化・嘉永の対外的危機の進展に伴って徐々に変化してゆく。老中阿部正弘の政治指導のもと、幕府の政治方針は、天皇・朝廷の権威を抑制することではなく、天皇・朝廷の権威のもとに国是の一致を図る、という政策に転換したのである。このような幕府の政策転換は、朝廷への外国書奏聞と、有志大名層の広汎な政治参加をもたらした。安政五年に至って、アメリカ総領事ハリスの執拗な要求によって、幕府は日米修好通商条約への調印を迫られる。ここにおいて老中堀田正睦は、国内世論制圧の切札として天皇の条約勅許を得るため上洛し、朝廷工作を開始する。

この当時関白の任にあって朝議を主宰していたのは九条尚忠であった。九条は、当初は大閤鷹司政通と対立して条約調印反対を主張していたものの、後には幕府への追随・協調路線をもってその政治姿勢とするに至っていた。通商条約勅許を求めた堀田に対し、関白は、三月十一日、幕府への白紙委任を決定する。

2 列参

天皇は、このような関白の専断に対して「私モ不知又所存不在可笑ナ物ニテ事治定ニ成候事ト誠ニ心配之至ニ候」(7)(近衛忠熈宛宸翰)と当初から激しい憤懣を有していた。わが国建国以来の「天位」を践み、国土・万民を慈しむべき「天職」を有する君主として、「国体」を脅かす強大な力の前に立ち塞がり、身をもって「国体」を守りぬく役割を担わなければならない、というのが孝明天皇の御決意であったように思われる。

このような御決意のもと、朝議が幕府への白紙委任を決定した十一日夜、天皇は、議奏久我建通に、朝議決定は御自らの御意志に非ずとする密旨を授ける。この密旨を承けて、中山忠能、正親町三条実愛、大原重徳、岩倉具視らが廷臣間に奔走、翌三月十二日、中山・正親町三条両名以下八十八名の公家が朝議決定撤回の意見書を携えて御所へ列参、夜に入って百五人の堂上が前関白邸に押し掛け、朝議決定の撤回を要求した(8)。近世を通じて朝廷の政策決定機構から排除され続けてきた中堅以下の廷臣たちが、「叡慮」を根拠としつつ、関白主導下の朝廷会議に対して集団的圧力をかけるという事態となったのである。

三月十七日、親幕派の武家伝奏東坊城聡長は辞任に追い込まれ、かくて十八日の御前評議を経て、三月二十日、堀田正睦に対して、なお諸侯の衆議を尽すべきに付、通商条約調印は見合わせるべき旨の勅答があった。

条約勅許せずとの叡慮は、幕府経由で、公然と全国の大名に伝達された。四月二十五日、御三家以下諸侯の江戸登城が令せられ、「墨夷之事、神州之大患、国家之安危ニ係リ、誠不可容易、奉始神宮、御代々へ被為對、恐多思食……闔國人心帰向ニモ相拘リ、永世安全難量、深被悩叡慮候……猶三家以下諸大名江被下台命、再應衆議之上、可有言被仰出候事」として、一層諸侯の公議を尽すべしとする叡慮が伝えられたのである。[9] かくて「条約調印不許可の叡慮」は、いまや朝幕間のみならず、全国レベルで公然と周知されるに至った。

3 列参の意義とその政治勢力

そもそも近世朝廷では、摂関・三公のほか、議奏・伝奏に任ぜられた少数の公家の他は、親王も百家余の堂上公家も、朝議に参画できない体制にあった。列参によって現実化したのは、このような朝廷支配に対して、天皇の叡慮を根拠として異議申し立てをしようとする政治勢力であった。[10] すなわち、権大納言久我建通（議奏）、権大納言中山忠能（三月七日議奏加勢、五月十日議奏）、権中納言正親町三条実愛、侍従兼近習岩倉具視らがその指導者である。清華家でこの動きに合流したのは内大臣三条実万、権大納言徳大寺公純（議奏）であり、摂家でこの動きに同調したのは左大臣近衛忠煕、権大納言（のちに右大臣）一条忠香であった。彼らは、九条関白・議奏坊城俊克・武家伝奏広橋光成らの幕府協調派と鋭く対立してゆく。

鷹司家諸大夫小林良典は、後に彼らの政治的性格について「其後堂上方之形情、御熟考之処、右　御使之御旨柄をいつれも不服ニ而、王政御回復之儀を唱へ候方、盛ニ有之」(傍点筆者)と述べているが、その政治路線は、宝暦事件・尊号一件以来、朝廷内部に成長しつつあった「朝廷復古」を志向する政治的潮流の結晶化であった[11]。それは朝廷復古の阻害要因たる摂関排除を望んだ霊元上皇の宿願を、幾星霜を隔てて実現するものであった。

四月二十三日、失脚した堀田正睦に代わって、井伊直弼が大老に就任した。天皇は、井伊の向背を深く憂慮された。五月十一日の近衛忠凞宛宸翰では、「返答振甚不安」「彦根大老職ニ申付之由、其處モ難解方々心配之至ニ候」と井伊大老の条約問題への態度如何を憂念された[12]。五月十三日、関白・三公を小御所に召して評議された際には、「関東ヨリ先日之返答来申サス定テ其内ニハ何トカ可申来ト深心配候テ、種々勘考候處、彼是之次第、且井伊掃部頭大老職申付候儀、何レ押返シ関東之御趣意通リ可致所存ト愚案候」と、幕府の態度が如何様であろうとも、条約断じて勅許せずとの線で廷臣の団結を期すべきであるという叡慮を示されていた[13]。

4　公卿勅使発遣・三社奉幣の叡慮

このような政局の推移、これに対する御憂慮の只中、天皇は、「弘安度の典礼」に拠って、公卿勅使発遣・三社奉幣発遣を発意される。

公卿勅使発遣の趣旨は、京都所司代本多忠民に示された次の覚によく示されている(14)。

一　今度
伊勢公卿　勅使被立候ニ付而者先例於宮中茂威儀之御装飾御作法等も被為在候へ共
此度之儀者誠天下之大事ニ候得者厳儀之事件筆者總而被畧只々被盡　御誠実蛮夷摂
伏　皇国泰平武運長久之御懇祈専要之
叡慮ニ候事

一　蛮夷之儀ニ付而ハ先達而茂被　仰進候通昼夜被悩
宸襟御寝膳等モ不被安御遊宴等茂被為廃候程之御儀ニ候得ハ乍此上猶亦厚勘考可有
之事

一　公武御合體之儀ハ不及申何事茂御和談可有之永世公武共御安心之処置頼思食候尤
於関東茂専衆議中ニ者可有之候共幸其元参府之序此段申入候事

すなわち、このたびの勅使発遣は、第一に天皇の皇国泰平「御懇祈」の叡慮から出たものであること、第二に、国家の安危について叡慮を悩まされ、寝食も安からざる天皇の宸憂に厚く思いを致すべきこと、第三に、天皇の願いは、あくまでも公武合体・人心一和にあることが懇切に示されている。四月二十一日、朝廷は、天皇の内慮を幕府に伝達、三十日、幕府はこの旨を奉承した。公卿勅使発遣に伴って石清水社・賀茂下上社奉幣も「付行」されることとなったのは、五月に入ってからのことと思われる[15]。

発遣の前後、天皇は、奉幣にかかわる日録として、親ら『宸記』を記されてゆく[16]。おそらく天皇の念頭には、「異国事」祈願の公卿勅使発遣に際して、御自ら『宸記』を著された伏見天皇の先例があったものと思われる。天皇には、欧米列強の通商条約締結要請を、開闢以来の国家的危機到来と捉え、この未曾有の国難に際しての詳細な手録を残し、後代に帝道の規範を示そうとする御意志があったものと思われる。

ここで行なわれた公卿勅使発遣・三社奉幣は、安政五年の朝幕関係の転換、すなわち天皇の叡慮の公然化、朝廷内秩序の変更を如実に反映、従来の朝廷祭祀の枠を越え、期せずして近代の天皇親政・天皇親祭の崩芽を端緒的に示すものとなった。次節では、この点を検討してゆきたい。

二　勅使問題

1　勅使の顔触れ

三社奉幣の勅使の顔触れは、三月以降の朝廷内秩序の転換を反映し、これ以降急速に浮上して来た政治勢力の代表者から、叡慮によって下命されたものであった。それは、列参による関白の専断打破に呼応するものであり、天皇自らその股肱の臣を勅使に任命することによって叡願の貫徹を図る、一種の天皇親祭体制の模索であったと評することができる。

以下、勅使任命の経緯を見てみよう。

まず四月二十三日に神宮への勅使が、ついで五月七日に石清水社、賀茂下上社勅使人選の内慮が示され、各人に内示された。次に『宸記』から、天皇の勅使任命の内慮を伝える記事を引く。

(1)　四月二三日

使神宮上卿　　徳大寺大納言

上卿　　内大臣

以上内慮之事

以関白申出　　御受以兒言上後刻各御禮言上

(2)　五月七日

関白用談

一　公卿勅使旬之事六月中旬等治之事

石清水鴨《ママ》下上社奉幣附行之事

已上上卿内大臣へ可申渡事

一　石清水使　　中山大納言
　　加茂下上社　三条中納言
　　　已上可申渡事
　右内勘文六月二三日後至七月上旬勘進可申付事

(1)にあるように、四月二十三日、権大納言徳大寺公純に神宮勅使を、内大臣一条忠香に上卿を命ずとの内慮が示された。『徳大寺公純卿日記』同日条にも「勢州公卿勅使参向御内意被仰下……」とあり、この日、彼が勅使任命の内示を受けたことがわかる。[17] 同日、内大臣一条忠香も、「伊勢公卿勅使上卿御参之儀御内意被仰下候事」との内示を受けていた。[18] 翌月に入って、公卿勅使発遣に伴って「二社奉幣」が「付行」されることが仰出され、(2)にあるように、五月七日、石清水社勅使に権大納言中山忠能を、賀茂下上社勅使に権中納言正親町三条実愛を当てるべき内慮が示された。この翌日、中山は、一条から石清水社勅使の「御内意被仰下候」内示を受け、また神宮への「公卿勅使儀」についても「示談」を受けていた。このようにして、四月二十三日・五月七日の両日、天皇の叡慮により三社奉幣の勅使が内定したのである。

勅使に任ぜられた彼ら三名は、いずれも三月の列参以来朝廷内に急速に形成されてきた政治勢力の代表者であった。まず徳大寺公純についていえば、朝廷内のみならず幕府側においても、天皇の叡慮を体した硬骨の廷臣として知られていた。さらに、石清水社勅使を命ぜられた中山忠能、賀茂下上社勅使を命ぜられた正親町三条実愛は、いうまでもなく三月の列参の指導者であった。三月七日建白によって口火を切り、非職廷臣のリーダーとして三月十二日の列参を主導したのは、七日建白の筆頭に名を連ねた中山忠能、副に名を連ねた正親町三条実愛である。彼らは、久我建通・大原重徳・岩倉具視らとともに、天皇の叡慮を体して朝議を条約締結不許可に導いた首謀者であった。彼らが行なっていた政治活動を示唆するものとして『徳大寺公純卿日記』五月二十九日条に次の記事がある。

一　三条前内相府亭行向土佐守近習大脇沖《ママ》之進為密使上京於裏方令面会彼是有談論従神宮御用儀ニ付参朝当番中山ト有談来月十日発遣日時定十七日発遣二二日御奉納二五日使帰京内勘文清書賜御題点畢

一　恐悦予祭主並等以表使恐悦申上了

これによれば、この日徳大寺は、三条実万邸で土佐藩から派遣されてきた密使大脇興之進と面会、また宮中で中山と「神宮御用儀」について談じている。四月中旬、三条実万が土佐藩主山内豊信に送った書簡は、「当時御用之人々ニテハ、久我右大将・徳大寺大納言・万里小路大納言・中山大納言・正親町三条中納言、是等之人々ハ随分了見モ有之」[19]と伝えていたが、この記述は、三条・中山と共に、徳大寺が、一橋派の有志大名と連携して行なっていた水面下の政治活動を示唆するものと言えよう。いずれにせよ、三社奉幣の勅使は、関白の幕府協調路線に対して、朝廷改革を求める政治路線の代表的公家であり、彼らの旗印は、一貫して叡慮の遵奉と、そのもとでの言論洞開にあった。

以上のような叡慮による勅使発遣の意義について、在京中の梅田雲浜は、次のように評していた[20]。

勅諚之趣難有事に候。天下人心一新洗不レ堪二恐悦候一。天朝之思召は、一決之御様子に候、……　昨日　徳大寺殿　勅使として伊勢え御下りに相成候。神宮之神意如何レ有レ之や。徳大寺殿は和気清麻呂公之場合にて甚大任に候。

雲浜は、勅使徳大寺の役割を宇佐八幡神託宣事件における和気清麻呂に類比している。清麻呂が神慮を根拠として、道鏡の皇位簒奪の野望を阻んだように、徳大寺も神宮の神慮を根拠として、関白・幕府の対外屈従政策を阻む役割を担っているとするのである。雲浜の評語は、勅使発遣の政治的意義をよく言い得ているものといえよう。

2　宣命作進

次に、奉幣儀において、天皇の叡願を伝えるという意味で最も重大な意義を有する宣命作進の問題を見てみたい。

近世朝廷において、奉幣の趣旨を皇祖・神々に告げ奉る宣命は、天皇の起草した箇条書（宣命趣意書）を受けて原案が作成され、最終的に関白が取り纏めるものであった。例えば、この年三月二十一日、天皇は東照宮例幣の宣命に、「彌天下大平・國體安全・夷患無之」

の辞別を付すことを求め、関白に「尊慮之程以何乍無左ト申入候無御存意ハ同分御執計可有之存候事」と懇願されている。[21]すなわち、関白の承認を得ることなしには、天皇といえども宣命に自らの意志を反映することはできなかったのである。

『宸記』によれば、六月二日、天皇は、通例に従って関白に叡願の箇条を授け、宣命作成を命じていた。

二日

一　関白参對面之節今度公卿勅使ニ付宸筆之宣命ニ認予存念願文箇条ニ致一紙在別紙関白へ渡

しかし天皇は、この一方で、関白主導で作成される「表向」の宣命と、御自らの叡願を明確に区別されていた。[22]そのことを示すのが『宸記』および『久我建通日記』六月七日条所載の次の記事である。

(1)　安政五年六月十七日

勢州江公卿勅使奉幣異船一件ニ付為降伏

右宸筆宣命草関白尚忠作進

但眞之作進ト云ニ而無之相談也

右作進之草ヲ極内々為見左大臣三条前内府徳大寺大納言中山大納言等極密相談轉文有書付也

(2)　一　召　御前今度石清水社　宣命中へ貞観元年為王城鎮護之神託垂跡夷類征伐之咸徳于今相輝已垂千歳之事可加入旨御沙汰有之一紙仰詞書付殿下へ申入奉行申渡候且此便大原三位摂州行之事御調ニ相成候様関白殿御願之旨今日武伝へ沙汰有之趣承之……

(1)は神宮宣命起草に関わる『宸記』の記述である。天皇によれば、九条関白のもとで作成された宣命は決して「眞之作進」ではないため、「左大臣三条前内府徳大寺大納言中山大納言」を御前に召して「極密相談」、親しく相談して「轉文」した旨を認められている。『久我建通日記』六月十一日条には、「左大臣三条前内大臣等参入召御前筆宣命之文體不宜ニ付御相談ニ相成候由也」とあり、天皇が近衛・三条らと「極密相談」されたのが六月十一日のことだったことがわかる。このように天皇は、表向の宣命と、叡慮を反映した「轉文有書付」を明確に区別し、「三条前内府徳大寺大納言中山大納言等極密相談」の上の「轉文」こそが、真の叡願を示すものであることを強調されていたのである。(2)は石清水社の宣命作成に関わる『久我建通日記』の記事である。すなわち、六月七日、天皇は、久我を御前に召し、貞観元年の例に準じた願意の趣旨を「加入」すべき意向を示されていた。

このように、天皇は公卿勅使・三社奉幣に際して、自らの意志を体した廷臣をその叡願「眞之作進」に参画・関与せしめたのである。

3　天皇叡願

天皇は股肱の廷臣を願意作成に関与させるのみならず、勅使を御前に召し、あるいは「密旨」を賜い、関白を経由しない「真の叡願」の所在を、親しく示されていた。以下、『宸記』および『徳大寺公純卿日記』から関係箇所を引きつつ、この点を具体的に見てみよう。

(1)『宸記』六月一日条

一　公卿勅使日時定来十日ト被　仰出両役恐悦申入之由長橋申入

一　召徳大寺大納言用談
　内々宣命之文言予趣意為心得申含書取ニ遣極密

一　公卿勅使ニ付
　表祝酒分賜享和度略書付議奏ゟ伺長橋入覧如何事申出就右内議モ略付治定長橋へ

一　自分服調進於常御所申渡覧候而表へ出

『徳大寺公純卿日記』同日条
　朔日晴早旦沐浴拝　両大神宮

一　巳斜参朝位袍奴袴

(2)『宸記』六月四日条

一　召徳大寺大納言譯之砌於側大乳持出黄金三枚賜之
　今度勢州公卿勅使ニ付万事々多且大暑之時分格別苦労ニ　思召雖無例今度以格別

思召賜之申述
畏退
右者右之口状之通り也不為後例事
且又関白已下何方エモ相談譯合無之也然非内秘ニモ也
（見返シ）
安政五年六月四日之日次案
右一紙
『徳大寺公純卿日記』同日条
一　召御前依近々勢州参向炎熱苦労御思召之由判金三枚拝受訖
(3)『宸記』六月八日条
一　召徳大寺大納言咄内々　宸筆　宣命草談
安政五年六月八日奉行頭弁ヨリ自公卿勅使之一件
（中包）
六月八日
徳大寺大納言へ面会之節内々申遣候事書付上候や日ハ同日故一所ニ包置候是ハ奉
行ゟニ而ハなし
『徳大寺公純卿日記』同日条

一　召御前縷々有御沙汰

(4)『徳大寺公純卿日記』六月十日条

一　召仰参内其後参内侍所拝也両段再拝也其後参内々方恐悦申上以表使賀申其後有御祝酒両役林和靖間也

此間廃日記

(5)『宸記』六月十六日条

一　徳大寺大納言参上勢州参向ニ付御機嫌伺参上……於小座舗逢……宸筆宣命令為見先例也

(1)によれば、六月一日（九条関白に叡願の箇条を伝える前日）、天皇は徳大寺を召し、願意の趣旨について御沙汰された。(2)によれば、四日にも徳大寺へ金三枚を賜い、思召を示された。(3)(4)の記事によれば、このようなお召しは、八日、十日と続き、また(5)によれば、十六日（発遣前日）、「御機嫌伺」に参上した徳大寺に、あらかじめ宸筆宣命を披見させている。これら一連のお召しによって、天皇は、徳大寺に御自らの真の叡願を「縷々有御沙汰」されたものと思われる。

同様な御沙汰は、徳大寺のみならず、中山・正親町三条にも下された。『宸記』六月十二日、十八日条の記事を引いて見よう。

(1)　六月十二日

一　召　石清水社使中山大納言
　賀茂下上社使三条中納言伝表向　宣命之外予極秘願意書取四折両人へみせ得与申
　含先拝借持退右所存書ハ別ニ有之
　　　　　　右御一紙

(2)　六月十八日
一　今度中山三条等公卿勅使参向ニ付予極存念去十二日面会尋仍右四折……両人以富
　小路出役　三条へ可伝申出

(1)によれば、十二日、天皇は中山・正親町三条を御前に召し、「極秘」の願意を沙汰された。(2)の十八日の記事でも、近習富小路敬直をもって「存念」を両人に伝達せしめたことが特記されている。天皇は、三月、廷臣に列参を促した時と同じように、近習富小路をもってその「密旨」を中山・正親町三条に賜った。すなわち、徳大寺に御前で叡願を示された天皇は、中山・正親町三条に対しては、特に宸翰をもって叡願の箇条を伝達されたのである。この時、天皇が「宣命之外」両名に授けた聖旨は次の通りであった。[23]

　御上包
安政五年六月廿三日
石清水社
賀茂下上社　　　　公卿勅使願文

写　委細書在包之内

御上包

石清水使　　中山大納言

賀茂下上使　　三条中納言

右統仁極趣意十二日面会之時及尋仍書付渡備忘写

一　夷一条実爾為天下国家一同可抽忠誠之事

然留遠何カ人心不一致中爾者見込違且利潤爾迷又者関東江諛之志歟欲成弱計ニ万事ニ差障之事

是等之事洗滌候様之事

一　忠魂正實之輩者自然評談モ数度可有之然遠留誰爾不限偏執誹謗等之邪魔無之様之事

一　統仁以暗昧之質居帝位候事者常仁恐縮不少之處如是至大至重之時世殊更心痛無限依之輔佐之輩無之者暫時モ不能安位事其上居深窓之内而者世風委細ニ不得知事者自然無念之基歟依之衆議區々入耳第一之事且平常乃事共相替今度之一条者非常之義故尤役人不及申爾非職之者トテモ有志之輩者趣意申立可然捨用者衆議之上之事然留仁趣意申出且談話仁招重奈禮波彼是惑乱欲発同役ト而モ不知事是皆偏妬心ヨリ所起且統仁申立之事茂疑心懐予利拒絶乃基爾及布是等之事乍小事終爾者大事乃妨歟止止寒心候事

彼是如此之内乱無之兎爾角天下国家之一大事無忘却様一等相心得
天下泰平国家静謐永戎狄之患無之様肝要之事
（宣命趣意書略）
心得留
右二包
備中檀紙四折
以同紙封包
（図略）
四折両通一ツニ包封
一包中山大納言へ渡
二組
一包三条中納言へ渡
安政五年六月十八日以富小路中山大納言へ渡於三条中納言者此節議奏加勢免使神事ニ付免小番不参上中山モ神事同上乍議奏本役故集丈者参仍中山へ渡三条中納言へ可伝申渡
右者非表立之儀過日両人面会之節私之祈請心得迄ニ中受度願意故渡之畢竟使之人備忘也

ここでは、天皇の「願意」の内実を、天皇御自身の御言葉によって、明白に窺うことができる。これによれば、まず第一に、対外問題が「天下国家」の安危にかかわる事柄であり、廷臣全員が一致して取り組まなければならない問題であることが確認されている。しかし、それにもかかわらず、一部廷臣は利潤に迷って関東に諂諛し、朝臣としての職分を尽していない。このような旧弊を一掃して、朝廷内秩序を一洗、叡慮のもとで廷臣の団結を固めるべき事の緊要性が示される。

第二に、天皇と「忠魂正實之輩」との接触を妨害すべきでないことが強調される。国家の大事に際しては、廷臣の衆議を採ることによって朝廷内合意を形成、もって朝廷の団結を図ることは当然のことである。それ故、天皇のお召しのもと、天皇と「忠魂正實之輩」との「評談」も「數度」に及ぶが、これを有位のものが嫉妬心から妨害すべきではないとされるのである。当時の政局から言えば、「忠魂正實之輩」とは中山・正親町三条らの改革派を指し、「誹謗」の心からそれに妨害工作を行なうものは、九条関白等を指すことが推測されよう。

第三条で、天皇は、自らの帝徳の不足の自覚を吐露、重大な時局に際して、補弼の臣の補佐・助言なしには一日も帝位を安んじ得ないことを訴え、賢明の臣の意見上申を求める。現在は平時ではなく、国家の非常時であり、このような時節にあっては通常の「役人波不及申」、「非職」の者とても、朝議に参画、天皇を補弼しなければならない。すなわち、朝廷内身分制度の枠を越えて、有能な廷臣が天皇を補佐し、「非職之者トテモ有志之輩者趣誹謗中傷を行なうことは最も寒心に耐えない、と痛論される。

のような朝廷内の人材登用・言論洞開の思召に対して、一部廷臣が、「妬心」から妨害・

意中立可然」その衆議を用いて、国難到来の時局に対処しなければならないのである。こ

誹謗中傷を行なうことは最も寒心に耐えない、と痛論される。

ここには、関白・両役の朝議独占から、有志公家の政治参加により「忠魂正實之輩」の意志が朝議に反映する体制への模索、すなわち天皇御自身による朝政改革への模索が明白に読み取れるであろう。天皇は、この願意を関白経由の朝議とは一線を画する「私之祈請」として認識されていた。なぜなら、関白主導の朝議は天皇の叡慮を阻んでいるのであり、朝廷内の言論洞開を決して容認しようとしていなかったからである。三名の勅使は、天皇が親しく御沙汰されたこの叡願を携え、三社の神前に参向したのである。

六月二十二日、神宮奉幣当日、勅使徳大寺公純は、中臣祭主神祇大副藤波教忠・使王山科生春・忌部真継能弘を従えて、まず外宮に奉幣、宸筆宣命を捧読、ついで内宮に奉幣、宸筆宣命を捧読した。当日、天皇は石灰壇で臨時御拝され、その後内侍所にも詣でられた。当日の『宸記』に「但心願存文加不別注慮可知」という一説があるが、その「心願」とは、いうまでもなく天皇が自ら御沙汰された「密旨」であり、天皇の宮中御拝における祈願もその「密旨」に沿うものであったろう。

二十三日には、賀茂下上社・石清水八幡社において奉幣儀が斎行された。当日、勅使中山忠能・正親町三条実愛は、神前に幣帛を捧げ、宣命を捧読し、叡願の密旨を念じ上げた。

彼らが賀茂下上社・石清水八幡社の神前で祈願した願意も、やはり天皇の「心願」に基づくものであったことはいうまでもない。天皇は巳半刻、石灰壇で両社を御拝され、さらに夜に入っての神宮東庭御拝でも、両社御拝を「兼勤」されている。

同日午刻、天皇は、御所小座舗にて賀茂下上社勅使正親町三条実愛と対面、その復命を受けられた。『宸記』によれば、正親町三条は、ここで天皇より命ぜられた密旨祈念の由を復命した。

二三日丁卯雨

（中略）

一　午刻過

三条中納言帰参

両社使無異動言上渡一封返上　以富小路上

次召小座舗　金巾子 長袴蝙蝠　冷泉宰相誘引了退三条中納言逢

両社宣命読上万端無異相済誠一點之無滞至極之都合被遂行候且宣命読上御別紙一封拝見祈念之了此上社之節橋殿之上鶴三羽舞候由余リ度ハ鶴ハ不見候全吉瑞之旨社氏畏申入候由言上實可畏事也了而退（傍点筆者）

翌二十四日、天皇は石清水社勅使中山から復命を受けられた。中山も、天皇より命ぜられた密旨祈念の由を復命したものと思われる。

二四日戊辰陰
一　関白晩程参仕不参　長橋申入
一　中山大納言参上昨日無異ニ勤仕由言上
　衛門内侍申入召逢如昨
二十五日には、神宮公卿勅使徳大寺公純、祭主藤波教忠が帰京した。天皇は両人を学問所に召しその復奏を受けられた。
二五日己巳晴辰一刻前計微震
（中略）
一　徳大寺藤波奉行頭弁万事無異済恐悦申入
　少将内侍申入
一　学問所対面詰以富小路申出
　小時宣由申入次垂纓袴蝙蝠於学問所中段徳大寺大納言藤波三位奉行頭弁人別進對面議奏當番近臣侍従如節朔
一　徳大寺大納言於菊之間賜直衣夏
一　後出禮申入
二十六日には宮中神事が解け、これをもって公卿勅使発遣・三社奉幣の全儀は終了したのである。

以上見て来たように、公卿勅使・三社奉幣の勅使は、いずれも天皇の意向を反映し、関白の幕府協調路線に対して、朝廷改革を求める政治路線の代表的公家であり、彼らに天皇が直接授けた願意は、九条関白への不信任の只中、朝廷内の言論洞開を目指すものであった[24]。それは、天皇の叡慮を「忠魂誠實」の臣が補佐する望ましい体制の模索であり、天皇御自身による、新しい朝政体制、すなわち一種の天皇親政・親祭体制の模索であったと評することができよう。

三　天皇御拝儀

本節では、公卿勅使・三社奉幣発遣に伴って宮中で行なわれた天皇御拝儀について見てゆきたい。『明治天皇紀』は、ここにおける御拝儀について次のように簡潔に記している[25]。

……是の夜（六月十七日）、天皇、清涼殿の東庭に下御、親しく神宮を拝して祝詞を奏したまひ、又賢所に参し、祝詞を奏し親拝あらせられる、此の後、公純二十五日を以て歸京し、天皇に御學問所に謁して復命を畢る迄、八箇夜の間、毎夜神宮竝びに賢所の御拝を闕きたまはず、而して天皇東庭に御拝の間、皇子亦必ず庭上に侍したまふ、……

ここにあるように、公卿勅使・三社奉幣発遣に際して、天皇は、八箇夜の間、東庭御拝・内侍所御拝あらせられた。とりわけその東庭御拝には、皇子祐宮（後の明治天皇）も侍したのである。天皇は『宸記』に、六月十七日の発遣日から二十五日の勅使帰京・復命に至るまでの祭儀の次第を、次のように記されている。

安政五年六月
三社公卿勅使奉幣ニ付
拝次第　極秘憚他見
安政五年六月
勢州公卿勅使ニ付
毎度之拝次第
六月
十七日
朝拝 宸筆宣命清書済引續
於石灰壇 曳直衣白單白衣打袴白檜扇畳紙
女房沙汰
伊勢
内侍所
両段再拝三種大祓三反

拍手二次祝詞在別紙
拍手二両段再拝
石清水　右者今日宣命同清書奏有
賀茂　先同日発遣付行同一篠故
再拝餘同上
於南殿帛服幘　總而如例幣有幘計之違也祝詞在別紙
自今晩至二四日連夜於東庭拝舗設次第總而如四方拝遷宮等之時
拝次第如例祝詞如別紙
同連夜
内侍所参拝舗設万端如御神楽之時
先持御幣両段再拝次
三種大祓拍手四次祝詞在別紙
次拍手四次拝如始次
御鈴三度了而退出

二二日
御奉幣也

朝於石灰壇有臨時拝如十七日
伊勢内侍所両神計拝次第如例
右祝詞大概如此比
　但心願存文加不別注慮可知
内侍所参女房沙汰

二三日
今日
石清水
賀茂
使参向之日也
今朝於石灰壇拝女房沙汰衣體万端
如昨二二日
　石清水社賀茂両社　両神計
両段再拝三祓大祓三反拍手二
次祝詞如昨日次拍手二両段再
　右者東庭之御場所兼勤也

二五日

今日

勢州奉幣使帰京

朝於石灰壇拝是者日々也

内侍所参拝是者為御禮也

各女房沙汰

帰京對良　萬端済凡火解後

於石灰壇拝是者為御禮

女房沙汰

伊勢

内侍所

石清水

賀茂

右四社也

拝之次第如例

安政五年六月

統仁誌

六月十七日の発遣日には、右の次第に従って、公卿勅使・三社奉幣発遣儀が行なわれたのである。以下、発遣当日の次第を見てゆきたい。

1 発遣日次第

発遣当日、天皇は丑刻（午前二時）に御起床、まず内侍所で御鈴の儀が行なわれ、御潔斎の後、朝餉御座において宸筆宣命を染筆された。

この後、天皇は、清涼殿内の石灰壇で「石灰壇御拝」を行われ、ついで常の御所に還御、そこにおいて「鏡拝」を行われた。この両儀について『宸記』当日条には次の記事がある。

今日勢州公卿勅使幷石清水社賀茂社奉幣発遣当日也……丑刻出寝　化粧如例……了宣命清書……次退次於石灰壇拝……如例……了而帰鏡拝……。

「石灰壇御拝」は、平安期以降始まったとされる宮中の朝拝儀であり、近世の歴代天皇も、毎朝、起床・潔斎の後、石灰壇に進まれ、神宮・内侍所・石清水社・賀茂下上社・山陵（天智天皇陵・先帝陵等）等を御拝されていた。御不例・諒闇等により御拝なき場合は、神祇伯家白川家当主が代拝することとなっていた。常の御所に還御した後に行なわれる

「鏡御拝」については、いつ頃より始まったか詳らかにしない。しかし近世初期には既に恒例の朝拝として行なわれており、天皇の御生活の場で、皇祖神の御神鏡を拝礼する意義を有していたものと考えられる。後水尾上皇は、『当時年中行事』にこの両儀の次第を次のように記されている[26]。

清涼殿の廂の中央の間より入らせ給ひて、石灰壇に構へたる大宋の屏風の内に入らせ給ふ。円座に着かせ給ひて神宮を初め拝せしめ給ふ。御拝の次第は伯家毎度相伝申なり。此間典侍は庇の中央の柱の下に候す。御拝終りて本路を経て還御。常の御所にて鏡の御拝あり。

このように、毎朝の石灰壇の御拝・鏡御拝は、宮中常例の朝拝儀であり、皇祖神以来の系統を承け、皇祖・歴代・神々を祀る存在としての天皇の御自覚を、日々培う役割を果たしていたものと思われる。

かくて日常恒例の朝拝儀を終えられた天皇は、入御ののち引き続き清涼殿に出御、両宮幣筥御覧等の諸儀の後、いよいよ公卿勅使発遣の儀が行なわれる。時刻、天皇は黄櫨染の御袍を召されて昼御座へ出御、勅使徳大寺に宣命を授け「能中天参禮、宣命読畢良波於神前可焼」と宣せられた。ついで巳刻（午前十時）過ぎ、帛の御服を召されて南殿（紫宸殿）に出御、神宮を御拝されたのである。

2　東庭御拝・内侍所御拝

同日夜、天皇は東庭にお下りになって御拝され、ついで内侍所にお渡りになり御拝された。このふたつの御拝儀について、『宸記』当日条は次のように記している。

一　酉刻頃東庭下御御装束具言上　奉行四折けん上以常丸言上　次大すけ長橋沐浴賢所へ参向如御神楽次ニ於下段山科三位へ少将内侍渡於東帯沐浴某へ出御申出次著朝餉之座……次召関白以兒次著東帯手水東庭於屏風之中拝直賢所へ参如御神楽之時了而帰干時戌半刻

すなわち酉刻（午後六時）、天皇は、黄櫨染の御袍を召されて清涼殿東庭に設けられた御拝座にお下りになり、四方拝の例に准じて祝詞を奏上、神宮を御拝された。ついで内侍所にお渡りになり、内侍所御神楽の例に習って祝詞を奏上、御拝されたのである。御拝に際して奏上された祝詞は、いずれも皇祖神に国内人心一致と外夷退散を祈願するものであった。

また天皇の東庭御拝に際しては、皇子祐宮が庭上に侍立された。『祐宮女房日記抄』六月十七日条・二十四日条には次の記事がある[27]。

十七日　酉晴……

今はんゟ酉刻過より志はらく七夜の間まい夜〳〵御神事ニ付御庭に宮様にも成せ給候段奥より中奉り成せ給候皆〳〵下に居候事

廿四日　辰晴……
御庭にをり給候暁ゟ御しまゐにて有之せ給候

これによれば、皇子祐宮の近侍は、「奥」よりの申し渡しによるものであった。天皇には、次代の皇位継承者たる皇子に対して、身をもって祭祀者としての範を示されようとする思召があったものと思われる。

東庭御拝儀・内侍所御拝儀は、公卿勅使帰京に至るまで、八箇夜にわたって続けられた。

3　先　例

以上のような東庭御拝・内侍所御拝は、実は、光格天皇享和度の公卿勅使発遣（辛酉御祈）における東庭御拝・内侍所御拝を直接の先例として行なわれたものであった。そのことを示すのが『宸記』所載の次の資料である。

関白

文政十三年南殿
御拝御例ニ而被為有候得共此度ハ御様子茂御替享和之御例之ニ而茂可被為有哉　叡慮御治定被為有候様申居候事

前回の公卿勅使としては仁孝天皇文政度の例があったが、このたびは天皇の思召により、その前の光格天皇享和元年三月の御拝儀を先例とすることが治定されたのである。ここで文政度ではなく享和度が用いられた理由は、享和度のそれが、「南殿御拝」のみならず、連夜の東庭御拝・内侍所御拝をも伴うものであったためと思われる。『押小路家文書』(「貞忠家記」)によれば、享和度の連日の御拝儀の次第は次のようなものであった。[28]

(三月)五日　従出納如左触来　来十四日伊勢公卿勅使発遣八省院代出　御寅半刻参仕内豎　同十四日ヨリ二十日迄七ケ夜東庭下　御内侍所　御拝等中半刻内豎参仕

(中略)

十四日　公卿　勅使発遣寅半刻参役巳半剋出　御東庭江廻ル御草鞋御用而已但如新嘗祭白張也八省院代南殿庇ニ被構　御拝之間余程有之　入御御草鞋下如例

一申剋参役西廻廊ニ集成戊剋前　出御東庭下御　但シ雨儀ニテ長橋ノ廊下年中行事障子邊ニ出御　御拝入御御草鞋不下直ニ　内侍所　出御如神楽是又御草鞋下　御拝入御卒御草鞋下之事卒テ子剋退出

十五日　申刻参役酉半剋　出御東庭下　御々拝直ニ　内侍所出御御拝卒而入御

十六日　同剋参仕万端如昨夜戊半剋退出自今至二十日如比

このように、享和度の公卿勅使発遣に際して、光格天皇は、勅使発遣から帰京に至るまで、連夜清涼殿東庭御拝・内侍所御拝を行なわれた。孝明天皇は、前例にある限り最も御鄭重な作法で祈願を捧げるため、この享和度の例に習うことを思召されたものと思われる。この叡慮に沿って、五月二十八日、奉行頭弁広橋胤保は「……使発遣後毎夜於東庭御拝直内侍所出御可為如亨和度哉之事」亨和度に習った御拝儀準備の伺を立てた。かくて、安政度の東庭御拝・内侍所御拝儀は、光格天皇亨和度の東庭・内侍所御拝儀を直接の典拠として行なわれることとなったのである。

それでは、近世において、かかる公卿勅使発遣に際しての清涼殿東庭御拝・内侍所御拝の端緒は何時に求められるであろうか。東庭御拝に関していえば、それは天和二年正月、霊元天皇の公卿勅使儀（勅使は参議中御門宗顕）に確認できる(29)。

（天和元年正月）十五日天晴伊勢内宮正殿去十三日夜炎上之事注進也……
十六日　天晴　参　内今度神宮炎上ニ付先例等勘例上ル大事ハ公卿勅使也
（天和二年正月）廿九日天晴今朝勢州公卿勅使発遣陣義有之……
今夜入於清涼殿有御拝如四方拝……今朝公卿勅使発足……
二月一日　今日亦夜入出御御拝……
二日　為御拝予参　内
三日　為出御予夜入参　内
四日……今夜為御拝……
六日……天晴為御拝……
七日……参内于時午上剋勢州公卿勅使宗顕京着也

ここにあるように、霊元天皇は内宮炎上に際しての公卿勅使発遣に際し、発遣日より勅使帰京に至るまで、連夜東庭において御拝を行われた。霊元天皇は、大嘗会再興等、朝儀復古にとりわけ御心を砕かれた帝であった。ここで天皇のお示しになられた御拝儀が、近世の公卿勅使発遣における東庭御拝儀の端緒となったものと思われる。

それでは、公卿勅使発遣に際しての内侍所御拝儀の先例は、どこに求められるだろうか。それは、管見による限り、元文五年三月、天和度に続いて約五十八年振りに行なわれた公卿勅使発遣（勅使は参議・右近衛権中将庭田重熈）の際の、桜町天皇の御拝儀に確認することができる。以下に『勝胤私記』の記事を引く[30]。

（元文五年三月十日）
戊刻許着御々服黄櫨染如常高倉前中納言奉仕予候御前装束於中殿東庭有御拝立匝屏風設御座於地上嘉承嘉應天和等有此事殿上四位五位差脂燭主殿把立明次入御更渡　御賢所有御拝還　御是非旧例歟依有御願此度也其後逐電退出
十一日　壬子晴及昏参内戌亥着御々服高倉前中納言奉仕之難波前中納言候御前装束次於東庭御拝

これによれば、東庭御拝後、桜町天皇は「御願」により「賢所」にお渡りになり、御拝された。桜町天皇の御代は、元文三年の大嘗祭再興、元文五年の新嘗祭再興に見られるように、後水尾天皇以来の朝廷の「朝儀再興」の課題が結実した時代であった。天皇は公卿勅使儀に際しても、「是非旧例」ではあるものの、御自らの止み難い御切願によって敢えて内侍所御拝を行なわれたのである。

以上の限られた資料の瞥見によっても、安政五年の公卿勅使発遣の先例とされた光格天皇享和度の東庭御拝・内侍所御拝儀は、霊元天皇の公卿勅使発遣に際しての東庭御拝、桜町天皇の公卿勅使発遣に際しての東庭御拝・内侍所御拝に、その先例を有するものであったということが判明しよう。

それでは、近世以前において、かかる庭上御拝・内侍所御拝の先例はどこに求められるだろうか。管見によれば、それは、鎌倉中期、永仁元年（正応六年）七月、「異国事」祈願として行なわれた伏見天皇公卿勅使発遣儀（勅使は権中納言藤原為兼）に確認することができる。伏見天皇はこの時著された『宸記』に次のように記されている。(31)

（永仁元年七月）八日、

……今夜於南庭遥拝太神宮庭上敷薦、其上敷小筵、其上敷小文高麗半畳、立廻太宗屛風 拝了参内侍所、是為参宮無事也、且先例也、但内侍所参詣者、先例不然歟、

九　日　無事、入夜遥拝、内侍所儀如昨、

十　日　……入夜遥拝、又参内侍所如前夜、

十一日　……（庭上）遥拝、内侍所等如例、

十二日　……庭上遥拝、内侍所等如例、

十三日　……遥拝至今夜、次参内侍所等如例、今夜関白祗候

十四日　……入夜参内侍所如例、関白祗候

十五日　……亥刻参内侍所如例

十六日　……戌刻勅使帰参着殿上

このように伏見天皇は、発遣日以降勅使帰京に至るまで、連夜南庭遥拝・内侍所御拝を行われたのである。これによれば、「南庭」遥拝は先例であるが（先に引用の『勝胤私記』によれば、鳥羽天皇、高倉天皇の御代にその先例があった）、「但於内侍所参詣者、先例不然歟」内侍所御拝は先例ではなく、ここでも内侍所御拝が天皇の御切願で行なわれたことが推察される。

翻って考える時、後光明天皇による公卿勅使復興以後、霊元天皇・桜町天皇・光格天皇の思召によってその宮中御拝儀が整備されてゆく過程は、同時に伏見天皇の公卿勅使発遣に示された宮中御拝儀の先例が徐々に復興してゆく過程でもあった。しかしそれは、過去への復古というよりは、むしろ、近代のありうべき皇祖神中心の皇室祭祀形成を準備するものであったように思われる。なぜなら、それは、通商条約勅許拒否・列参指導に示された孝明天皇の天皇親政的行動と呼応しつつ、賢所の皇祖神祭祀を軸芯とした宮中祭祀充実・天皇親祭体制形成の萌芽を示すものであったと考えられるからである。かくて、孝明天皇は、内外の国家的危機に対応するため、祭祀・政治両面から、期せずして近代の天皇親政・親祭体制形成に向けての端緒を開かれた、ということができるのではないだろうか。

次節では、このような三社奉幣発遣、とりわけ宮中御拝儀が、幕末の政治社会に呼び起こした社会的反響を見てゆきたい。

四　三社奉幣の社会的反響

安政五年の三社奉幣の著しい特質は、時代状況の折柄、その祭儀が朝廷内のみならず、一般社会にも、それまでと異なる広汎な反響を呼び起こしたことである。そもそ近世の朝廷祭祀は、幕府の統制下、その一般社会への影響は周到に防止されていた。ところが、この度の三社奉幣、なかんずく天皇の東庭御拝・内侍所御拝儀は、それまでの朝廷祭祀と異なり、従来にない大きな社会的反響を呼び起こしたのである。この背景には、いうまでもなく、条約問題以来、朝廷が全国の視聴の的として浮上するという全体状況の変化があった。以下では、右の点を検討してゆきたい。

そもそも寛政期以降、対外的危機の高まりに呼応して、御所の動向は徐々に全国の有志の関心を集めるようになっていった。このようにして天皇が全国の注目を集め始めた時、その一般的なイメージは、国家的危機到来に際してひたすら天下泰平を祈る、祭祀者としての天皇像であったように思われる。このことについて、次の二つの資料を見てみよう[32]。

(1)　……聞説今皇聖明徳敬天憐民発至誠鶏鳴乃起親斎戒祈禳妖氛致太平安得天詔勅六師坐使皇威被八紘従来英皇不世出悠々失機今公卿人生如萍無定在何日重拝天日明

(2)　主上は叡明にて、数年来洋夷一件も御承知、時々詔有レ之候へ共、太閤女官等申上候には、万機盡く東府将軍へ御托し有レ之、彼方閣老諸人日夜商議仕り罷在候に付、不レ煩二聖慮一、只々大神宮及諸神に御祈禱被レ遊事専一と申上置候へ共、此度は宸襟彌々不安、開闢以来不レ受二外夷之黠汚一、当二朕之世一諸夷如レ此、有二何面目一謁二見皇祖之廟一、万一有レ事、雖レ死二社稷不レ辞之御決心也。聞者上下一同に落涙致し、報国の心を生じ候。

⑴は、嘉永六年十月、吉田松陰が京都滞在中に詠じた漢詩の一節である。松陰は、英明な天皇が天を敬い民を憐れむ至誠から、毎朝斎戒して妖気を掃い、太平を致す祈りを捧げていることを詠じている。ここで松陰が詠じているのは、いうまでもなく先に見た毎朝の石灰壇御拝のことであろう。このように松陰は、民のために日々神事に勤しむ祭祀者としての天皇の御存在を讃えていたのである。

⑵は、安政五年二月二十四日、京都在住の儒者梁川星巌が、信州松代で蟄居中の佐久間象山に報じた書信の一節である。星巌によれば、天皇は、朝廷内を牛耳る「太閤女官」の勢力に拘束されながらも、祭祀者としてひたすら「御祈禱」を行ない、国体維持に孤独な御決意を固められているという。星巌の書信は、「只々大神宮及諸神に御祈禱被レ遊事専一」という祭祀者としての天皇像を松陰と共有しつつ、天皇の意向を阻んでいる太閤・女官勢力の存在について「太閤女官等申上候には、万機盡く東府将軍へ御托し有之」と言及している点に特徴がある。

このように、朝廷内の守旧勢力に拘束された孤独な祭祀者としての天皇が、時局の切迫を深く憂慮され、公卿勅使発遣・三社奉幣を発意されたのである。三社奉幣治定の情報は、京都市中のみならず、京都滞在中の武士、諸藩士から、国元に伝えられていった。ある京都滞在中の武士から、五月二十三日付けで国元に送られた書翰は、三社奉幣発遣の決定について、次のように報じている(33)。

一　主上之御謹愼御平生御好被遊候御酒一滴モ不被召上毎朝七ツ時　御目覚ニて天下蒼生の為ニ御祈禱被為在候由　伊勢賀茂八幡其外へ頻リニ御祈誓を返させられ候而又来月ハ伊勢へ徳大寺殿　八幡へ中山殿　賀茂へ正親町三条殿御使被仰付是弘安四年之御例夷狄降伏之御祈りと承リ申候関東之御趣意何とも不相分五畿内を責てハ相断リ　京師の　御趣意ニ御従無之而者往々之所如何ニも御案申事御同嘆ニ奉存候云々……

ここでもやはり「毎朝七ツ時　御目覚ニて天下蒼生の為ニ御祈禱被為在候由」として、石灰壇御拝によって天下泰平を祈願する天皇の姿が伝えられ、さらにそのような天皇が「来月」「弘安四年之御例夷狄降伏之御祈り」のための勅使発遣を発意されたことが報じられている。

かくて、六月二十二日・二十三日の両日、各勅使が三社の神前に参向し、奉幣祭典を行なった。次の資料は、在京の薩摩藩士原田才輔が、三社奉幣の模様を国元に報じた探索書である(34)。

一　今度ノ御入用、自関東之御入用（充行ノ義）ニテハ引足兼ニ付、自御文庫三百金
余徳大寺へ被下由（当時幕吏ノ所為如此）
一　二三日神宮奉幣之式、二五日朝勅使帰洛同昼後摂家始参賀之義有之、
一　恐入候義ハ
主上御昼夜御安睡不被遊、御歯痛ニテ御悩セラレ賜フト云々、
一　徳大寺殿伊勢ニテヲカラス宮へ（小烏宮）御参詣、網ヲ引セラレ候処、四尺余之
亀得申候由ニテ、神酒ヲ賜リ御放ニ相成候由、
一　上賀茂ニテ勅使　宣命ニ相成候ヘハ、東ヨリ鶴二羽飛来リ、右御唱中（祭詞朗読
ヲ云ナラム）ハ、御社ノ上ヲ舞候テ、右相済西之方へ飛去候由、
一　下賀茂神前階上ニ鳩一羽遊候ヨシ、
一　八幡同時ニ只一雷鳴候ヨシ、

原田は、幕府の消極的な財政支出と天皇の「御文庫」からの出費、昼夜安眠を得ない天皇の苦悩を伝えると共に、両日の三社奉幣儀の模様、その祭典における「瑞兆」等を報告している。このような奉幣祭典での「瑞兆」は、勅使が天皇に復命した際に言上したものと同じであり、おそらく京都市中に三社奉幣に伴う伝聞として喧伝されていったものであると推測される。

しかし、この度の三社奉幣で、衆庶に強い印象をあたえたのは、このような三社の神前

における奉幣祭典よりも、前章で見たような宮中における天皇御自身の御拝儀、すなわち内侍所御拝・東庭御拝儀であったように思われる。以下、この事情を窺わせる風説書・報告書を見てゆきたい。まず、とりわけ内侍所御拝について報じているものを見てみよう。(35)

(1) 当今

主上ニハ兼々御聡明之御儀是迄迚モ申唱候得共……然ル処此度御一条ニ付而者　神国之御武威可為振之　勅命義有之實ニ開闢以来御稀ニ被為在候御英断之御義と申唱候此度亜墨利加賊願出候仮条約之義ニ付関東ゟ御伺之御一条被為　聞食候而ゟ以来深く被為悩　叡慮御格別之御禊事御潔斎之御義ハ勿論御寝食茂且右御一条ニ付毎朝無怠慢七ツ時ゟ内侍所江御参籠被為遊候御義前代未曾有之御事之趣其上　今般御一条ニ付弘安度之御典礼ニ被為依蛮夷平穏之為御祈願伊勢神宮江　勅使之節　御宸翰被為候在御事共誠に以テ奉以恐入候風説仕候

(2) 一　此程中　今上皇帝内侍所江一七日歟　御祈被為　在候由尤至極被為盡御誠精御潔斎等御厳重ニ被為在蒙古以来之　御儀与奉伺奉恐入且　勢州江為　勅使　徳大寺殿可被遣候由其外　上加茂　下加茂　石清水等七大社江も　御祈禱被為　命候由右御備等も従　公邊御進献之黄金無残　御備被遊候　御含之由難有御事奉存候

(3) 公家衆ハ、一旦ハいつれも強候へ共、堀田殿ニ面接被候へハ、閉口ニ御坐候、陰ニてハ強ク、面会すれハ弱リ、やゝもすれハ、空腹ゆへ賄賂之毒ニ当リ、迷惑仕候、忠義鉄肝之人ハ無之ものニ候、主上ニハ、日々夜々、内侍所御拝禮ニて、御祈念無御懈怠、恐入候儀ニ御坐候、実ニ神州之大患、国家安危ニ係り中候、其上　伊勢両宮江、奉幣使参向、運ヲ天ニ任せ、戦争ゟ他事無之候、京師ゟ内々三家諸侯にも、内密　勅諚ニテ、上書之趣被　仰遣候様承知仕候、

(1)は『三条家文書』に伝存する風説書（「京都市中風説」）であり、三社奉幣にかかわる京都市中の風聞を伝えている。すなわち、幕府に対して「神国之御武威可為振之勅命」を下された天皇は、関東よりの条約勅許奏請に叡慮を深く悩まされ、「毎朝無怠慢七ツ時ゟ内侍所ニ御参籠被為遊候御義前代未曾有之御事之趣」、毎日内侍所に籠もって国家安泰の祈願を行なわれていた。このような天皇が、このたびさらに非常の祈願をもって神宮へ勅使を発遣されたというのである。ここでは石灰壇御拝と公卿勅使発遣に伴う内侍所御拝が混同されているが、ともかくも天皇の連日の内侍所「御参籠」のことを伝えている点が注目に値する。

(2)は、『防海雑記』所収の「戊午五月京都より内状書抜」なる風説書であるが、これも「今上皇帝内侍所江一七日歟　御祈被為　在候由」と天皇の内侍所御拝を伝え、さらに神宮に勅使が発遣されたこと、その「御備」として「公邊御進献之黄金」が残らず献上されたことを伝える。天皇の内侍所御拝を「蒙古以来之御儀」と讃えるが、ここでも誤解によるものとはいえ、天皇の内侍所御拝を特筆しているところが(1)と共通する。

⑶の『如是我聞』所収の風聞書は、さらに踏み込んで、天皇を取り巻く朝廷内組織の実情にまで言及している点に特徴がある。幕府の強引な勅許奏請、賄賂の横行する朝廷の実情、よき補弼の臣を得ない天皇の苦衷、そのような天皇の必死の祈願を込めた神宮勅使発遣・内侍所御拝のさまが伝えられている。

このような脈絡において、三社奉幣儀は、朝廷祭祀としての「王朝絵巻」的儀礼としてよりは、あくまで天皇個人の切実な叡願に由来する祈りの祭儀としてとらえられており、ここから、天皇が御一人で親しく皇祖に向き合われる祭祀の場としての内侍所が、クローズ・アップされていったものと考えることができる。

以上見てきた風聞書は、とりわけ三社奉幣における宮中御拝儀、特に内侍所御拝儀を特筆しているところに特徴があった。これに対して、東庭御拝を特筆する風説書には、次のものがある。[36]

⑴　午七月

一　今上皇帝去月十三日より同二五日迄御三七日之間御潔斎ニ而清涼殿東の御庭へ下御被遊

伊勢神宮

石清水八幡宮

加茂社江

夷狄退攘之　御祈誓被為在候由難有御事共也弘安之御例与承リ申候

(2)　一　伊勢太神宮江　勅願徳大寺殿七月　勅使ニ被為立同廿一日御祈願ニ相成候処右
　　勅使御帰京被為在候迄者　御祈願中故晝夜共御土間ニ坐御被為　在　供御モ御
　　土間ニ而被　召上候ニ付　関白殿大閤殿左府殿右府殿内府納言八省有志其外堂上
　　方も御同様徳大寺殿御帰京迄者土間江平伏被致候由然ル処右廿一日於浦賀条約之
　　調印ニ相成候関東之次第如何敷　宮中ニ而御沙汰之由ニ御坐候　　以　上

(1)は水戸藩に伝えられた報告書であり、公卿勅使発遣に伴う東庭御拝が報じられている。(2)の『鳥取池田家文書』所収の鳥取藩探索書も、天皇の東庭御拝を特筆しているところが注目に価する。これによれば、神宮勅使発遣に伴って、天皇はじめ関白・太閤以下の朝廷の有志廷臣が、連日土間に平伏して、必死の祈願を捧げたという。これは天皇の東庭御拝が訛伝されたものであろうが、このたびの宮中御拝儀が衆庶にいかに強い印象を与えたかを示すものであろう。

このように、三社奉幣にともなう宮中御拝儀、なかんずく天皇の東庭御拝・内侍所祈願は、比較的広範囲に及ぶ社会的反響を呼び起こした。それは、幕府の通商条約勅許奏請に対する天皇・朝廷の対応が全国の注目を集める中、皇祖神の系統を承けた者として、四海太平のため身をもって祈る祭祀者としての天皇の御存在を、満天下に広く印象付けたのである。かかる天皇像の伝聞・流布は、これ以降の政治社会の天皇観・皇国観念に、多大の影響を与えていったものと思われる。

幕府の通商条約締結強行（六月十九日）は、あたかも公卿勅使発遣直後のことであったが、それは勅使が神前に奏上した宣命の趣意に背くものであり、天皇の祈願を公然と蹂躙する行為であった。この事情を記すのが、次の『安政紀事』（明治二十一年刊）の叙述である[37]。

二十七日条約調印ノ奏京師ニ達ス今日之ヲ奏ス聖上宸怒初メ堀田ノ京師ニ至ル上奏スル所聖意ニ負クヲ以テ大ニ宸憂アリ六月十七日宸筆ノ宣命ヲ伊勢加茂石清水ニ上リ幣使ヲ発シテヨリ御膳ヲ廃セラレ飯食ヲ絶チ玉フヿ七晝夜清涼殿莚ニ出テ、遥拝アラセラル、三篠内府其玉體ヲ損シ奉ランヿヲ恐レテ之ヲ諫ム上曰ク千五百年来国體厳然朕世ニ當リテ始テ之ヲ辱シム何ノ面目カ祖宗ニ對セン躬ヲ顧ミルニ遑マアラズト内府感泣シテ退ク此奏ニ至ルニ及ンテ逆鱗甚シ二十八日朝廷集議アリ此日幕府書ヲ呈シテ間部下総守近日上京外国ノ事奏上スベキ旨ヲ伝奏ニ達ス七月朔日大広間大名連署違勅ノ不可ヲ論スルヿ尤切ナリ是諸大名心ヲ幕府ニ離ス始ナリ

『安政紀事』は、旧水戸藩出身の史家内藤耻叟が、後年になってから著した著作ではあるが、天皇の真剣な東庭御拝の模様を伝えると共に、このような天皇の叡慮を裏切った通商条約締結が、幕府からの大名離反の端緒であったことが回顧されている。それこそは「去六月伊勢公卿勅使被発遣候節宸筆宣命之御趣意ニモ齟齬致シ實以被悩[38]」三社奉幣によ

って神前に祈願され、国民各層に示された天皇の叡慮を、満天下の只中で公然と反故にして憚らない行為であった。

天皇は、この幕府の措置に対して、「戊午の密勅」（八月八日付）を発して公然とその違勅を非難した。密勅は、まず幕府及び水戸藩に降下し、ついで尾張、薩摩、津、肥後、備前、土浦、加賀、長州、阿波、土佐、福井、筑前の十二藩に次々と伝達されていった。それまでは宸翰によって限られた廷臣に伝達されるにとどまった天皇の御意志が、幕府を経由しない「勅書」の形式をもって一気に全国レベルで周知されるに至ったのである。幕府は、このような朝廷の動きを、安政大獄の苛酷な大弾圧をもって圧殺しようとした。しかし桜田門外の変による幕府威信の決定的失墜は、幕府にかわる新たな国家統合形成の課題を浮上せしめ、天皇への忠誠を起動力とした雄藩・草莽層の広汎な政治活動を誘発することとなったのである。

このような叡慮を根拠とする政治参加の論理を最も典型的に提起したのは吉田松陰であった。松陰は、勅諭渙発を「嗚呼、神州の振はざること久し。一旦勅諭震發するや、正論鬱興す、誠に廣大の盛事なり(39)」と評する。ここにおいて、天皇との君臣関係を行動規範として、叡慮の妨害物を排除しようとする現状変革的な政治意識が生まれはじめるのである。この点について、安政五年七月十六日、松陰が起草した『時義略論』は次のように論じている(40)。

皇威の陵遅五六百年、政権復た　朝廷に在らず、降って近世に至り、天子益、威福を失ひ給ひ、拘囚に均しき御暮しにて、近く洛中をだに御一生に御一覧坐すことも、叡慮に任せざる程の御有様なるに、辱くも上は　神宮の神慮、列朝の聖旨を畏み給ひ、下は大八洲の青人草を恵み給ひ、　玉體の御艱苦を憚り給はず、かく仰せ出されし事果して何故ぞや。特に　今上皇帝の夷狄を憤らせ給ふこと決して一朝一夕の故に非ず、草莽の聞く所を以てするに、癸丑六月、墨夷浦賀渡来以来、毎晨寅の刻より、玉體を齋戒し、敵國懾伏、蒼生安穏を御祈願なされ、供御一日両度の外は、召上がられぬ程の御精誠にして、「朝な夕な民安かれと思ふ身の心に掛る異国の船」との御詠は、又是れより前の御事にや。かくて安政改元の詔書、梵鐘を鋳換へて大礮小銃と為すの宣命等の事ありて、今戊午の春に至り、終に墨使の事に六年の宸怒を發し給ふこと、豈に容易の事ならんや。然るに、征夷毫も其の旨を奉承し給はぬこと、宸衷何程か苦悩に思召さるることにかあらん。然れば、一日も早く是れを安んじ奉らでは、臣子の道、争でか蓋せりと申すべきや。因って、宸襟を安んじ奉るの處置を云ふべし。

松陰は、国家存亡の危機に際し、毎朝斎戒して天下の安泰を祈る祭祀者としての天皇の御存在を讃え、そのような天皇の叡願を裏切った幕府の処置、それに対する天皇の「宸怒」を語り、天皇の臣として、叡慮を安んじ奉るべき積極的な政治行動開始の要請を提起している。その論理の出発点にあるのは、国難を一身に引き受けて苦悩しつつも、ひたすら祭祀に勤しむ、祭祀者としての天皇像であることはいうまでもない。

安政五年九月二十七日の日付を有する松陰の上書は、天皇の勅命によって行なわれるべき政治刷新と人材登用について、次のように述べる(41)。


主上大ニ天下ニ勅ヲ下シ玉ヒ聞ユル忠臣義士　御招集遊ハサレ又尾張水戸越前ヲ始メ正論ノ人謫罪ヲ蒙リ又下賤ニ埋没スル者共ヲ　闕下ニ致シ外夷撻伐ノ正議　御建被遊度事ナリ

ここにおいて、「後鳥羽　後醍醐両天皇ヲ目的トシテ御覚悟」を定められた天皇の「御果断」による強力な政治指導・人材登用を待望する現状変革的な政治意識が結晶化を遂げてゆく。かかる政治意識は、これ以降、国民各層の膨大なエネルギーを喚起し、この後の尊攘運動の国民的展開の不可欠の動因となってゆくのである。

以上見てきたように、安政度の公卿勅使発遣・三社奉幣使発遣は、幕府の通商条約奏請に対する天皇・朝廷の対応が注目を集める中、祭祀者としての天皇御一人の御存在を、満天下に広く刻印付けた。このような祭祀者としての天皇への忠誠を起爆剤として、これ以降、幕府の束縛から脱した雄藩の国事周旋活動、藩体制・身分制の拘束から脱した草莽層の政治的行動が、まさに前代未聞の国家的・国民的規模で進展してゆくことになるのである。

おわりに

以上、安政五年に行なわれた公卿勅使発遣・三社奉幣について、維新の政治変革・近代天皇制度形成を視野にいれつつ検討を加えてきた。以下、本章の総括と若干の展望を加えておきたい。

安政五年は幕末維新史の画期的な転換点であり、孝明天皇の政治的意志表示に端を発する列参・条約勅許奏請却下という事態は、摂関・議奏・伝奏を中心とする従来の朝廷内の意志決定様式の急激な転換をもたらした。この結果、朝廷内に宮廷改革・王政復古を主張する政治勢力が結集してゆき、関白・両役を担い手とする朝廷会議と鋭く対立してゆく。

このような情勢下、天皇の御発意によって公卿勅使発遣・三社奉幣が行なわれる。それは、従来の朝廷祭祀の枠を越え、右のような天皇の叡慮の公然化、朝廷内秩序の変更を如実に反映、近代の天皇親政・天皇親祭のかたちを展望するものであった。すなわち、ここで孝明天皇は、天皇の叡慮を「忠魂誠實」の臣が補佐する望ましい朝政の在り方を模索したといえる。それは、天皇御自身の意志を直接祭祀に貫徹せしめようとする一種の天皇親祭体制の模索であり、近世の朝廷祭祀が近代の天皇親祭へと転換してゆく上での過渡的意義を担うものであったとも言える。また、三社奉幣に伴って行なわれた天皇の宮中御拝儀は、近代皇室祭祀形成へとつながる、宮中における皇祖神祭祀充実への胎動を示すものであった。

さらに、こうした天皇の宮中御拝儀は、広汎な社会的反響を呼び起こした。それは、幕府の通商条約勅許奏請に対する天皇・朝廷の態度が注目を集める中、まさに身をもって四海太平を祈る祭祀者としての天皇の御存在を、天下に広く印象づけたのである。しかもそれは、「王朝絵巻」的な朝廷祭祀としてよりは、東庭御拝・内侍所御拝に集約されるような、天皇の国家の安危を思う必死の祈りの祭儀として受け止められる傾向が強かったことも重視されなければならない。このことは、これ以降の天皇観・朝廷観に、多大の影響を与えたものと思われる。

幕府が、天皇の叡慮を蹂躙して通商条約締結を強行したのは、神宮奉幣儀直前のことであった。これに対する朝廷の反撃として、水戸藩に、天皇が直接幕府批判の意志表示を行なう戊午の密約が降下する。ここにおいて、廷臣のみならず、全国の大名・武士階級に、天皇との君臣関係を行動規範として、叡慮の妨害物を排除しようとする政治意識が形成されはじめる（吉田松陰）。それは、封建的諸関係を打破、現状変革を志向してやまない維新変革のエトスを準備するものであった。以上のように、安政五年の公卿勅使・三社奉幣は、その前後における朝幕関係の変化を背景に、近代の天皇親政・天皇親祭の前提条件を萌芽的に用意するものであったということができるのである。

これ以降、孝明天皇によるありうべき朝政体制形成の課題は、文久二年の雄藩の国事周旋（薩長雄藩主の股肱化）、三年の八・一八クーデターによる宮中粛清、元治元年段階の賢明諸侯による参与会議の創設（有志大名層の股肱化）、その解体による一会桑政権の成立（一橋慶喜・松平容保の腹心化）へと展開していったが、いずれも天皇の叡慮を公正な国家意志として機能させることはできず、かえって国内各政治勢力からの天皇・朝廷の孤立化をもたらしてゆく。孝明天皇における天皇親政の模索は、鎖攘国是の崩壊と孝明天皇御自身の崩御をもって最終的に挫折する。孝明天皇によって試みられ、試行錯誤が重ねられたありうべき朝政体制形成の課題は、新帝明治天皇に引き継がれる。雄藩出身者と共にそれを補翼したのは、幕末の政治過程において執拗に天皇への「列参」を企図し続けた岩倉具視であった。岩倉が「列参」を重ねた根拠は、常に衆議採用と賢臣補弼を求め続けた孝明天皇の叡慮にほかならなかったのである。(42)

また、天皇親政に呼応する天皇親祭の課題についていえば、それは、文久・元治期における天皇中心の国家統合進展に即応した国家祭祀としての、神武天皇祭の成立によって一期を画する。すなわち神武天皇祭の成立は、近代皇霊祭祀形成の第一着手であって、明治天皇の御代における皇祖皇霊祭祀を中核とした天皇親祭体制の形成は、孝明天皇によって着手された山陵・皇霊祭祀形成事業の遺産を継承することによって実現していったのである。(43)

新しい国是のもと、公正な国家意志を担うに足る天皇親政確立の課題、それに呼応する国家祭祀としての天皇親祭確立の課題は、明治天皇の五箇条誓文発布による親政宣言（宸翰）と、そこにおける親祭の執行によって端緒的に達成される。ここに、雄藩出身者と改革派公家のもと、天皇の叡慮を、あらゆる封建的諸関係を超越した公正な「国家意志」として機能せしめる体制が発足してゆくのである。この意味で、五箇条誓文の発布とそれに伴う親祭は、天皇親政体制の形成を巡って試行錯誤が重ねられてきた幕末維新期の政治過程の、ひとつの到達点であった。しかしそこに至るまでには、さまざまな党派・政治集団による利害対立の錯綜により、なお文久から慶応に至る幕末維新期の複雑な政治過程を経なければならなかったのである。

以上のような展望において、安政五年の公卿勅使・三社奉幣は、望ましい朝政体制・天皇親祭体制を念願される天皇の叡願のもと、期せずして近代の天皇親政・天皇親祭への端緒を開く歴史的意義を有していたと考えることができるのである。

註

（1） 近年の幕末政治史的研究では、以下の原口清氏の一連の論文から大きな示唆を受けた。「近代天皇制成立の政治史的背景――幕末中央政府の動向に関する一考察――」（遠山茂樹編『近代天皇制の成立』岩波書店、一九八七年）、同「孝明天皇と岩倉具視」（『名城商学』三九巻別冊）、同「明治太政官制成立の歴史的背景」（『名城商学』三八巻一号）。また安政期の朝権進出については、井上勝生「幕末政治史のなかの天皇――安政期の天皇・朝廷の浮上について――」(『講座前近代の天皇』第三巻、青木書店、一九九三年)、のち『幕末維新政治史の研究』(塙書房、一九九四年)収録参照。

(2) 幕府の朝廷統制については、高埜利彦「江戸幕府の朝廷支配」(『日本史研究』三一九)、同「禁中並公家諸法度についての一考察」(『学習院大学史料館紀要』五)、久保貴子「天和・貞享期の朝廷と幕府――霊元天皇をめぐって――」(早稲田大学大学院文学研究科『文学研究科記要』別冊一四)、深谷克己『近世の国家・社会と天皇』(校倉書房、一九九一)参照。

(3) 公卿勅使については、小松馨「平安時代中期に於ける神宮奉幣使の展開――公卿勅使制度成立に関する試論――」(『大倉山論集』二三輯)、「伊勢公卿勅使の任用をめぐって」(『國學院大學日本文化研究所報』二四巻六号)参照。

(4) 近世の朝儀再興については、藤井貞文『近世に於ける神祇思想』(春秋社松柏館、昭和一九年)、羽賀祥二「開国前後における朝幕関係」(『日本史研究』二〇七)、米田雄介「朝儀の再興」(辻達也編『日本の近世』2 天皇と将軍、中央公論社、一九九一年)参照。

(5) 近世の公卿勅使発遣は以下の通りである。

後光明天皇　正保四年九月一〇日　参議広橋綏光　(神宮例幣再興)
霊元天皇　天和二年正月二九日　参議中御門宗顕　(内宮炎上)
桜町天皇　元文五年三月一四日　参議庭田重凞　(御代始)

光格天皇　享和元年三月一八日　権大納言花山院愛徳（辛酉御祈）
仁孝天皇　文政一三年五月　参議葉室顕孝（内宮荒祭宮炎上）
孝明天皇　安政五年六月一七日　権大納言徳大寺公純（外患）
孝明天皇　文久元年五月九日　参議広幡忠礼（辛酉御祈）

(6)　八束清貫『皇室と神宮』（神宮司庁、一九五七年）、一二七頁。
(7)　『孝明天皇紀』第二（平安神宮、一九六七年）、七七三頁。
(8)　『岩倉公実記』（上）（原書房、一九六八年）、一三五～一四九頁、『大日本維新史料』井伊家史料六（東京大学出版会、一九六九年）、一八～二一頁。
(9)　『大日本維新史料』第三編ノ五（明治書院、一九四〇年）、五九〇頁。
(10)　列参の意義については前掲高埜利彦論文参照。
(11)　『九条尚忠文書』第一（日本史籍協会、一九一六年）、三〇一頁。なお、このような廷臣の政治的自覚の発生、「朝廷復古」を目指す政治勢力の成長については、藤田覚「寛政期の朝廷と幕府」（『歴史学研究』五九九号）、同『幕末の天皇』（講談社、一九九四年）。
(12)　『孝明天皇紀』巻二、八五六頁。
(13)　『孝明天皇紀』巻二、八五七頁。
(14)　『九条尚忠文書』第一（日本史籍協会、一九一六年）、一六～一七頁。
(15)　藤井貞文前掲書、三五頁参照。
(16)　『宸記』原本は京都東山文庫所蔵。写本は宮内庁書陵部（四種）及び東京大学史料編纂所

所蔵。その一部は『孝明天皇紀』に引かれている。『宸記』は四冊からなり、そのうち第三冊が「安政五年公卿勅使一件」との副題を有し、公卿勅使・石清水社、賀茂下上社勅使発遣の際の日録・宣命草稿・願文等を収めている。本稿の引用は東大史料編纂所本に拠った。『宸記』に関しては荒川玲子「孝明天皇宸記」『日本歴史「古記録」総覧』近世編(新人物往来社、一九九〇年)、二八〇～二八一頁参照。

(17)『徳大寺公純卿日記』(全六冊)は『岩倉具視文書』(国立国会図書館憲政資料室所蔵所収)。

(18)『一条忠香日記抄』(日本史籍協会、一九一五年)、二三頁。

(19)『大日本維新史料』第三編ノ四(明治書院、一九四〇年)、一四九頁。

(20)渡部健蔵宛書簡『梅田雲浜遺稿並伝』(有朋堂、一九三九年)、一〇一～一〇二頁。

(21)『孝明天皇紀』第二、八五〇頁。

(22)「久我建通日記」は『大日本維新史料稿本』(東京大学史料編纂所所蔵)六月一〇日条より所引。

(23)この「密詔」は、『孝明天皇紀』第二、九一二～九一三頁に引かれているが、史料編纂所本とは若干の字句の異同がある。

(24)九条関白と、一条・中山・三条ら朝廷改革派グループの対抗関係を示すものとして、宣命奏聞の日程問題を巡る紛議がある。「両社御延引」を図った九条は、天皇の支持を得た議奏久我建通の説得によって、自案を取り下げざるをえなくなる。この間の経緯は『一条忠香日記抄』に詳しいが、これについてはなお後考を待ちたい。

(25)『明治天皇紀』第一（吉川弘文館、一九六八年）、一五〇頁。
(26)『新註皇学叢書』第五巻（広文庫刊行会、一九二七年）、三五頁。
(27)『祐宮女房日記抄』（宮内庁書陵部所蔵）。
(28)『押小路家文書』第五冊、「公勅使内竪陣官人六位外記等記（享和元年）」（国立公文書館内閣文庫所蔵）。
(29) 天和元年「神宮炎上、公卿勅使之事」『定誠公記』（国立公文書館内閣文庫所蔵）。
(30)『勝胤私記』（国立公文書館内閣文庫所蔵）。
(31)『増補史料大成』三（臨川書店、一九六五年）、三二三～三二四頁。
(32) (1)は『吉田松陰全集』第六巻（大和書房、一九七三年）、五七頁。(2)は伊藤信『梁川星巌翁』（象山社復刻、一九二五年）、四三七～四三八頁。
(33)『大日本維新史料稿本』安政五年六月二二日条（東京大学史料編纂所所蔵）。
(34)『鹿児島県史料　斉彬公史料』第三巻（鹿児島県、一九八三年）、四〇八～四〇九頁。
(35) (1)は『三条家文書』第三一冊（国立国会図書館憲政資料室所蔵）、(2)は『大日本維新史料稿本』安政五年六月一〇日条（東京大学史料編纂所所蔵）、(3)は『大日本維新史料』第三編ノ四、六四二～六四三頁。
(36) (1)は『大日本維新史料稿本』安政五年六月一〇日条（東京大学史料編纂所所蔵）、(2)は『鳥取藩池田家文書』四（日本史籍協会、一九二七年）、四六一頁。
(37)『開国起源安政紀事』（東崖堂、一八八九年）、二二一～二二二頁。

(38)『孝明天皇紀』第三、一三一頁。
(39)『吉田松陰全集』第四巻、三二九頁。
(40)同前、三七八～三七九頁。
(41)『三条家文書』第二九冊（国立国会図書館憲政資料室所蔵）。
(42)大久保利謙「孝明天皇の政変画策——明治天皇制創出の前奏曲——」『大久保利謙著作集』第八巻　明治維新の人物像（吉川弘文館、一九八九年）、五八頁以下参照。
(43)拙稿「文久・元治期における神武天皇祭の成立」（上）（下）（『神道宗教』一三七・一三八号）、本書第二章収録。

第二章　文久・元治期における神武天皇祭の成立

はじめに

文久修陵事業の第一着手としての畝傍山東北陵修補・神武天皇祭典の創出は、国家祭祀上においては、「皇祖皇宗」を機軸とした近代皇霊・山陵祭祀の端緒であり、政治思想上においては、維新変革を主導した「神武創業」の理念を用意するものであった。本章は、近代天皇祭祀が、近代の新儀としての皇霊祭祀を機軸としているという観点から、近代天皇祭祀形成の原点としての神武天皇祭典の成立を、神武創業を根拠とする天皇親征論が政局を主導した文久・元治期の政治状況とのかかわりにおいて考察するものである。

皇霊祭祀は、日本における近代国家形成の過程において成立し、祖先祭祀の文脈において近代の皇室祭祀の在り方を規定した国家祭祀である。そもそも近代の皇霊祭祀は、古代国家の山陵祭祀の伝統を継承しつつ、近世日本社会において成長した神観念・政治思想にその直接的前提を有するものと思われる。それは、幕末の国家存立の危機に直面した孝明天皇の叡慮によってその基礎が築かれ、明治天皇の御代において全面的に成立するに至ったのである。

孝明天皇は、欧米勢力東漸の只中、国家的危機克服の御祈念のもと、初代神武天皇陵はじめ、それまで多く荒廃し所在不明となっていた諸山陵を修復され、そこにおける祭祀を復興された。山陵（いいかえれば墓所）の整備は、ただちに「みたまや」創設の問題を提起する。御父君孝明天皇の思召を継承された明治天皇は、神武創業・祭政一致の理念を根拠として、東京宮城に、賢所・神嘉殿とともに皇霊（歴代天皇の神霊）を鎮祭する「皇廟」（明治四年十月神祇省伺）を設け、そこでみずから「皇祖皇宗」を親祭する制度を定められた。

山陵を修補してその祭祀を興し、皇室の「みたまや」として宮中賢所に皇霊を結合してゆく過程は、同時に、形成されつつあった近代日本国家の、国家的同一性を定義してゆく過程にほかならなかった。「神武創業」「万世一系」「皇祖皇宗」といった近代日本の形成・展開を主導した核心的な諸観念は、いずれも皇霊祭祀を前提とすることなしには理解することができない。なかでも「神武創業」の理念は皇霊祭祀の出発点としての神武天皇陵修補・祭典創出に直接の起源を有し、維新変革を主導する根本動機として機能していったのである。近代の天皇は、皇霊祭祀に根拠を有するこのような理念を背景としつつ、「皇祖皇宗」「歴代皇霊」（歴代天皇、追尊天皇、歴代の皇后・皇妃・皇親の神霊）への責任において、国家統治権総覧の大権を行使していった。また、紀元節（神武天皇即位日）・祝祭日設定を根幹とした太陽暦導入の過程に見られるように、神武創業の理念に由来する皇霊祭祀が、当時の至上課題であった文明開化推進の起爆剤としての役割を果たした事も重視されなければならないであろう。

かくして皇霊祭祀こそは、前近代の朝廷祭祀と近代の皇室祭祀を区別するメルク・マールにほかならない。しかし従来の研究史において、皇霊祭祀が独立して考察されることは少なく、また幕末の山陵修補事業[1]がその不可欠の前提をなす点についても殆ど顧慮されてこなかった。この原因としては、これまでの近代皇室祭祀形成期の研究が、近世朝廷の年中行事・恒例祭典の再興や、幕末の神祇官再興運動の評価にのみ集中してきたことが挙げられる[2]。しかし近代皇室祭祀が皇霊祭祀をその中核としている以上、幕末最大の国家的事業であった山陵修補事業こそが、近代皇室祭祀形成の直接の前提として、決定的に重視されなければならないであろう。

このように考えるとき、近代日本国家形成過程の重要な一側面としての近代天皇祭祀の形成過程は、文久山陵修補事業を承けつつ、皇霊祭祀がいかに形成されていったかという視点から検討することによって、はじめて正確に位置付けることができる。山陵・皇霊祭祀を機軸とした近代皇室祭祀形成の諸段階は、次のように整理することができるように思われる。

(一) 文久二年—慶応三年

欧米勢力東漸という国家存立如何の危機の只中、文久修陵事業の遂行により、中古以来廃絶していた諸山陵が復興されていった。このような修陵事業の原点となったのは、初代神武天皇陵の修補と、そこにおける神武天皇祭典の制定であった。王政復古直前、孝明天皇大喪に際して、新たに先帝を奉祀する山陵が造営されるが、それは文久修陵事業の総仕上げとしての意義を有するものであった。

(二) 明治元年—三年

維新変革に至って、山陵祭祀再興に対応した宮中における神祇式追祭として、孝明天皇三周正辰祭が実現を見た。このような山陵・皇霊祭祀の形成を背景としつつ、維新変革を主導したのは、天皇親らが「親祭」によって祖先に大孝を申べつつ、全国統治の「親政」を行なうという、「祭政一致」の理念であった。

こうした理念のもと、明治天皇は、山陵親謁・神宮親謁等の新儀を行なわれ、東京奠都ののち、再興された神祇官にはじめて「皇霊」を鎮祭された。ここにおいて、東京奠都後の皇室祖先祭祀は、正辰（崩御日）当日及びその式年に際して、神祇官・陵前で行なわれてゆく。

(三) 明治四年

廃藩置県後、それまで神祇省に鎮祭されていた皇霊が、東京宮城内の賢所同殿に遷座され、宮中において天皇みずから皇祖神・皇霊を親祭する体制が成立した。ここにおいて皇霊・山陵祭祀は、賢所の皇祖神祭祀と結合、名実共に万世一系を具現する国家祭典が成立した。ここに至って、新定された宮中祭祀を機輔として、皇祖神（神嘗祭当日の神宮・賢所同時祭典）・皇霊・山陵（崩御日同日祭典）は有機的関連のもとに整序され、神武天皇祭典の創出に始まる皇室祖先祭祀形成の課題は、一応の達成を見るに至る。

(四) 明治五年―十一年

明治五年の太陽暦の導入（六年から施行）に伴って、皇霊祭祀は、紀元節（神武天皇即位日）を中心に再編成された（祝祭日の制定）。さらに明治十一年、春秋皇霊祭の制定は（この前年、皇霊に歴代の皇后・皇妃・皇親の御霊を合祀）、皇霊祭祀を日本人の基層信仰としての祖先祭祀習俗により一層重ね合せる意義を有していた。また、明治十年の紀元節における神武天皇陵親拝によって、明治天皇は維新以来の宿願を果たされた。

(五) 明治二十二年

祭祀大権と統治大権を一身に体した天皇の総覧のもとにおける公正な公議政治という理念は、帝国憲法の発布（天皇親政・統治権総覧の法制化）、宮中三殿・神嘉殿の竣功（天皇親祭の具象化）によって総仕上げされた。ここに文久修陵以来の課題であった全山陵の所在確定は達成され、紀元節当日に行なわれた憲法発布式、それに先立つ賢所告文奏上・宮中神殿親祭、さらには岩倉・大久保・木戸等の墓前への勅使発遣等によって、維新変革は祭政両面から明らかに一帰結を迎えたと考えることができる。

(六) 明治後期・大正期

皇霊祭祀を機軸とした近代皇室祭祀体系の整備は、明治後期から大正期にかけての喪儀(皇室喪儀令)、践祚・即位儀礼(登極令)、恒例祭祀(皇室祭祀令)等にわたる法的・制度的規定によって総仕上げされた。

本章は、この(一)の局面の前段階、すなわち文久・元治期における神武天皇陵修補および神武天皇祭の形成過程を検討し、近代皇霊祭祀形成の原点となった神武天皇祭典創出の意義とその政治的影響を考察するものである。文久・元治期における神武天皇祭典の成立過程を検討することによって、近代日本国家形成過程の一側面としての、近代天皇祭祀形成過程の出発点を確定することができると考えられる。

一 前史

本節では、まず、近世における各階層の祖先祭祀形成の諸動向を概観し、それがどのようにして維新変革における山陵・皇霊祭祀形成を準備するものであったかということを検討してゆきたい。

山陵・皇霊祭祀の源流を近世史上にさかのぼって考える時、まず豊臣・徳川両氏によって創出された豊国大明神・東照大権現の創祀が注目されなければならない(3)。近世神道史を特質付ける顕著な現象として、政治権力者を祀る神社の発生が挙げられるのは周知のことに属する。中世以来の戦乱の収束者豊臣秀吉への神号勅賜と豊国社の創祀（慶長四年）、近世の統一国家の形成者徳川家康への神号勅賜と東照社の創祀（元和三年）は、共に最高権力者の「神霊」を国家神として奉祀する新しい神観念の誕生を告げるものであった。同時にそれは、祖先神への祭祀を背景として統治権を行使する、新しい政治権力の様式が創出されたことも意味していた。正保四年から恒例化する日光東照宮例幣使発遣は、同時に再興された神宮例幣使発遣とともに、近世最大の国家祭典として定着した。それは将軍家の「神祖」と天皇家の「祖神」の併立を意味し、朝廷・幕府が国制の機軸として併立する近世国家の構造を、国家祭祀の側面から如実に示すものだったのである。家の創業者ないし中興の祖への祭祀の形成は、徳川将軍家のみならず、この時期、統治者として自己確立していった諸大名層にも、一般的に共通する現象であった[4]。それは、家祖からの「預かりもの」としての家職の継承とその十全な遂行という、近世大名・武士階級の政治意識を象徴する祭儀としての意義を有していたのである。

このような祖先祭祀形成の動向は、統治者・武士階級のみならず、広く民衆レベルにおいても共有されていた。全国的寺檀制度の創設による国民的規模の祖先祭祀の形成は周知の事であるが、この動向は、経営体としての「家」と「家業」の一般的成立という、近世の「家」を中心とした社会変動の進展を背景とするものであった[5]。このように、近世の統一国家形成過程における社会各階層の「家」の成立は、同時にその祖先祭祀の成立過程でもあったのである。

武家・民衆レベルにおけるこのような祖先祭祀形成の潮流の中にあって、近世の天皇・朝廷の祖先祭祀の様式は、どのようなものであったのだろうか。近世皇室の祖先祭祀は、後水尾上皇の院政期において一期を画する。[6] 檀家制度に准じた泉涌寺の菩提寺化、位牌所としての泉涌寺霊明殿・御影堂、墓所としての泉山廟（九輪塔の墓標）の成立、後光明天皇大喪儀における実質的な土葬型式への復古等によって、近世天皇の祖先祭祀の様式は一応の定着を見た。

しかしこの皇室喪祭・追祭の近世的様式は、泉山に埋葬される以前の歴代天皇、さらには皇室の創業者としての初代神武天皇、祖神としての天照大神と何ら実質的関連を持っていなかった。さらに根本的な問題は、神裔である天皇の喪祭・追祭が、仏式によって行なわれるという本質的矛盾であった。この中にあって、近世を通じて行なわれた元旦四方拝、毎朝の石灰壇御拝における神宮・内侍所・山陵遥拝、常御所における鏡御拝は、神裔としての天皇が行なう皇祖神・山陵への祖先祭祀としての意義をも担うものであった。[7]

ここにおいて、皇室の祖先祭祀を、中古以来の仏式喪儀・追善行事から転換せしめると共に、皇統一系の理念のもと、祖先神としての天照大神・創業神としての神武天皇を起点としつつ、歴代天皇神霊を神祇式によって奉祀、統一的に祭祀し得る皇室祖先祭祀形成の要請が生まれる。[8]

以上に挙げた課題は、近代皇室祭祀の形成過程において達成されてゆくことになるが、近世において、こうした課題の所在をもっとも鮮明に自覚し、明確に問題を提起したのが、古学派から国学・水戸学に至る、近世思想の展開であった。山鹿素行から荻生徂徠に至る古学派の展開は、古代支那に存在したと信じられた「先王の道」の探求過程であると同時に、「祭政一致」という日本固有の政治原理を「発見」してゆく過程であった。[9]徂徠によって言及された「祖先神の権威を背景として統治を行う君主政治の伝統」という政治原理は、国学・後期水戸学に継承され、皇祖神天照大神の遺訓、神武天皇による建国、その子孫による連綿たる皇位の継承という事実にわが国家の本質を見い出す、天皇中心の政治学・国制論へと結実していったのである。[10]ここで提起された国制論において、「太祖」神武天皇による建国の事業と、天皇による祖先神への祭祀は、国家統合の機軸として、また国民各階層の倫理の源泉として、ありうべき国体の中核に位置づけられていった。それこそは、幕末の修陵を経て、神武創業を規範とした近代国家形成、近代天皇祭祀形成を主導する根本理念となったのである。

しかしこうした理念的要請とはうらはらに、天皇の祖先祭祀の対象たるべき歴代山陵は、中世以降廃絶・荒廃に帰し、多くはその所在すら不明になっていた。ここにおいて、皇室祖先祭祀確立の基礎作業として、まず中世以降不明のまま放置されてきた諸山陵の所在確定・復興が課題とならざるを得ない。この山陵復興問題についても、幕府による元禄・享保・文化の修陵事業の進展に伴って、松下見林をはじめとする考証学者・国学者等の研究が蓄積されていった[11]。文化期の蒲生君平『山陵志』は、近世の山陵研究の到達点を示すものであり、幕末段階に至って山陵研究の泰斗と目されたのは、京都在住で伴信友門下の国学者、谷森善臣の存在であった。

山陵の所在確定・修復とその祭祀再興を、幕府に対して最も熱心に献策したのは、幕末の水戸藩主徳川斉昭であった。天保十二年、光格上皇崩御に際しては、上皇の御遺志と斉昭の運動、関白鷹司政通・議奏三条実万の尽力により、諡号（天皇号）奉告の儀のみが、山陵奉幣儀儀に準じた、勅使発遣による神祇式祭典として行なわれた[12]。この年、斉昭の修陵建議はとりわけ活発化し、同年十一月の泉涌寺炎上に際しては、皇室の喪祭・追祭全体の「復古」を提起するに至る[13]。

幕末維新期は、未曾有の外圧下、根本的な政治変革が展開する時期であるとともに、以上のような近世の社会的・思想的諸動向が結晶化し、近代国家形成・近代天皇祭祀形成に向けて動き出してゆく時期であった。そして、このような動向の中心に位置されたのが、弘化三年二月に践祚された孝明天皇だったのである。

二　孝明天皇即位と山陵修補の叡慮

1　海防勅諭と山陵修補要請

弘化三年閏五月、孝明天皇践祚直後、司令長官ビッドルの率いるアメリカ東インド艦隊が浦賀に来航した。ビッドルの来航は、嘉永六年のペリー来航の前兆であり、欧米勢力東漸による国家存立の危機到来を予告するものであった。この前兆を「国体」の危機として最も真剣に受けとめたのは、新帝孝明天皇をはじめとする朝廷勢力であった。同年八月二十九日、孝明天皇は、幕府に「海防勅諭」を沙汰された。(14) この勅書は、「近頃其風聞屢彼是被為掛叡念候」思召から、皇統連綿たる誇り高きわが国が、「神州之瑕瑾無之様」決して他国から凌辱されてはならないという、新帝の対外政策上の固い決意を示すものであった。

海防勅諭が孝明天皇の政治面における意志表示であるとすれば、祭祀面における意志表示は、幕府に対する神武天皇陵修補・山陵祭祀復興の要請として表された。とりわけペリー来航後、国体の危機の自覚のもと、神武天皇および歴代天皇への追孝の叡慮は、一層強固なものとなる。嘉永六年十二月、ペリー退帆直後、武家伝奏三条実万は、京都所司代脇坂安宅に対して孝明天皇の山陵修補の叡慮を次のように伝えている。(15)

神武天皇畝傍山陵（大和国畝傍山東北陵高市郡）兼々　叡念之処年久無其事当時御陵辺茂如何哉　御祈念

御初穂被供追々被　仰出候　叡念従事　御内慮被　仰進候儀茂被為在度相心得御内談中入置候様之趣関白殿被命……

ここに見られるように、孝明天皇は、初代神武天皇陵および歴代天皇陵修復とその祭祀の再興を、御自身の御代において成就されるべき必須の課題として位置付けていた。わが国が直面している切実な危機を乗り越えるためには、神武天皇はじめ歴代天皇の神霊を「国家之御祈禱」として祀り、その加護を乞わなければならない、と孝明天皇はお考えになられたのである。

従来、近世朝廷の祭祀機能の強化としては、北祭（賀茂社祭典、元禄七年恒例祭再興・文化十一年臨時祭再興）・南祭（石清水社祭典、延宝七年放生会再興・文化十年臨時祭再興）をはじめとする神社奉幣祭典の再興が指摘されてきたが[16]、これらはいずれも従来の朝廷祭祀の量的な拡大であり、近世朝廷の伝統の枠内に留まるものであった。しかし山陵修補・神武天皇祭典実現に向けた孝明天皇の御意志は、従来の朝廷祭祀の質的な転換ないし再編成を促すものとして、これらと明確に区別されなければならない。なぜなら、それこそが皇霊祭祀を中核とする近代天皇祭祀の、重要な前提を形成することになったと考えられるからである。

2　安政修陵の流産

孝明天皇の叡慮に応えて、幕府が山陵修補着工に向けて動き出す契機は、やはりペリー来航という国家的危機の到来と前後していた。嘉永二年、奈良奉行川路聖謨の『神武御陵考』作成[17]、四年九月の老中よりの山陵「祖紀」の訓令、五年以来の京都町奉行浅野長祚による京都周辺不明陵墓の実地調査、安政二年五月の浅野長祚『歴代陵廟考補遺』作成、さらに安政二年、谷森種松（善臣）が歴代天皇・皇后・皇太后の陵所・崩御日・葬儀日を考証、一覧表化した『歴代追遠紀年』の作成等は、ひとしく山陵修補事業着手に向けての準備作業と見なすことができるであろう[18]。

安政五年、国内世論制圧の切り札として、締結すべき通商条約に、天皇の勅許を得ることが幕府の重要な政治課題となった。勅許奏請のために上京した老中堀田正睦と勘定奉行川路聖謨は、勅許獲得のための朝廷懐柔策の一環として、幕府による京都周辺山陵の修補事業遂行を提起しようとした[19]。しかしこの構想は、天皇・朝廷の強硬な条約勅許拒否と、朝幕の分裂によって流産を余儀なくされたのである。

安政の大獄に連坐した三条実万が、朝儀再興の残された課題を総括した文書には、神祇官再興・祈年祭再興等恒例祭典の復活と並んで、山陵修補・皇室祖先祭祀形成の課題にかかわる次の項目があった[20]。

（一）「畝傍山陵之事」

（二）「諸山陵之事」
（三）「御代々天皇号之事」
（四）「被置国忌之事」
（一）は、神武天皇陵を修補して、初代天皇に国家の安泰を祈願するという天皇の「御祈念御初穂被供」の思召を実現することを求める条項である。これに続いて（二）では、神武天皇陵に准じ、歴代山陵を、天皇の「御孝情」を申べる祭典の場として修造する課題が提起される。（三）は光格天皇・仁孝天皇崩御に際し実現した諡号（天皇号）追贈を、それ以前の歴代の天皇に及ぼすことを求める条項である。前章で触れたように、光格天皇諡号奉告の儀は、勅使発遣による神祇式祭典によって行なわれていた。天皇号を歴代に及ぼす事は、皇統一系を明確化し、歴代天皇追祭の神祇式化を促すことになるであろう。これに伴って（四）として、山陵修補に応じて「国忌」を設置すること、すなわち歴代天皇の崩御日を国家祭日化することが課題とされる。

これらの課題は、雄藩主導の文久二年の政局再編成に至り、宇都宮藩による文久修陵の提起を待って、ようやく着手されるに至る。それは、文久期の朝権確立と政局再編成に対応して、新しい国家統合の軸芯として浮上した天皇・朝廷の国家的権威の源泉を確立してゆく過程の、不可欠の一環としての意義を担うものであった。

三　奉勅攘夷体制の形成と修陵事業の着手

1　勅使東下と戸田建白

文久二年四月、安政五年以来の朝幕分裂を収拾するため、島津久光が一千余の薩摩藩兵を率いて上洛した。五月二十二日、久光は勅使大原重徳に供奉して江戸へ下向、ここにおいて天皇の勅命に基づいた幕政改革が次々と断行されてゆくのである。雄藩の中央政局への登場、勅命による幕政改革という事態は、従来幕府が有していた公権力が失墜し、かわって「方今天下ノ安危ハ只聖断ノ一挙ニ係リ候時節」[21]、天皇の勅命が最高の法形式に浮上したことを如実に示していた。ここに至って、幕府のとるべき政治姿勢は、雄藩との競合関係において、雄藩に先んじて朝旨遵奉の実を挙げることであった。ここにおいて、当時中央政局に進出しつつあった外様大藩に先んじて、かねてからの懸案であった山陵修補の思召を遵奉することが、再び幕府の重要な政治課題として浮上したのである。

幕府権力の一翼を担う譜代藩としての立場からこのような課題に応え、文久修陵事業を提起し、その遂行を自ら志願したのは、当時宇都宮藩家老であった戸田（当時間瀬姓）忠至である。宇都宮藩は、公武周旋についての幕府の諮問（六月一日）を受けるや、藩士県勇記（信緝）の建策を容れ、山陵修補の藩論を決定した。[22]こののち、東下中の勅使大原重徳、政事総裁職松平春嶽（改革後の幕政の首班）と会見して彼らの賛同を得た忠至は、閣八月八日、藩主戸田忠恕名をもって幕府へ公式に山陵修補を建議、同月十四日、藩主戸田越前守忠恕に山陵普請実行が下命されるに至った。これに伴い「惣奉行」を命じられた忠至（九月二十一日戸田に復姓）は、畿内において山陵修補事業を陣頭指揮するため、九月二十六日、藩士を率いて早々に上京の途についたのである[23]（十月九日京着）。

2　山陵祭祀構想

以上のように、戸田建議による山陵修補事業要請には、幕府権力の一翼を担う譜代藩としての立場からの、文久政局への対応如何という課題が存在していた。しかしそれは同時に、天皇が山陵祭祀によって「忠孝ノ大節ヲ天下ニ被示」ことこそが、国家統合の機軸であり、国家存立の根幹であるという根本原則への認識から発していたこともまた看過することができない。そのことは戸田建議の以下の部分に示されている[24]。

右様（山陵修補）相成候ハ、乍恐今上皇帝ニハ巨遠莫大之御孝道ニ相成於御当家ハ広大之御忠節相立官武御一和之御趣意弥以相顕レ且官武一同ニ忠節之道ヲ以御垂教被遊候へハ海内一般御徳化ニ浴シ反始報本之情厚ク真之忠孝之士気振起可仕……

これによれば、天皇が、山陵に奉祀された祖先神への追孝を垂範することによってのみ、国民各層の忠孝の志を喚起し、分裂の危機に瀕した国家統合を再建することができる。ここにおいて必要とされるのは、幕府が率先して山陵を修補し、天皇の「追孝」を十全ならしめる環境を整備することである。それは幕府が行なう「叡慮遵奉」の実践であり、そのことによって再度「朝幕一和」が実現し、国民各層の忠孝の志も所を得、再び安定した国家統合が回復されるのである。

こうした課題は、ひとり宇都宮藩のみのものではなく、当時の有志大名層に多分に共有されていたものであったと思われる。この事情を示すものとして、次に、文久二年六月二十六日付の徳島藩主蜂須賀斉裕建白（幕府宛）を引いてみよう[25]。

王室御代々之御陵は、泉涌寺〇山城國御収之外、往古は、西を都之御事度々有レ之候故、五畿内を定めず、湮没して其所在を失ひ奉り候も有レ之哉に相聞へ候へば、別而御拝扨之典古行候儀とも不レ奉レ伺候。是等之御事は、実に皇国忠孝節義之気を引起し候御基とも可レ有レ之候間、何卒関東より時々御修覆之御世話も被レ為レ在、歳時之御拝扨抔之御礼も行れ、祖宗在天之霊を慰められ候ハヾ御祚運御長久之御基にも可レ被レ為レ在と奉存候。

蜂須賀は、山陵の所在確定とその修補によって、「御拝扨之典古」すなわち天皇親拝による山陵祭祀を再興し、「皇国忠孝節義」を喚起することが必要であるとする。この蜂須賀建白が、先の戸田建白と同様の山陵観・祭祀観を共有していることは明らかであろう。

復興された山陵を天皇追孝の斎場たらしめる必須の施設が、参向した勅使が祭典を執行するための「拝所」にほかならなかった。十月二十六日、上洛後の忠至が山陵御用掛野宮

定功に提出した修陵方針書には、陵前への「拝所」設置を求める次の条項があった。(26)

一　……正面之所ハ奉幣使等被為立候節之為メ堤ノ高サニ場広ニ平地ヲ築足シ外構之柵ニ木戸ヲ設ケ錠締リ付其木戸内ニ石標ヲ立テ正面ニ御尊号ヲ彫付……

このように、山陵修補事業の目的は、山陵を、まずなによりも勅使参向による祭祀の場として、天皇の祖先祭祀斎行のための斎場として修復するところにあった。天皇追孝のための祖先祭祀確立・国家祭祀の制定という命題は、幕末の山陵事業のみならず、維新以降の近代皇室祭祀形成を主導した理念であった。神武天皇陵をはじめとする諸山陵は、これ以降、修陵事業の展開に伴って、「天皇追孝」の理念を機軸とした、万世一系の皇統を象徴する国家祭祀の斎場として整備されてゆくことになる。

3　山陵修補事業の着手

孝明天皇は、かねてからの宿願である修陵事業の開始をことのほかお喜びになられた。十月、武家伝奏坊城俊克は、忠至の山陵奉行拝任を望まれる孝明天皇の叡慮を、次のように伝えている。(27)

国々山陵荒廃ニ及多年
叡慮不安ニ付御修覆之儀被仰立候処　去閏八月遵奉御修覆御用戸田越前守江被申付候旨言上有之

御満足　思召候右御請之上者不経年序速ニ成就有之度被
思召候頃日越前守家族戸田和三郎上京之旨被
聞食候付於官家夫々御用掛被　仰付候然ル上者武辺之方奉行無之候而者御不都合之儀
候被
思召幸ひ越前守家族之儀ニも候得は右戸田和三郎江奉行被　仰出候仍此段達候事

このような天皇の叡慮を受けて、十月二十九日、「山陵御普請奉行」を拝命した忠至は、翌三年一月十九日には、諸太夫格・役料二百人扶持を与えられ、ついで二十一日、朝廷より従五位下大和守に叙任された(28)。これより先、文久二年十月十四日から十七日にかけて、正親町三条実愛・野宮定功・柳原光愛・中山忠能らの公家が山陵御用掛に任命されていった(29)。この一連の人事は、修陵事業が幕府への委託事業ではなく、あくまでも朝廷主導の国家的事業にほかならないことを明確化しようとする天皇の意向を示すものであったといえよう。

また、修陵事業遂行に当たって最大のネックであった山陵所在確定問題については、山陵御用掛野宮定功が、谷森善臣の『諸陵徴』等を叡覧に供したことがひとつの決着をつけたものと思われる。『野宮定功日記抜萃』(30)によれば、十月十六日、野宮は谷森の『諸陵徴』(31)はじめの種々の古記録を、孝明天皇の叡覧に入れるため朝廷に提出した。

右衛門督秘蔵古巻諸陵雑事注文一巻山城国陵田坪付　建保五年国司注進分賀茂在忠筆一巻等可入　叡覧

之旨被示属且谷森外記輯録諸陵徴冊諸陵説冊等被借得之由各以篤凡入　叡覧（傍点筆者）

二十三日、『諸陵徴』以下は、天皇の叡覧を了えて、野宮のもとに返却されている。

諸陵徴以下　叡覧了今日被返出家僕並蔵人 松室伊予 祓川武蔵 中川対馬 源蔵人 源常典 等書
写申付

後に忠至は、薩摩藩・津藩の申出により生じた神武天皇陵所在問題をめぐる紛議に際して、「後世ニ異論不興様」、「勅裁ヲ以御取極被仰出候事」（文久三年二月伺）として、天皇の宸断による所在勅定を求めているが[32]、これに先立つ『諸陵徴』等叡覧は、山陵所在にかかわる谷森の考証を、天皇の宸裁を以ってあらかじめ嘉納しておくという意味合いを有していたものと推測される。

十二月十日、忠至は学習院において、柳原光愛以下列席の山陵御用掛に山陵修補の基本方針について演説、山陵修補事業の第一着手にしてその規範たるべき初代神武天皇陵を、格段に手厚く修補すべきことを提案した[33]。

一　神武帝御陵之儀者制作別段　御尊奉之廉相立候様可仕追而取調之上可申候事

御付札　書面之通格別御尊奉之廉相立候様精々可被取調候事

忠至は、これ以降、王政復古にいたるまで、幕末維新期の政治状況の激変から一定の距離をおきつつ、大車輪で山陵修造事業に挺身してゆくことになる。それはいうまでもなく、孝明天皇の、国難到来の折柄、神武天皇はじめ歴代の神霊に「初穂」を捧げ、国家の安泰を祈念されたいという叡慮に応えるものであると同時に、併せて文久二年当時、続々と京都に結集しつつあった大名・武士・草莽階級の、国家的結集の原点を定めるという意義を併せ有するものであった。従来の朝廷祭祀の枠を超えて、彼らの忠誠意識・朝廷直属意識に呼応した、天皇追孝の国家祭祀確立の課題が着手されなければならない所以が、ここにあったのである。

次節では、修陵事業の第一着手、神武天皇陵修補に先立って行なわれた修陵開始奉告祭典、続いて行なわれた攘夷祈願祭典について検討し、神武天皇祭典創出の意義について考えてみたい。

四　神武天皇祭典の創出

1　修陵奉告祭典・攘夷祈願祭典

神武天皇陵着工に当たって行なわれた修陵開始奉告祭典、攘夷祈願祭典は、維新変革の過程において形成されてゆく近代山陵・皇霊祭祀の原点としての意義を有するものであった。以下、修陵開始奉告祭典（二月二十二日勅使発遣・二十四日陵前祭典・宮中御拝）、攘夷祈願祭典（三月二十四日発遣・三月二十八日陵前祭典・宮中御拝）の治定・斎行過程を概観、この両度の祭典が、これ以降形成されてゆく皇霊祭祀の諸特質を端緒的に示すものであったことについて触れてゆきたい。

まず修陵奉告祭典について見てみよう。文久三年一月、朝議は山陵修補開始奉告のための勅使発遣を決定し、忠至にその取調が下問された。これに対して忠至は、山陵修補事業開始を全ての山陵に奉告すべきところ、「道路荒廃」のため神武天皇陵以下五陵（五畿内の国毎に一陵）に限って勅使を発遣すべきことを上申した。(34) これを承けて一月二十日、関白から山陵御用掛柳原光愛に再度奉告祭典の取調が下命された。神武天皇陵における奉告祭典を以て、全山陵への奉告祭執行を代表させることとなったのは、おそらくは柳原の取調によるものと思われる。(35) 二月六日、武家伝奏野宮定功は神武天皇陵勅使発遣の旨を京都所司代牧野忠恭に伝えている。翌日、発遣日時定儀の上卿奉仕が参議橋本実麗に内命された。橋本はこの日の日記に次のように記している。(36)

……今度諸山陵破壊之所依御修造一々可被山陵使立之処道路荒廃之間難被立依之神武帝御陵和州畝傍山計可被立御治定……ニ付発遣日時定次第可為何様哉之御示談之予不勘之間猶取調可言上申答了

十一日までには発遣日・山陵祭典日、上卿・弁・山陵使長官・次官が内定していた。以下はこの日、頭弁葉室長順より前関白近衛忠凞の「内覧」に供された文書である。(37)

山陵使発遣陣之儀来十八日辰刻被　仰出発遣幷山陵可被告候時等勘文等内覧

竪物
擇申可被告　神武帝山陵日時　今月廿四日庚子　時午
文久二年二月十八日　陰陽頭安倍朝臣　晴雄
擇申可有　神武帝山陵使発遣日時　今月日廿二日戊戌　時辰
文久三年二月十八日　陰陽頭安倍朝臣　晴雄
神武帝山陵使発遣　日時定
新右宰相中将
参議
弁
俊政
神武帝山陵　宣命使発遣幷可被告　山陵日時等令勘申ヨ　可有　神武帝　山陵宣命使
発遣　宣命令作ヨ
以権中納言藤原朝臣実則為長官　権右中弁藤原為次官ヨ

二月十八日、上卿一条忠香（左大臣）・橋本実麗（権大納言・参議）、弁坊城俊政の奉仕によって日時定の儀が行なわれた。ここで陰陽頭土御門晴雄の上申に基付き、二十二日の勅使発遣・二十四日の陵前祭典斎行が決定され、また陵前祭典当日には、四方拝に准じて宮中で天皇の御拝儀が行なわれるべきことが定められたのである(38)。

二月二十二日、発遣の儀が行なわれ、正使権中納言徳大寺実則・副使権右中弁万里小路博房・内舎人谷森種松（善臣）以下勅使一行が京都を出発した。二月二十四日、勅使は神武天皇陵に参向し、陵前に設けられた拝所において祭典を執行、幣帛を供進、次の宣命を捧読した(39)。

……中には甚き世の乱逆も有て……御世々々の天皇の高く厳き大御陵も穢蕪く微少く荒異にき　如此荒果去たる御陵等の穢悪を清らに拂治め損壊を広らに修堅めしめんと為してなも……御陵の御前に令告申給へらくを……

宣命は、中世以降荒廃に帰していた山陵の面目を、孝明天皇の叡慮に基づいて一新すべき修陵事業の着手を奉告した。ここに、追孝の理念を根拠とした山陵修補とその祭祀復興が、明確に宣言されたのである。

修補奉告祭に続いて、当時最大の国家的課題であった「攘夷」成功を祈願する祭典が行なわれることになる。まず三月十六日、日事・勅使が内定、二十一日の日時定の儀に続き、二十四日、発遣の儀が行なわれ、勅使権中納言菊亭實順が神武天皇に参向した。宣命作進の際の天皇の仰詞は次のようなものであった(40)。

仰詞云近来夷追日跋扈深被ㇾ悩二宸衷一、将三蛮夷拒絶之期限被二決定一之処、此頃既英夷軍艦来二横浜一、請求之旨趣必可ㇾ開二兵端一之情態顕然、実天下安危在二於是時一矣、庶幾依二神明之冥助一以奮二起　皇国之勇威一国内一和上下斉ㇾ志、早攘二醜夷干汎海之遠一永絶二於覬覦之意念一、不汚二神州一不ㇾ損二人民一、宜宝祚延長武運悠久之由、令載二宣命一

仰詞は、即位以来、欧米勢力東漸に宸襟を悩まされ、国家的危機克服を祈念される孝明天皇の叡慮を伝える。菊亭は、三月二十八日、神武天皇陵に赴き、陵前の拝所で幣帛を供進、攘夷祈願の宣命を棒読した。(41)

さらに翌日、菊亭は神功皇后陵にも参向し、そこでも攘夷祈願の宣命を捧読した。攘夷祈願の勅使は、神武天皇陵への勅使発遣と時を同じくして、神宮（これについては後述）、石清水社（三月八日発遣、勅使権中納言庭田重胤）、泉涌寺内の「御陵」（三月六日参向、これについても後述）にも発遣され、(42)また思召により全国三十三の大社にも国安を祈らしめた。特に賀茂下上社、石清水社に対しては孝明天皇自ら行幸（賀茂社三月十一日、石清水社四月十一日）、親しく攘夷成功を祈願されたのである。まさにこの時期、孝明天皇の攘夷の叡慮に基づいて全国に奉勅攘夷体制が敷かれたのに呼応して、国家祭祀における奉勅攘夷体制ともいうべきものが敷かれるに至ったのである。この中にあって、国家の「神武」を象徴し、対外屈従に対する国家的主体性を形象化する祭儀として、神武天皇陵における祭典が最も核心的な位置を占めたことはいうまでもない。

いずれにせよ神武天皇祭典は、この前後二回の勅使発遣によって、名実ともに最大の国家祭典として定着したということができよう。ここにおいて神武天皇陵は、天皇が追孝を申べ、国家の安泰を祈願する新しい国家祭祀の斎場として、明確に位置づけられるに至ったのである。

2　宮中御拝

このようにして創出された神武天皇祭典において、第一に注目すべきことは、勅使による神武天皇陵前祭典の当日、四方拝における御拝に准じて、宮中における天皇の御拝儀が行なわれたことである。

すなわち、二月二十四日の修陵奉告祭典の当日午刻前、孝明天皇は清涼殿東庭に下御、神武天皇陵を御拝された。入御の後、未刻再び出御、再度東庭に下御、今度は綏靖天皇陵以下諸山陵を遥拝された。以下に天皇の御拝の次第を伝える資料として(1)『野宮定功公武御用記』、(2)『非蔵人日記』の記事を引用する。(43)

(1)山陵御修補之事被告申于　神武帝使今日勤仕也依之午刻　神武帝御陵御拝被准四方拝於東庭有此事於朝餉着御帛御服右中将隆韶朝臣候御剣両役以下惣詰如四方拝訖入御暫御座于朝餉須更　出御 刻限未也 綏靖帝已後御陵　御拝也了入御

(2)二月二十四日　晴

一、神武帝山陵使長官徳大寺中納言実則卿次官萬里小路権右中弁博房参向此日被告申于山陵依之被准四方拝　出御東庭　御拝下御　綏靖天皇山陵　御拝下御一時也奉行職事頭弁長順朝臣其外至六位侍中参集　出御之節両役衆近習内々外様衆各被詰

（中略）

一、就被告申

于神武天皇山陵吉剋午於東庭　下御未半刻前有　御拝再綏靖帝山陵有　御遥拝吉刻未奉行職事葉
室頭右大弁長順朝臣中殿敷設六位侍中沙汰也御塞一如四方拝

三月二十八日、陵前で行なわれた攘夷祈願祭典においても、孝明天皇は東庭に下御、神武天皇山陵を御拝、翌日の神功皇后山陵祭典においても、同様に御拝を行なわれた。『橋本実麗日記』は天皇の御拝儀の次第を以下のように記している。(44)

（三月二十八日条）
晴巳刻参内如日来今日神武帝山陵於東庭　御拝巳半剋斗出御御剣実在朝臣奉行豊房朝臣東照宮例幣発遣上卿坊城大納言俊弁経之朝臣奉行豊房朝臣

（三月二十九日条）
今日神功皇后山陵御拝東庭下御御剣奉行等如昨日巳剋参内如日来明日幸路并御小休山上山下検知参向之間其旨議卿へ中入　加勢徳大寺中納言

このように、両度にわたる神武天皇陵前祭典の当日、天皇の庭上御拝が行なわれ、ここに孝明天皇は、宮中において御拝のまことを尽すべき祖先祭祀の「お手本」を身をもってお示しになられたのである。そこには、山陵のみならず、宮中においても祈念を捧げてこそ、天皇の「孝道」は十全たりうる、という祭祀理念が示されているのは明らかであろう。これ以降、孝明天皇が示された初代天皇への山陵・宮中同日祭典を規範として、歴代天皇の山陵・宮中同日祭典を確立してゆくことが課題となってゆく。すなわち、明治元年十二月の孝明天皇三周正辰に至って、宮中紫宸殿・泉山山陵において、共に明治天皇親祭により、はじめて神祇式の追祭が行なわれた。これが維新後の山陵・宮中同日祭典の端緒であった。[45]東京奠都後、明治二年十二月、再興された神祇官への皇霊鎮祭という過渡的措置を経て、明治四年九月、宮中賢所同殿に皇霊が遷座され、皇祖・皇霊祭祀親祭のための常設神殿「皇廟」が成立し、さらにそこで行なわれるべき祭祀の定則「四時祭典定則」が制定された。[46]ここに歴代天皇の正辰当日及びその式年に際して、宮中「皇廟」においては天皇が、山陵においては勅使が、同日の祭典を斎行してゆく体制の基本的成立を見ることになる。その原点は、神武天皇陵修補にあたって、陵前祭典と同日に孝明天皇が自ら示された宮中御拝儀にあったということができよう。

3 「神 事」

次に注目すべきは、両度にわたる祭典の各儀（日時定の儀・勅使発遣の儀・宮中御拝の儀）は、議奏三条実美の覚に[47]「山陵使御神事之事」とあるように、明確な「神事」として行なわれたということである。そのことを当時の資料から窺ってみよう。[48]

(1)『勧修寺経理日記』（二月十六日条）

一　未刻計依召参　朝之処加勢宰相中将以一帋被申渡如左

（中略）

山陵使発遣日時定陣来十八日辰刻陣儀訖重軽服者可憚参　内之叓
右執奏三門跡江可申伝旨也予謹唯退出
一　右之趣三門跡家来召寄以一紙令申達了

(2)『野宮定功伝奏在職中記録』（二月十九日条）

来二十二日　神武帝　山陵使発遣　二十四日告申　山陵候ニ付被准四方拝東庭御拝被
為在候　右ニ付同月　禁裏御所　親王御方等恐悦可申上重軽服者　翌二十五日恐悦可
申上之旨被　仰出候段致承知候事

(3)……阿野公誠より中川宮諸大夫へ書翰　三月二十七日付

明朝巳刻山陵御拝被為有ニ付参　内候最表向御神事ニ者無之候得共惣而四方拝　出御
之通旨ニ付参　朝前者参殿之事難相成　半と存候条午後参上可仕候此旨宜預洩達候也

(1)(2)は、修陵開始奉告祭典にかかわる公家日記の記事であり、(3)は攘夷祈願祭典にかかわる宮家家臣への達である。これらの資料は、両度の神武天皇祭典が「神事」に準じて行なわれるものであるため、日時定の儀、山陵使発遣儀・宮中御拝儀の各儀の当日、重軽服忌者・僧侶の参内が禁止されていたことを示している。以上の措置は、神武天皇が天皇の「祖神」として、神祇式によって奉斎されたことの当然の結果といえよう。

かくして神武天皇祭典の創出によって、神祇式による山陵・宮中追祭が端緒を開いた以上、それと表裏して旧来の仏式追善行事の処分が課題とならざるを得ない。そのためには、

（一）山陵修補に呼応して、その多くが寺院内にある歴代天皇の「御陵」（多くは仏式の九輪塔）を、寺門から切り離して、神武天皇陵を準拠とした「山陵」の枠組に包摂してゆくこと、（二）山陵祭典の開始に対応して、従来の宮中・寺院における僧侶を担い手とした仏事法要の在り方を相対化してゆくことが必要となる。

この（一）の課題に即応して行なわれたのが、三月六日、泉涌寺に発遣された勅使が行なった攘夷祈願祭典であった。泉涌寺に参向した勅使権中納言冷泉為理は、霊明殿・御影堂ではなく、泉山山内に所在する「御陵」に参向して幣帛を供進、宣命を捧読したのである[49]。このことは、山陵修補着手に伴って、泉山「御陵」が泉涌寺から切り離され、神武天皇陵との脈絡において、神祇式による祖先祭祀の斎場（陵所）としての位置を与えられたことを意味していた。ここで示された泉涌寺と泉山「御陵」の分離の課題は、明治元年八月の明治天皇の孝明天皇陵親謁、十二月の孝明天皇三周正辰祭における山陵行幸・親拝によって明確化され、他の六十余寺にのぼる皇室由緒寺院所在の陵墓と同様、明治四年一月の上地令によって、その公収が確定することになる。

（二）の宮中における仏式供養解消の課題は、十月十二日に迫った新朔平門院（仁孝天皇女御）十七回忌を前にして、国事御用掛の公家たちから提起されるに至った。中山忠能は、これについて日記に次のように記している[50]。

……抑後来可被止宮中御法会由国事掛人々去七八月申行乃於今冬懺法モ可被止有議去

八月十九日柳原中納言尋予之存念……

国事御用掛は、新朔平門院年忌に際して、宮中清涼殿で行なわれる懺法講の廃止を求めた。この要求は実現には至らなかったものの、初代天皇の神祇式祭典創出に対応した、宮中における仏式法要解消の不可避性を明確にする意義を有していたものと思われる。

さらに、宮中におけるそれに呼応して、皇室関係寺院における仏式供養相対化の課題を示す処分案と推測される記事が、『野宮定功公武御用記』(51)七月二日条に記載されている。

一　当春以来山陵追々御取調　称光院御陵雲龍院内ニ可被為儀現然之趣ニ付尊牌安置盆供御水向等之儀雲龍院願書過日勧修寺被伺内覧之処尊牌方丈ニハ如何哉方丈ニ被為在候ハ、新規雲龍院江不及被設御水向許御備可然旨被命勧修寺尋問之処方丈ニ被為在由被答此旨以御乳人披露尊牌ハ御年回之節ニテモ可被仰付御水向願之通御備之旨被申出

近世における朝廷と寺院との関係、仏事法要における朝廷の祭粢料下賜等の具体相が不明のままに、この記事を解釈することは困難であろう。しかし、雲龍院（泉涌寺別院）が、称光院天皇尊牌への「盆供御水向」を願いでたこと、野宮はそれを却下し、「御水向」のみ行なう指示を出したこと、この措置が、冒頭に記されているように「山陵追々御取調」が進展していることに対応したものであること等は読み取ることができるであろう。

これらの事例が示すように、山陵神祇式祭典による追祭型式の創出に伴って、宮中にお

ける仏事執行、寺院への祭粢料交付による従来の仏式追祭執行の在り方が変更を促されてゆかざるをえない。この変更は、維新変革に至って、近代天皇制度形成・近世朝廷の解体過程の一環として全面的に実現されてゆく。すなわち、宮中における仏事処分についていえば、四年五月の恭明宮設置と宮中御黒戸の廃止、六月の御撫物・献上物の停止、九月の太元帥法・後七日修法等の勅会の廃止によって実現される。さらに皇室関係寺院における仏式供養相対化の課題については、元年から始まる皇室由緒寺院への祭粢料下賜の制限、王政復古以来の宮門跡・法親王（仁和寺宮、梶井宮、聖護院宮、昭高院宮、華頂宮）の復飾・遷俗、四年五月の門跡寺院号・比丘尼御所号の廃止等の処置により、天皇家と皇室由緒寺院の関係が切り離されてゆくことによって、基本的に達成されるに至るのである。以上のような維新変革における皇室の神仏分離の課題の所在は、「太祖」神武天皇への祭典が、まさに神祇式によって行なわれたことの裡に、すでに明確に予定されていたということができる。

4　日光例幣使の位階改正

かくして、あらたに設定された山陵・宮中における神武天皇祭典を機軸として、従来の近世的国家祭祀の体系が再編成される。その再編成は、まず近世を通じて最大の国家祭典であった日光東照宮例幣祭典に向けられた。文久三年度の東照宮例幣使発遣に際して、孝明天皇は、「名分御改正叡慮」から、例幣使の位階を、従前の参議から殿上人に降格せしめたのである。

同年一月十九日、日光勅使参向を命じられた参議橋本実麗は、武家伝奏に対し、「此頃名分御改正叡慮」から、従来の東照宮発遣の勅使位階を改正すべきことを具申した。(52)『一条忠香日記抄』によれば、この問題は一月二十六日、朝議において評議された。(53)

一　日光幣使殿上人ヲ被用候哉之儀……右御評議之事

朝議の決定をうけて、二月五日、東照宮勅使位階の、参議（四位相当）から殿上人（五位相当）への降格が言い渡された。三月二十八日の日時定の儀ののち、翌月、降格後はじめての東照宮例幣使として、殿上人油小路隆晃が発遣されたのである。(54)

この措置が、皇祖神武天皇の国家祭典が創出された事に対応し、これまで神宮と並ぶ最大の国家神であった東照宮の地位を相対化するためのものであったことはいうまでもない。『編年雑録』は、この事情を次のように伝えている。(55)

是迄日光江者奉幣使参向有之候得共　先帝　神武天皇御陵ニ者勅使参向之儀無之ニ付
先年来被　思召候処二月下旬大中納言之内参向之旨　御内意有之事
……大和国神武天皇御陵江今度初而勅使参　向之旨被仰出今日発輿　勅使　徳大寺大納言奉行万里小路弁

これによれば、皇室の太祖としての神武天皇祭典創出は、まさに徳川家の神祖としての日光東照宮例幣に対置され、それを相対化する目的意識をもって創出されたものであったということになろう。かくて建国の「創業神」の登場によって、それまで国家祭祀の中心的位置を占めていた徳川幕府の創業神たる「神祖」の地位は、明確に格下げされた。その国家祭祀上の地位は、建国の祖・神武天皇に、明らかにとって替わられたのである。このことは、文久三年の朝権進出と朝幕関係の逆転という国家構造の変換を、国家祭祀の側面から如実に反映するのみならず、それまで「武門の統領」としての将軍が有していた「兵馬の権」が、天皇・朝廷へ帰一してゆくという未聞の事態をも招来するものであった。その根本動機となったのは、神武天皇陵復興・神武天皇祭典創出が解き放った、軍事大権の統帥者・変革の主体としての神武天皇像にほかならなかった。この点については次章で言及する。

5　神武天皇祭典と神宮祭典

かくして神武天皇祭典の創出に応じ、東照宮の地位が降格された事に対応して、従来の神宮への国家祭典が、新定された神武天皇祭典と併立し、有機的な関連を持ち始める。

神武天皇陵への勅使発遣と前後して、神宮への攘夷祈願の勅使が発遣されるが、これを推進したのは、当時朝議の実権を掌握しつつあった尊攘派の首領、議奏・権中納言三条実美であった。この背景には、山田奉行・大宮司以下の伝統的神宮支配に対抗して、天皇の攘夷の「叡慮」を根拠としつつ神宮の主導権掌握を目指していた尊攘派祠官・内宮会合年寄浦田織部（長民）らの働き掛けがあった(56)。

二月二十四日、三条は、侍従橋本実梁に神宮副使たるべき内命を伝えている(57)。二十八日、三条は、柳原光愛・橋本実梁に対してそれぞれ神宮宣命使・次官を命じ、併せて神宮警衛取締にも当たるべきことを令した。柳原はこの下命について、当日の日記に次のように記している(58)。

> 二月廿八日右衛門督光愛橋本侍従實梁朝臣等於林和靖繪間議奏源大納言忠禮卿三条中納言實美卿等列座源大納言被申渡云今度為攘夷伊勢宣命使光愛次官實梁朝臣等御内意且暫滞在於彼地両宮御警衛御取締之事等可心得旨被　仰下者各申領掌

三月一日に日時定の儀、三月四日に発遣の儀が行なわれ、八日、一行は両宮で奉幣祭典を斎行した。勅使一行は祭典後も伊勢に滞在し、神宮警衛状況を視察、神宮の綱紀粛正・宇治山田の仏教色払拭にかかわる種々の改革を実行していった。これら一連の事態は、天皇の攘夷の叡慮を根拠として、旧来の山田奉行の統制が相対化され、天皇・朝廷が神宮を直接支配下に置く体制が形成され始めたことを意味していたといえよう。

ここに、伝統的な神宮の「皇祖神」祭典と、新たに成立した「初代」神武天皇祭典が、天皇現身の孝明天皇を中心に、有機的な連関を形成しはじめる。それはいうまでもなく、天皇統治の最高規範を具象化する「皇祖皇宗」結合の形成にほかならない。こうした「皇祖皇宗」結合は、神武天皇から天照大神へさかのぼる時間的遡行の機軸としてと同時に、大和から伊勢に向かう空間的移動の機軸としても作用していったように思われる。ここにおいて、神武天皇陵修補とその祭典創出は、皇祖神を奉斎する神宮との関連において、尊攘派の間に以下のような変革のビジョンを喚起しはじめた。すなわちそれは、大和・伊勢に行幸、神武天皇陵・神宮を親拝して国家統治の究極的正統性を体現した天皇が、天照大神の神慮と神武天皇の創業を規範としつつ「親征」に出発、旧体制の変革と新国家の建設（創業）に向けて群臣を導いてゆくという、急進的な変革構想である。

ここにおいて、三条実美をはじめとする朝廷内尊攘派、桂小五郎を首領とする長州尊攘派、真木和泉に代表される草莽浪士尊攘派は、神武天皇陵親拝・神宮親拝を実現し、「神武創業」に倣った「天皇親征」による国政刷新を断行するという課題に向けて、当面の政治過程を主導してゆく。次節では、神武天皇祭典の創出に呼応した、文久三年前半のこのような変革構想の進展過程について検討したい。

五　神武天皇陵親拝・天皇親征構想

1　神武創業と軍事大権・革新政治

文久三年前半期の政治過程の著しい特徴は、神武天皇陵修補・神武天皇祭典創出に呼応して、軍事統帥者・革新政治の主体としての神武天皇像を根拠とする、根底的な国家変革に向けた動きが明確化されるに至ったことである。そもそも神武天皇は、群臣を率いて東征を行ない、あらゆる艱難を克服して日本国家の建国を達成された初代天皇であった。京都に結集した尊攘派は、神武天皇祭典創出に呼応して、神武天皇伝承に示された軍事統帥者としての天皇像を孝明天皇の裡に求めるべく、新しく国家祭祀の斎場として設定された神武天皇陵への行幸・天皇親征実現に向けて、政局を主導してゆく。

三条実美を中心とする尊攘派が所有していた天皇像は、彼らの間に流布した「簾内親詔」（文久二年三月付）なる資料に見ることができる(59)。

爾後天下心ヲ合セ力ヲ一ニシ十年内ヲ限リ武備充実セシメ断然トシテ夷虜ニ諭スニ利害ヲ以テシ一切ニ之ヲ謝絶シ若不聴速ニ膺懲之師ヲ挙海内ノ全力ヲ以テ入リテハ守リ出テハ制セハ豈神州ノ元気ヲ恢復センニ難キ〻有ンヤ……若幕府十年内ヲ限リテ朕カ命ニ従ヒ膺懲ノ師ヲナサスンハ朕実ニ断然トシテ神武天皇神功皇后ノ遺蹤ニ則リ公卿百官ト天下ノ牧伯ヲ帥ヒテ親征セントス

ここに見られるのは、幕府から「征夷」の権を剝奪した天皇が、神武天皇・神功皇后の遺蹤により、自ら群臣を率いて攘夷親征を断行するという構想である。以下では、藤原梓なる草莽が三条に提出した建白(60)の裡に、この革新構想に内在する論理と歴史観を見てみよう。

謹テ惟ルニ　天祖天下ヲ以テ　天孫ニ授ケ給ヒシニ宝剣与リテ三器ノ一ニ在リ故ニ
天祖始テ東征シ躬自ラ堅ヲ蒙リ鋭ヲ執リ荆棘ヲ踏ミ風雪ヲ冒シ数歳ニシテ葦原ヲ平定
シ給ヒシハ　天祖ノ遺訓ヲ奉シ給フ所以ナリ自是ノ後　景行襲ヲ誅シ給ヒ　仲哀韓ヲ
征シ玉ヒシノ類ノ如キ中興ノ主皆必ス親ク自ラ苦ヲ嘗メ難ヲ冒シテ　天業ヲ経綸シ給
ヒシハ亦一ニ天祖ノ遺訓ヲ奉シ玉フ所以ナリ此ノ時ニ当テ　天子自ラ武将トナリ給ヒ
公卿武将臣タリ兵馬ノ政之ヲ　下ニ委ネスシテ大権上ニ在リ能ク　王室ヲ尊クシ四夷
ヲ賓シテ万国ノ綱紀タリ

すなわち彼によれば、神武天皇が行なった東征と建国こそが、天祖天照大神の神慮の実践にほかならなかった。けれども、平安以降の天皇・朝廷は、ここに示された天皇像の規範を失い、国家統治者としての根本条件を喪失していったのである。とりわけ中世以降、歴代天皇は、固有の大権である軍事統帥権を武門に委任し、神武天皇創業に示された天皇像の規範から遠く隔たっていった。これによって、国内は求心的な統合力を失い、中世以降の社会秩序の混乱を招くことになったのである。

中葉以還礼楽衰へ武威弛ミ政武門ニ帰シテ名分遂ニ乱レ以テ今日ノ勢ニ馴致シ夷狄ノ
禍ヲ引ク名分ノ淆乱生民ノ塗炭極レリ夫乱臣賊子命ニ方ヒ民ヲ虚スル者固ヨリ或ハ無
ニアラス唯夷狄凌辱ヲ受ル今日ノ如キハ剖判以来イマタ曽テ之有ラス因テ不改ハ数千
載礼楽ノ邦相率テ禽獣ノ域トナラムトス

……中世以降　天子深宮ニ垂拱シ玉ヒ公卿唯文弱ヲ務テ兵馬ノ政ヲ挙テ之ヲ将士ニ委ネ命テ武門武士ト曰テ　朝廷事ヲ与リ知リ給ハス　大権従テ移リ形勢一変セリ

武門に対する軍事統帥権の委任こそ、朝廷衰微の根本原因であった。したがって、武家政権成立以来の「兵馬の権」の委任撤回こそが、朝権回復の大本とならなければならない。それはいうまでもなく、孝明天皇御自身が、神武天皇像に示された軍事統帥者・全国統治者としての天皇像に向けて、自己変革してゆくことを意味していた。既に後醍醐天皇は、「先皇ニ追ヒ親ク躬ツカラ憂ニ当テ武将ノ任ニ甘シ大ニ中興ノ大業ヲ図リ」、武門からの「兵馬の権」奪回を志したが、しかしその事業は中道に挫折していた。中世以来のこのような状況を覆すためには、孝明天皇自ら躬をもって群臣の先頭に立ち、その本来有していた軍事統帥権を回復・行使する以外にない。

……天子自ラ非常ノ艱難ヲ上ニ嘗メ給ヒ群卿万死ノ力ヲ下ニ尽シ給フニ非ル自リハ未俄カニ謀リ易カラス

其後又数百載ニシテ今日アリ　聖天子深ク　天祖宝剣ノ遺訓ヲ体シ迹ヲ　先皇ニ追ヒ親ク躬ツカラ憂ニ当テ武将ノ任ニ甘シ大ニ中興ノ業ヲ図リ給ヘリ……公卿固ヨリ文ナカルヘカラス亦一日モ武ナカルヘカラス公卿ノ文武ヲ兼ルハ上古盛ナリシ所以ナリ其武ヲ忘ルハ中古以来衰ヘシ所以ナリ其極終ニ武門亦武ヲ忘テ夷狄ノ禍ヲ引ニ至ル何ソ衰ヘタルノ甚キヤ

太祖神武天皇の東征に習って、天子自ら武将の任に甘んじつつ率先「艱難」に立ち向かい、群臣の先頭に立って国家革新を断行する。そのことによってのみ、日本人は国内分裂を回避して強力な国家的結集を実現し、国家存亡の危機を克服することができるのである。天皇の軍事統帥権回復を実現するためには、天皇直属の「御親兵」制度が創立されなければならない。ここに、幕府の統制から脱却した諸藩兵、続々と京都に結集しつつあった草莽有志による天皇直属軍の編成が日程に上る。この点について、三月、国事御用掛に提出された山中静逸建白は次のように述べる(61)。

……百官ノ内未勤者並草莽ノ者文道武事ニ心掛有之謹慎ノ輩ヲ抜擢御召仕被　仰出御親征ノ供奉厳重ノ御備被遊且平日ハ禁園之御守衛仕夫々ノ任被　仰付候様奉存上候

ここにおいて、近世の身分制・封建的諸関係を超越した人民の「朝臣化」が課題となる。三年二月十三日の国事参政・国事寄人設置、三月十五日の御親兵貢献令は、いずれもこの課題に応えるものであった。それは、「門地高キ御方ニテ無之テハ御大政ニ参預候義ハ不相成事ニテ有之候」(閑院宮御内医師荒井尚一建白)という朝廷の身分制の否定の上に立って、「天下ノ人物ヲ御抜擢　被遊関白殿奉始両伝奏方迄補佐之人物ヲ草莽ヨリ御抜擢御附属被遊内ニ御政事向ノ補佐不仕候而者不相成儀ト奉存候(62)」、草莽層の朝廷進出による、急進的な朝廷改革を促してゆく(63)。

2 神武天皇陵・神宮親拝、攘夷親征計画

このような天皇像、これに伴う改革構想は、幕府の一貫した統制下、数々の禁忌に拘束されていた近世の天皇の存在形態の、全面的な転換を促すものであった。土佐藩尊攘派の領袖平井収二郎は、幕府の朝廷統制策の根幹であった天皇行幸の禁止について、次のように述べている[64]。

天皇御親征の英断あるにあらざれば、勝算を期し難し。昔光格天皇東山に行幸ありしより後（天皇の修学院行幸は御譲位後のことなり）、天皇は唯九重の中にのみまし〳〵て、世上の事態を知召し給はず、これ幕府深謀遠慮の在する所にて、王政の古に復らざるもの実に此に基けり……

天皇行幸の禁止こそは、幕府の周到な深謀に基づいた、事実上の天皇の御所への幽閉にほかならなかった。既に文久二年、松平慶永に提出されたと推測される一建白は、このような幕府の朝廷統制が、武士階級・草莽層の広汎な怒りを醸成していた状況を、次のように指摘していた[65]。

……一天万乗民ニ父母たる聖天子幽囚同然之憂目ニ御逢被遊候事人情不忍言次第誠ニ痛恨慟哭之至天下忠臣義士之怒髪衝冠するゆへんハ全是等の事より致発起候訳ニ而……　若激民あり是を名として義兵を起さんにハ幕府手を拱シ給ふ外無……

これら一連の朝廷統制を破壊するための第一の課題は、天皇が御親らの決断をもって、

御所外に出御されることであった。かくしてはじめて四民の前に姿を現された天皇が最初に行なわれるべきことは、神器を奉じて、新しく国家祭祀の斎場として設定された神武天皇陵に行幸されることである。そこにおいて天皇は親しく攘夷祈願の祭典を御親祭され、ついで御親ら攘夷親征の軍議を主宰される。孝明天皇は、この一連の行為によって、建国の祖・神武天皇を祀って祭祀大権を行使する最高祭主であると同時に、軍事統帥者として群臣を率る大元帥にほかならないことを躬を以て示される。このようにして、神武天皇陵親拝は、孝明天皇御自身が、神武天皇像に示された天皇像を規範として躬をもって攘夷親征・国政刷新に臨むことを、天下に宣言する祭儀となるはずであった。これに呼応して、全国の草莽は続々と蹶起し、「錦旗一たび動かば義勇の徒忠憤の士立所に馳せ参じ」(久坂玄瑞『解腕痴言』[66])「御親征御迎ニ参上仕候」(八月中山忠光奏聞書[67])、歓呼して天皇のもとに馳せ参ずるであろう。

神武天皇陵親拝・攘夷の軍議主宰によって、祭祀大権と軍事大権を一身に体した孝明天皇は、引き続いて行なわれる神宮親拝の後、親征の途に御出発、幕府の統制から離脱した諸藩兵・各地蹶起の草莽層から成る「革命軍」を率いて、新国家の創業へと突き進んでゆかれるのである。かくて神武天皇陵親拝・神宮行幸は、天照大神から国家統治の神勅を承けた神武天皇が、群臣を率いて東征の途に就く「建国神話」の再現にほかならない。それは必然的に、「海内蒼生之弊心一洗奮発[68]」天皇のカリスマ的権威を機軸とした、根底的・

全面的な国家革新へと進展してゆくことになるのである。

このような尊攘派の構想の最高水準を示したのが、彼らの理論的指導者、真木和泉の提起した改革構想であった。真木の構想は、朝廷への武権収容を転回点として親征に進み、一挙に国家体制の革新を断行しようとするものであった。彼は、「即今　朝廷の御風儀は乍レ恐平安遷都の後、中昔已降の風習にて、神皇の本意にあらず」平安期以降の王朝文化の伝統が皇祖神の神意に背馳するものであったとする理解から、今後あるべき天皇像を「今日より立返り、建国の大意に則り、当時の武門の風を採用して、漸々古風に及すべし」と規定する。真木の構想は、軍事統帥者としての天皇像を機軸としつつ、天皇大権による総合的な国家革新構想へ結実していった。これによれば、天皇がその大権によって制定すべき新しい礼楽刑政の大綱は、次のようなものであった[69]。

㈠、一新二天下耳目一。

㈡、収二土地人民之権一。

㈢、移二蹕浪華一事。……造二無数船舶無数砲礮一。

すなわち、㈠耳目一新、天皇親政の時代の開幕を告げる改暦・改元の実行、㈡版籍奉還と全国の王土王民化・畿内の天皇直轄領化、㈢天皇親征による大坂遷都と、天皇の軍事大権を機軸とする全国的規模の軍事的結集・軍制改革の断行等々、これを要するに、神武創業を規範としつつ、天皇の宸断によって断行される国政刷新構想にほかならなかった。神武創業への「復古」が、同時に「維新」そのものにほかならないという事情は、真木が詠じた次の和歌に、端的に示されているということができよう。[70]

三千年の昔のてぶり立ち返りかつあらた世とならんとすらん

このような変革構想こそは、神武天皇の国家祭祀創出に呼応、それによって全面的に喚起された「革命」思想であったということができよう。以上のように、神武天皇祭典の創出を背景とした文久三年前半の政治過程は、天皇を主体とする政治変革への展望を切り開いた。神武創業の理念は、政権・武権の天皇への帰一を集約する理念として結晶、従来の封建的諸関係を圧倒し去る変革のビジョンとして動き出していったのである。三月十四日、幕府に攘夷期限（五月十四日）を布告せしめた朝廷内尊攘派は、長州尊攘派との連携のもと、三月十一日に賀茂下上社行幸、四月十一日に石清水社行幸を実現した。これら一連の神社行幸は、二月の毛利定広建白に「御親征御巡狩之基本」[71]とあるように、やがて行なわれるべき天皇親征の予行演習的意義を有するものであった。尊攘派は進んで、孝明天皇の神武天皇陵親拝・神宮親拝を計画、天皇親征に向けて政局を主導してゆく。しかしこの動きは、三条をはじめとする朝廷内尊攘派、桂小五郎をはじめとする長州尊攘派の強引な主導によるものであり、朝廷内親幕派・薩摩藩等有志大名層の合意を得ずして性急に推進されたという点で、実は極めて不安定な政治基盤しか有さないものであった。

八月十三日、尊攘派の強硬な要請に押し切られたかたちで、朝議はついに大和行幸と神武天皇陵・神宮親拝を決定[72]、ついで十六日、行幸・内侍所供奉の廷臣を告知した。

為今度攘夷御祈願大和国行幸神武帝山陵春日社等御拝暫御逗留御親征軍議被為在其上
神宮行幸事

いまや政局の展開は尊攘派の構想の実現を齎すかに見えた。しかし周知のように、八月十八日の政変によって、三条・桂はじめ尊攘派は総失脚し、中央政局から放逐された。かくて孝明天皇は、従来の天皇像の全面的転換と、根底的な国政刷新の可能性を親ら断ち切られた。ここにおいて、三条らが天皇の裡に見いだした革新政治の主体としての天皇像は、孝明天皇御親らの決断によって、明確に退けられるに至ったのである。

六　神武天皇祭の制定

1　尊攘派放逐後の政局

孝明天皇は、尊攘派放逐ののち、御親らの主導のもと、将軍への政務委任の上に立った天皇中心の朝政体制の形成に着手された。

元治元年一月二十七日、孝明天皇は将軍徳川家茂に拝謁を賜った。天皇は「上ハ山陵ヲ安ンジ奉リ下ハ生民ヲ保チ」外敵を駆逐すべき幕府の使命を諭された。これに対して、家茂は「御即位以来　皇国之災禍ヲ悉ク　聖躬之御上ニ御半求被レ為レ在候」、国難を一身に背負って苦悩を重ねてきた天皇の思召に応えるべく、自らの征夷の使命を十全に遂行すべき旨を奉答した(73)。一月二十九日には、山陵修補の功を賞して家茂が従一位に叙せられた。二月七日、家茂は泉涌寺に参詣、霊明殿に詣でた後、泉山廟を拝礼した。これは「山陵ヲ安」んずることに将軍の使命があるとした天皇の叡慮に応える意味があったものと思われる。また二月八日には、京都守護職松平容保に宸翰を伝達し、朝政改革に際して容保を股肱と頼まれる叡慮を伝えられた。

四月二十九日、家茂は朝廷尊崇の目十八箇条を奏上したが、その中には、先帝仁孝天皇・新朔平門院忌日の海内布告、天皇誕辰・朝廷忌日の刑罰執行禁止、皇子皇女の出家・法体の停止、泉涌寺の清掃等々、山陵修補事業の進展に対応した皇室の神仏分離実行と、その祖先祭祀形成にかかわる箇条が盛り込まれていた(74)。

またこれより先、文久三年九月五日、尊攘派構想の核心をなしていた諸藩献兵による天皇直属軍「御親兵」が廃止された(75)。尊攘派が天皇の上に見いだした軍事統帥権は、ここで制度的にも否定され、「征夷権」は再び「征夷大将軍」のもとに帰属した。ここにおいて、尊攘派の天皇親征論は明確に否定され、幕府への大政委任が再度明確化されたのである。

以上見たような尊攘派放逐から再度の公武合体、朝廷と幕府の結合強化という政治状況の急転回を背景として、神武天皇陵修補の竣功・神武天皇祭典の制定という事態はあったのである。

2　完工奉告祭典

文久三年に着手された神武天皇陵修補がようやく竣功したのは、同年十一月下旬のことであった。この頃、宇都宮藩関係者から忠至に寄せられた書翰は、「神武天皇御陵御普請場へ被為入御指揮御精々ニ而十一月下旬皆出来ニ相成　勅使御発遣御用ニ而別而御繁多ニ被為御坐候」と竣功間近の状況を報じ、また神武天皇修陵が殆ど新陵の造営に等しかった事情を「御陵者　御開祖之儀ニモ有之広大之御造営殊ニ弐千余年之御荒廃ニ而新規ニ御築造立モ同様之趣」と伝えている[76]。

完工に際して、忠至は修陵完工奉告祭の斎行を求め、朝議は勅使発遣を決定した。日時定の儀・発遣の儀（十一月二十八日）に続いて、十二月八日行なわれた修陵竣功奉告祭典は、大規模な行列を伴った最大級の国家的儀礼として行なわれた[77]。勅使として神武天皇陵に参向した権中納言柳原光愛は、陵前の拝所で宣命を捧読した。宣命は、長年の懸案であった神武天皇陵修復に寄せる孝明天皇の喜びを伝えると共に、新たな国家神として、「一天泰平に海内静謐に玉体安穏に万民娯楽に守幸給」うべき神武天皇の神威を讃えたのである[78]。

孝明天皇は、山陵祭典当日、「東庭の御拝なから雨気故弓場にて御拝あらせられ[79]」（『長橋局記』）前例通り御拝された。野宮は天皇の御拝の次第を次のように記録している。

今日巳刻神武帝山陵御拝也午半許於朝餉着御々服帛依地湿於弓場御拝隆晃朝臣取御剣小時入御

……山陵祭典・宮中御拝は、実は十二月三日に予定されていたが、当日天皇「御風気」のため、勅使一行は、その御回復を待って現地で待機していたのである。[80]

神武天皇陵完工を喜ばれた孝明天皇は、翌元治元年一月二十九日、忠至に「永々」の山陵奉行を命じ、従四位下に叙任、万石以上（諸侯の列）に列格、年始等の際の拝顔を許すべく沙汰された。[81] 忠至は、これらの処遇を一旦固辞したが、天皇は聴されず、重ねてその拝任を要請された。戸田家側の資料はこの事情について次のように記している。[82]

大和守儀　山陵御修補之儀同姓越前守為代去戌年以来令上京　山陵探索方格別骨折且御陵地多年田畑人家等ニ相成居候付而者頑困之民情篤与申論方行届就中　神武天皇御陵者二千有余年御荒蕪殆可及廃絶之処今般盛大御修補成功ニ至　朝廷御追孝相立幕府誠忠之規模後代残リ候儀元来其方　公武御為筋深相心得掛故　山陵復古　御尊奉之御時節ニ至リ候段　叡感不斜候依之　御感賞可有之処御普請央之儀ニ付先今般新ニ被召出　山陵奉行被　仰付万石以上之列ニ御取扱被成下以後年始御礼等之節奉拝　龍顔候様被　仰付之且為　御褒美　御剣一振賜之尚卒業之上御沙汰等モ可有之旨議奏柳原中納言様以御書付被仰渡之候右大和守儀御辞退申上候処右之趣　達　御聴尤之義ニ者候得共格別之以　叡慮被　仰出候儀ニ付　朝命之通拝任可致旨同十二日二条御城ニオイテ酒井雅楽頭様被仰渡之候

孝明天皇は、「二千有余年」来廃絶に帰していた神武天皇陵を再興せしめた忠至の尽力を賞賛、重ねて忠至の拝命を要請する叡慮を伝える。かくて忠至は、叡慮に従って以上の処遇を拝受したのである。そもそも山陵奉行は、京都守護職や禁裏守衛総督同様、直接老中の指揮下に属さず、天皇から任命された「朝臣」として、半ば独立して京地において叡慮遵奉の職掌を遂行してゆく官職であった。忠至は、今や明確な「朝臣」として山陵修補事業に当たってゆくことになったのである。

3　神武天皇祭の制定

文久三年における修陵開始奉告・攘夷祈願・修陵竣功奉告の前後三回の神武天皇陵奉幣はいずれも臨時の儀であった。ここに孝明天皇は、神武天皇陵奉幣を恒例の国家祭典たらしめようと思召された。この叡慮をうけて、山陵御用掛柳原光愛に、神武天皇恒例祭典制定にかかわる朝議の決定が伝えられたのは、元治元年五月二日のことであった(83)。朝議の決定は、「以来年々三月八日発遣十一日御幣奉納御治定」、すなわちこれより毎年、三月八日に勅使発遣を、十一日に奉幣祭典を行なうこと、ただし本年はその期日が過ぎたので、当月八日を以て、恒例奉幣祭典治定奉告の勅使として野宮定功を発遣する、というものであった。野宮は即日勅使たるべき内命を受けた(84)。

神武帝山陵往昔以来頽廃去年被修復補成功　戸田大和守為奉被専尽力　以来三月八日

発遣十一日可被奉御幣頃日被起源叡念昨日有議定今年者其期之無当月可被行之旨被定
仰此事日野中納言光愛右衛門尉胤保為被沙汰之事

翌日、柳原光愛はこの決定を忠至に報じている(85)。

昨日ハ於　宮中拝面悉存候今日ハ漸快晴候弥御安康珍重存候然ハ諸陵寮官人史生等之
事弥明日御沙汰ニ可相成候間明日午後ニ御屋敷へ谷森大和介鈴鹿忠三郎矢盛式部大橋
右衛門等御集置可給候八日発遣御治定十一日奉幣使御当日　勅使野宮中納言等へ被
仰出候仍右申入置候也

五月三日　　　柳原中納言光愛

五月八日、勅使発遣の儀が行なわれ、「畝傍山東北陵久荒廃去年漸逐修理多年之　叡念
緩于爰也始自今年限以永代毎年可被奉幣帛」という仰詞(86)の趣旨を体して、勅使野宮定功が
神武天皇陵に参向した。

勅使発遣当日の巳半二刻前、天皇は紫宸殿に出御、親しく神武天皇陵を御拝された(87)。以
下は、宮中祭典の取調を命ぜられ、南殿における御拝を具申した広橋胤保の勘文の一節で
ある。この広橋上申によって、恒例神武天皇祭典における、発遣日の紫宸殿御拝が決定し
たものと思われる(88)。

御拝並帛御服之事

：（『西宮記』引用略）

謹按九月例幣幷臨時奉幣旧例御八省又ハ小安殿有　御拝当時皆被用南殿又西宮記臨時奉幣之所記文山陵使儀同奉幣使之由注之傍今度被用其御例於南殿可有　御拝哉之事

胤保

これまでの神武天皇祭典における宮中御拝儀が陵前祭典当日庭上において行なわれてきたのに対して、ここで上申された恒例祭典におけるそれが、勅使発遣日の南殿御拝儀へと移行した理由については後考を待ちたいが、おそらくこれは、祭典が、臨時の儀から恒例の儀へと移行したことに対応する措置であったと思われる。

今回の勅使発遣においても、前例に習って沿道住民の負担軽減が図られた。以下はそのことを示す戸田家の資料である[89]。

従当年年々和州畝傍山江　山陵使可被立旨被仰出則当年　勅使野宮中納言其外諸陵官人参向来八日発遣十二日帰京ニ候処京都ヨリ畝傍山迄宿々人足之儀昨年柳原中納言菊亭中納言春冬両度参向被　仰出則人足百五十人ツヽ証文被申請候処右道中ハ至テ難渋之宿場之由然ル処右通行有之候テハ不一難渋之由戸田大和守ヨリ申上候付従　御所表厚以思召昨冬金弐百両伏見宿ヨリハ八木宿迄御救被下候程之儀ニモ有之候間年々通行相増候事故尚更難渋可致ハ勿論之儀ニ候間従当年証文人足ハ相止為人足料以見込　勅使江米五拾石其外官人ヘモ同様人足料被下候様致度左候ハヽ　御趣意モ相立候間厚勘

考有之度尤明後八日発足之事ニ候間早々否哉承度存候事

また住民への配慮から、「勅使御参向ニ付道筋石仏其外不浄之物見隠ニ不及都而掃除等念入可致事」（忠至上申）、沿道石仏等の仏教的施設も隠蔽するには及ばない旨が指示された。[90]

五月十一日、陵前で祭典が行なわれ、勅使野宮定功は毎年三月十一日の奉幣祭典斎行が治定された旨を奉告した。[91]

この御陵の久しく荒蕪損壊たるを代々の天皇の嘆懼賜ふこと最も深かりき、朕代に及んで修飾の功を遂に竟しは天の時の到しなりと悦賜ひ尊賜ひて幣帛を捧げ持たして奉出給ひ神威を顕むと所念……

ここに、明治四年の「四時祭典定則」、四十一年の「皇室祭祀令」でともに「大祭」とされ、近代皇室祭祀の大本となった「神武天皇祭」が、基本的に成立するに至ったのである。[92]

本節の締めくくりとして、神武天皇陵修補とその祭典創出の意義について総括しておきたい。大正初年、明治天皇陵修造に当たって作成されたと推測される『伏見桃山陵制説明書』は、神武天皇陵修補における拝所設置が近代陵制の根拠となった所以を次のように記している。[93]

御拝所及兆域周囲ノ形状ハ、畝傍山東北陵ニ則ル理由上代ノ陵制、四方ニ隍ヲ一重若クハ三重ニ設ク、而シテ前面ハ唯隍ヲ隔ツルノミニテ、御拝所ヲ設ケス、天智天皇山科陵ニ至リテハ、兆域入口南面ニ鳥居ヲ立ツ、是ハ蓋十陵八墓ノ制アリテ以来、毎年荷前ノ奉幣アルカ為ナラム、徳川幕府ノ末、戸田忠至山陵奉行トナリテ、歴代ノ山陵ヲ修理スルニ及ビ始テ毎陵ニ御拝所ヲ造ル、而シテ皇祖畝傍陵ノ御拝所ニ至リテハ、蓋最意ヲ致セリ、故ニ伏見桃山陵ノ御拝所ハ、専ラ神武天皇畝傍山東北陵ニ則リ、其ノ他兆域周囲ノ形状亦之ニ則ルコトトセリ

ここで指摘されているように、陵前「拝所」の設置によって、神武天皇陵は明確に天皇が追孝を述べる国家祭祀の斎場として位置付けられた。こうして天皇追孝祭典の場として修補された神武天皇陵が、これ以降の山陵修造事業の範型となったのである。

このような歴代山陵祭典整備の進展に伴って、宮中において、歴代天皇の神霊を奉祀する「みたまや」の設置が構想されてゆく。明治二年正月十日の神祇官伺は、(94)「諸国御散在ノ山陵悉御参拝被為在度御事ニ御坐候へ共百ケ所ニモ近ク候へハ一々御参拝御宮御造営等ハ実以不容易御事ト奉存候」との理由から、「御代々ノ御神霊皇居ノ御内へ合祀被為遊候様仕度」、宮中内において、賢所とともに歴代の神霊を合祀する「みたまや」の設置を建議する。この課題は、神祇官への皇霊鎮祭を経て、宮中賢所同殿に皇霊を遷座し、歴代天皇の神霊を、皇祖神・天神地祇と共に奉祀する宮中神殿を創祀することによって、基本的に達成されることになる。その原点が、文久・元治期の神武天皇祭典において、山陵奉幣

と共に行なわれた宮中御拝儀にあることは、ここで再度確認しておきたい点である。

このようにして神武天皇陵は、これ以降修補されてゆくことになる歴代天皇陵に先駆けて、天皇が「追孝」を申べる祖先祭祀の斎場として、明確に位置付けられるに至った。それこそは、近代皇室祭祀を特質付ける山陵・皇霊祭祀の原点であった。この意味において、神武天皇陵の創修とその祭典の創出は、近代皇室祭祀形成の出発点を画する出来事であったということができる。

さらに政治思想的側面について見れば、神武天皇陵修陵とそこでの国家祭典の創出によって、いわば歴史の彼方に凍結されていた神武天皇像が、歴史を転回せしめるビジョンとしてはっきりと動き出したことが重視されなければならない。「神武創業」の理念は、やがて維新変革を主導する理念として結晶化し、日本における国家・社会変革の理念、近代国家形成の起爆剤として著しい成長を遂げてゆく。

以上のような改革派の構想は、孝明天皇御自身の決断による尊攘派の放逐、幕府への大政委任・兵馬の権の再委任によって明らかに破綻した。しかし歴史段階の一層の進展と国家的危機の一層の深刻化、すなわち条約勅許と孝明天皇の崩御、薩長同盟成立と長州勢力の中央政局復帰という政治過程の急転回は、新しい国家統治の機軸として、再び神武天皇像に示された軍事統帥者としての天皇像を、革新政治を推進する理念として復活させてゆくことになるのである。そのことは、慶応三年十二月九日に発せられた「王政復古の大号令」に明らかであろう。

ここにおいて王政復古政府は「諸事神武創業之始ニ原ツキ」摂関・幕府という旧体制を廃止し、天皇自ら革新政治の主体として統治大権・軍事大権を行使することを宣言した。維新変革において、神武天皇を範型とした天皇像は、国家的危機を収拾する理念として再登場し、近世朝廷の解体・封建制の撤廃・新国家体制構築への展望を切り開いていったのである。ここに至って明治天皇は、神武創業の理念に則り、神宮親謁・東幸・東京奠都を実現、万民の先頭に立ちつつ次々と諸改革を断行、新しい国家建設に向けて国民を領導してゆく。山陵・皇霊祭祀を中心とした国家祭祀の再編成は、まさにこの変革の過程において、その変革の理念を祭儀の上から形象化するものとして進展していったのである。(95)

おわりに

以上、本章では文久・元治期における神武天皇祭典の成立とその意義について考察してきた。初代天皇陵修補とその国家祭典設定に続く次の課題は、神武天皇以降の歴代天皇の山陵祭典を興すことであり、さらにその過程の総仕上げとして、神武天皇祭典における山陵祭典・宮中祭典に照応させせつつ、孝明天皇奉祀の山陵祭典・宮中祭典を確立することであった。そのことによって「初代」から「先帝」に至る一系の皇統が、天皇統治の根拠として具体化されるのである。

かくて王政復古直前、孝明天皇山陵造営が実現し、維新政府成立後、神祇式による宮中・山陵追祭が実現するに至る。それは、東京奠都後の歴代天皇神霊を合祀した「皇霊」鎮祭、明治四年の皇霊遷座による宮中「皇廟」祭祀の確立へと直接に連続してゆくのである。このような観点から、文久修陵事業の総仕上げとしての孝明天皇陵造営と、その神祇式喪祭・追祭創出の意義について、「神武創業」を根本理念として遂行された維新変革とのかかわりにおいて考察することを今後の課題としたい。

註

（1）文久の修陵事業については、戸原純一「幕末の修陵について」（『書陵部紀要』一六）、大平聡「公武合体運動と文久の修陵」『考古学研究』三一巻三号、通巻一二三号）参照。本章は両氏の論稿に多くを負っている。また神武天皇陵については、春成秀爾「『神武陵』はいつつくられたのか」（『考古学研究』二一巻四号）、星野良作『研究史　神武天皇』（吉川弘文館、一九八〇年）参照。

（2）近世・幕末維新期の天皇祭祀の研究としては、藤井貞文『近世に於ける神祇思想』（春秋社松柏館、一九四四年）、高埜利彦「近世奉幣使考」（『近世日本の国家権力と宗教』東京大学出版会、一九八九年）、羽賀祥二「開国前後における朝幕関係」（『日本史研究』二〇七）、

「明治神祇官制の成立と国家祭祀の再編（上）（下）」（『人文学報』四九・五一）、のち『明治維新と宗教』（筑摩書房、一九九四年）収録参照。

（3）豊国社については宮地直一『神道史4』宮地直一論集8（蒼洋社、一九八五年）、七一頁以下、三鬼清一郎「豊国社の造営に関する一考察」（『名古屋大学文学部研究論集』史学三三）、大桑斉「天正寺の創建・中絶から大仏造営へ」（『日本近世の思想と仏教』法藏館、一九八九年）参照。東照社については宮地直一前掲書二五九頁以下、『日光市史』中巻（日光市、一九七九年）参照。また豊国社・東照社成立の前提となった吉田家の神祇式葬祭の形成については岡田莊司「近世神道の序幕——吉田家の葬礼を通路として——」（『神道宗教』一〇九）参照。

（4）一例をあげれば、津和野藩においては、明和五年、藩主亀井茲貞が藩祖茲矩を神霊として奉祀する武茲矩霊社を創建した。これについては『於杼呂我中——亀井茲監伝——』（中山和助、一九〇五年）、二二七頁以下、『亀井茲矩伝』（国立国会図書館所蔵）参照。維新以降、近代天皇祭祀形成が津和野・長州勢力の主導によって遂行されたことを思うとき、津和野藩主亀井家の祖先祭祀形成の問題は、今後の興味深い研究課題であるように思われる。

（5）尾藤正英「日本における国民的宗教の成立」（『東方学』七五）、のち『江戸時代とはなにか』（岩波書店、一九九二年）収録参照。

（6）『泉涌寺史』本文篇（法藏館、一九八四年）、三五一〜三五四頁以下参照。

（7）元旦四方拝については「伯家部類」『神道大系』論説編十一　伯家神道（神道大系編纂会、

一九八九年）所収「正月御拝始之事」、石灰壇御拝については同書「毎朝御拝幷御代官之事」、鏡御拝については同書「鏡御拝之事」参照。なお『恒例公事録』（国立公文書館内閣文庫所蔵）によれば、光格天皇は、元旦四方拝において、神宮・内侍所と並んで、天智陵・光仁陵・桓武陵、元明陵、後醍醐陵・後鳥羽陵・先帝陵・先后陵を、それぞれ両段再拝の作法で遥拝していた。

（8）幕末において、神祇伯白川家では、邸内に「皇霊」の社宇を鎮祭していた。しかしこれはあくまでも「伯家内々の儀」に止まり、積極的に天皇家の仏式喪祭・追祭に変更を促してゆく性質のものではなかったと思われる。『孝明天皇紀』第一、二九九頁。

（9）吉川幸次郎「日本的思想家としての徂徠」（『仁義・徂徠・宣長』岩波書店、一九七五年）、尾藤正英「国家主義の祖型としての徂徠」（『日本の名著』16　荻生徂徠、中央公論社、一九七四年）、同「水戸学の特質」（『日本思想大系』五三　水戸学、岩波書店、一九七八年）参照。

（10）尾藤正英「尊皇攘夷思想」（『岩波講座日本歴史』13　近世5　一九七七年）、同「皇国史観の成立」（『講座日本思想』第4巻、東京大学出版会、一九八四年）。

（11）近世における山陵修補事業を概観したものとしては、金杉英五郎『山陵の復古と精忠』（日本医事週報社、一九二六年）、後藤秀穂『皇陵史稿』（木本事務所、一九一三年）、日本歴史地理学会『皇陵』（一九一四年）、和田軍一「皇陵」（戦前版『岩波講座日本歴史』9　別編）、寺田剛・雨宮義人『山陵の復古と蒲生秀実』（至文堂、一九四四年）、雨宮義人「孝明

(12) 天皇と山陵の復古」(『神道史研究』一四巻五・六号)、『宇都宮市史』第六巻 近世通史編(宇都宮市、一九八二年)第六章第三節、外池昇「「文久の修陵」と年貢地」(『調布日本文化』五)。さらに各陵墓沿革の解説としては上野竹次郎編『山陵』(一九二五年刊、一九八九年名著出版復刻)参照。
(13) 前掲書二三九頁以下、『孝明天皇紀』第一(平安神宮、一九六七年)、七九頁。
(14) 『水戸藩史料』別記上(吉川弘文館、一九七〇年)、二二七~二三四頁。
(15) 『孝明天皇紀』第一、二五五頁以下。
(16) 『三条実万手録』二(日本史籍協会、一九二五年)、一五九頁以下。
(17) 註(2)羽賀祥二論文参照。
(18) 『川路聖謨文書』八(日本史籍協会、一九三四年)、二二五~二三八頁。
(18) 川田貞夫「幕末修陵事業と川路聖謨」(『書陵部紀要』三〇)、『三条実万手録』二、一四五~一四六頁。なお『歴代追遠紀年』は国立国会図書館所蔵。
(19) 前掲川田貞夫論文参照。
(20) 『三条実万手録』一、四二四~四四四頁。
(21) 『三条家文書 書類の部』第三〇冊(国立国会図書館所蔵)。
(22) 「県勇記日記」『栃木県史』資料編 近世七(栃木県、一九七八年)。
(23) 『大日本維新史料稿本』文久二年九月二六日条(東京大学史料編纂所所蔵)、『東西評林』二、九七頁以下。

(24)『孝明天皇紀』第四、(平安神宮、一九六八年)、一七六頁。
(25)『東京市史稿』御墓地編(東京市役所、一九一三年)、四二頁。
(26)『孝明天皇紀』第四、一七四頁。なお、拝所設置の意義については註(1)大平聡論文参照。
(27)松井元儀編『山陵修補綱要』(宮内庁書陵部所蔵)。
(28)同前。
(29)『孝明天皇紀』第四、一七二頁以下。
(30)『山陵修補関係書類』所収(宮内庁書陵部所蔵)。
(31)『諸陵徴』は宮内庁書陵部所蔵。序文のみ『勤皇文庫』第三(社会教育協会、一九四三年)所収。
(32)この神武天皇陵所在をめぐる論議については、幕末から近代にかけての山陵修補事業・皇霊祭祀形成・皇統譜編纂事業に谷森がどのような役割を果したかという観点からの後考を俟ちたい。
(33)『山陵修補綱要』(宮内庁書陵部所蔵)。なおこれより先十月、後醍醐天皇陵が鳴動するという事件があり、十一月十三日、朝命を受けた忠至は吉野に赴いて鳥居・瑞垣等の修補を行なった。『孝明天皇紀』第四、一二三八〜一二三九頁参照。
(34)『孝明天皇紀』第四、三九七〜三九八頁以下。
(35)藤井貞文『近世に於ける神祇思想』五八頁。
(36)『大日本維新史料稿本』文久三年二月二四日条。

(37)『近衛忠煕家　記職事内覧留』第七冊、文久三年二月～三月（国立公文書館内閣文庫所蔵）。
(38)『大日本維新史料稿本』文久三年二月二四日条。
(39)『孝明天皇紀』第四、三九四～三九五頁。
(40)『諸陵御祭典略抄』（宮内庁書陵部所蔵）。
(41)『孝明天皇紀』第四、五三一頁。
(42)『新訂増補国史大系』第五七巻　公卿補任第五篇（吉川弘文館、一九六六年）、五四四頁。
(43)(1)は『山陵御修補関係書類』、(2)は『大日本維新史料稿本』文久三年二月二四日条。なお孝明天皇は、文久三年八月八日にも東庭に下御、諸山陵を御拝された。『孝明天皇紀』巻四、七七四～七七五頁。
(44)『大日本維新史料稿本』文久三年三月二八日条。
(45)拙稿「近代天皇祭祀形成過程の一考察――明治初年の津和野派の活動を中心に――」(井上順孝・阪本是丸編『日本型政教関係の誕生』第一書房、昭和六二年)。
(46)拙稿「明治神祇官の改革問題」(『國學院雑誌』八八巻三号)、本書第六章収録、「明治初年の神祇官改革と宮中神殿創祀――小中村清矩・浦田長民の建白をめぐって――」(『國學院雑誌』九〇巻八号)、本書第七章収録。
(47)「文久三年政治向諸覚書」『三条家文書　書類の部』第三五冊。
(48)(1)は『大日本維新史料稿本』文久三年二月一八日条、(2)は二月二四日条、(3)は三月二八日条。

(49)『泉涌寺史』本文編、四五六頁。
(50)『孝明天皇紀』第四、九一〇頁。中山はこれに対して、「仏法東遷経千余載」の現状から、その廃止の不可を回答、この建議は却下された。
(51)『山陵御修補関係書類』。
(52)『孝明天皇紀』第四、五三八頁。
(53)「一条忠香日記抄」三九八〜三九九頁(日本史籍協会、一九一五年)。
(54)『孝明天皇紀』第四、五三七頁以下。
(55)『大日本維新史料稿本』文久三年二月一八日条。
(56)藤枝恵子「幕末の伊勢神宮と山田奉行——文久三年勅使参向をめぐって——」(『日本史研究』三〇五)。
(57)『孝明天皇紀』第四、四四八頁以下。
(58)『大日本維新史料稿本』文久三年二月二八日条。
(59)『三条家文書　書類の部』第三三冊(国立国会図書館憲政資料室所蔵)。なお、本資料は『孝明天皇紀』第三、八八八〜八九二頁に所載され、また徳富蘇峰『近世日本国民史』第四六巻「文久大勢一変」上編(民友社、一九三六年)、一〇〇頁以下でも紹介されている。
(60)『三条家文書　書類の部』第三五冊。
(61)『岩倉具視関係文書』第一二二冊(国立公文書館内閣文庫所蔵)。
(62)旧福羽美静所蔵『建白留写』上(学習院大学図書館所蔵写本)。本資料は文久三年当時、

学習院に提出された武士階級・草莽層の諸建白を一本に纏めたものである。

(63)「文久五年《ママ》」に「下野国草莽　無名氏」なる人物が著したとされる『幕罪略』は、幕府が朝廷に対して犯してきた罪状として、以下のような項目を挙げている。

……

一、皇胤ヲ滅セントシテ親王諸王方ヲ法躰トナシ奉ル事

……

一、狭小ナル禁中ニ天皇ヲ禁錮シ奉リ二百余年行幸モ無之事

……

一、伝奏御役所仰セ蒙ラル、ノ日朝廷ノ機密ハ関東ニ洩シ関東ノ事件ハ朝廷へ洩スマシキ誓文ヲ請取ル事

……

一、親王一ト柱ヲ人質トシテ東叡山ニ置キ奉リ其上己カ祖廟ヲ君上ノ御統トマシマス君ノ親王ニ祭祀セシムル事

岸野俊彦「三河平田派国学者　竹尾正鞆・正寛・正胤覚書」(『名古屋自由学院短期大学研究紀要』一一)。

これによれば、摂関・議奏・伝奏制による朝廷制度も、法親王・門跡寺院制度による皇室の仏教化も、幕府による意図的な皇室弱体化政策であった。討幕とは、皇室にこのような統制を加え続けてきた当体を破砕することにほかならない。ここにおいて尊攘派にとって討幕と

朝廷改革が不可分の関連にあったことが理解されよう。

(64)『徳川慶喜公伝』二（平凡社、一九六七年）、一八五頁。

(65)『続再夢紀事』一（日本史籍協会、一九二一年）、一三〇～一三一頁。

(66)福本義亮編『久坂玄瑞全集』（マツノ書店覆刻、一九七八年）、四三六頁。

(67)『楫取家文書』一（日本史籍協会、一九三一年）、二三二頁。

(68)『平野国臣伝記及遺稿』（平野国臣顕彰会、一九一六年）、四八頁。

(69)『真木和泉守遺文』（真木保臣先生顕彰会、一九一三年）、一一〇頁以下。

(70)『真木和泉守遺文』八九〇頁。

(71)『孝明天皇紀』第四、四九九頁。

(72)同前、七七九頁。

(73)『新訂増補国史大系』第五一巻『続徳川実紀』第四編（吉川弘文館、一九六七年）、六五五頁。

(74)同上書六五六頁、『孝明天皇紀』第四、一六六～一七二頁。

(75)『孝明天皇紀』第四、八七三～八七六頁。

(76)『戸田家書類』第一冊（東京大学史料編纂所所蔵）。

(77)『山陵御普請』（国立公文書館内閣文庫所蔵）。

(78)『孝明天皇紀』第四、九二六～九二七頁。

(79)『山陵御修補関係書類』所収「野宮定功公式御用私記」（宮内庁書陵部所蔵）。

(80)同前。

（81）戸田忠綱編『山陵修補之顚末』明治四一年刊（東京大学史料編纂所所蔵）。
（82）『大日本維新史料稿本』慶応元年一二月二七日条。
（83）『孝明天皇紀』第五、一九〇頁。
（84）野宮定功『神武帝陵奉幣使記』五月三日条（宮内庁書陵部所蔵）。
（85）『戸田家書類』第六冊（東京大学史料編纂所所蔵）。
（86）『神武帝陵奉幣使記』五月三日条（宮内庁書陵部所蔵）。
（87）『孝明天皇紀』第五（平安神宮、一九六九年）一九〇頁。
（88）『山陵御修補関係書類』所収「広橋胤保日記」五月八日条（宮内庁書陵部所蔵）。
（89）『戸田家書類』第五冊（東京大学史料編纂所所蔵）。
（90）『神武帝奉幣使記』五月六日条（宮内庁書陵部所蔵）。
（91）『孝明天皇紀』第五、一九〇頁。当日、勅使の奉幣祭典に続いて、「幕府御名代」土岐出羽守が拝礼、以下の祝詞を奏上した。「……年毎の三月十一日に大朝廷より大御使を献出給へるに依て大将軍源朝臣黙も能ず有て其を使に差て御酒御肴を捧げ持たして御陵の御前に献上給へるを……」（『山陵修補綱要』宮内庁書陵部所蔵）。ここには、尊攘派を排除した後、朝幕が再結合することによって成立した元治期の政治体制の特質が、祭儀の側面から如実に示されているといえよう。
（92）神武天皇祭の祭日は、明治六年、太陽暦の導入に伴って四月七日とされ、さらに四月三日と改められた。

(93) 『牧野伸顕文書』(国立国会図書館憲政資料室所蔵)。
(94) 『公文録』明治二年神祇官之部(国立公文書館所蔵)。
(95) 拙稿「近代天皇祭祀形成過程の一考察――明治初年の津和野派の活動を中心に――」参照。

第三章　神武天皇陵修補過程の一考察

はじめに

本章は、文久・元治期における神武天皇祭の成立過程を検討した前章(1)を承け、神武天皇陵修補過程の経緯を跡付けようとするものである。

神武天皇陵修補に伴う神武天皇祭の成立は、近代の皇祖皇宗祭祀の出発点であり、皇霊祭祀を中核とする近代天皇祭祀形成史上、画期的な意義を有するものであった。しかしこれと共に、神武天皇陵修補の過程そのものも、文久修補事業の第一着手として、これ以降の山陵修補事業の、いわば経営的基礎を準備するものであったことが注目されなければならない。

文久二年閏八月八日、宇都宮藩家老間瀬（のち戸田）忠至は、藩主戸田忠恕名をもって山陵修補着手を建白、幕府からその遂行を命ぜられた。建白は、修補事業の意義を、幕府主導による山陵修補実施によって孝明天皇の山陵復興の宿願を実現し、もって「公武一和」の国家統合を実現することにあると位置付ける。すなわち、山陵修補事業の目的は、天皇の「孝」を、幕府の「忠」が輔翼することによって、朝幕関係自体が天下に忠孝を垂範、もって人心離反・土崩瓦解を防止し、危機に瀕した国家統合を再建することにあった。しかし、実際の事業の展開にあたっては、修補の早急な竣功を要請する朝廷と、修補経費支給に消極的な幕府の間で、修陵事業はいわば板挟的立場に置かれてゆき、やがて深刻な財政難に直面することになる。山陵修補事業におけるこの「政令二途」を克服し、畿内における速やかな承認・経費支給を実現する体制を作り出すことが、修補事業達成のための忠至の必須の課題となってゆく。

神武天皇陵修補の過程は、山陵修補事業の第一着手として、以上のような問題が顕在化してゆく過程であった。この問題は、八・一八政変による尊攘派の放逐、神武天皇陵竣功、元治元年の将軍上洛による朝幕関係の再編成を待って、一応の解決が齎らされ、忠至の意図した京都中心の山陵修補体制が、条件付きながらもその形成を見ることになる。これ以降、元治元年から慶応元年に至る山陵修補事業の展開は、基本的にここで再編成された修補体制のもとで推進されてゆくことになるのである。

翻って従来の幕末山陵修補事業の研究を見る時、戸原純一氏[2]は宮内庁書陵部所蔵の一次資料を駆使してその全体像を解明し、大平聡氏[3]はその政治的・制度的背景を論じた。両氏の研究によって、文久山陵修補事業の基本的輪郭は、ほぼ明らかにされたといってよいであろう。本章は、両氏の研究に多くを負いながら、筆者が披見し得た若干の資料を紹介しつつ、神武天皇陵の修補過程の経緯と、その山陵修補事業上における意義を検討しようとするものである。

一　所在・修補様式確定

神武天皇陵修補に際して必要なことは、第一にその所在地を確定することであり、第二にその修補の様式を定めることであった。これらはいずれも修補事業のブレーン谷森種松[4]（善臣）の全面的ともいってよいイニシアチブによって確定された。まず所在勅定についていえば、文久三年二月、朝廷より相次いで神武天皇山陵修補・所在勅定にかかわる御沙汰があった[5]。

神武天皇御陵者
格別之儀ニ付兆域
古書之通可有御修補御治定被
仰出候事
　右二月十五日御達

神武天皇御陵之儀
神武田之方ニ御治

定被　仰出候事

尤丸山之方茂簾末ニ不相成様被

仰出候事

右二月十七日御達

文久三年二月、忠至は、調方谷森善臣の神武天皇陵所在考証（神武田・ミサンザイ説）と、それに対立する北浦定政の所在考証（丸山説）の両説を朝廷に上申し、天皇による勅裁を仰いでいた(6)。朝廷は、谷森の考証を嘉納し、神武田・ミサンザイを山陵所在地として勅定したのである。ここに、近世山陵研究史上の重大な争点であった神武天皇陵の所在をめぐる論争は、谷森の考証を嘉納された孝明天皇の勅定という型式で、明確に終止符が打たれたのである。

所在確定同様、その修補様式についても、谷森善臣のイニシアチブをもって決定された。そのことを示す資料を次に紹介したい。既に谷森が作成に関与した絵図面・仕様積書は、山陵奉行によって朝廷・幕府に提出されていた。しかしこの仕様積書に対して、おそらくは山陵御用掛の公家から「御修覆図面御不審被為在候趣」の指摘があった。この指摘をうけて、二月二十二日付をもって谷森が上申したのが、次の意見書であったと思われる(7)。

神武天皇御陵御修覆絵図面御不審被為在候趣畏承候ニ付乍恐奉申上候愚存之条々

一　山陵之形體、元来四角成ニハ不被為在事ニ御座候へ共、此御陵神武田ハ荒廃仕候而以来　御《ミサンザイ》陵と名ニ負来候地所東ハ往還之道を限り、西ハか之窪之界之畔道を限り、南ハ櫻川或ハ神武田川と唱候小川へ落合候田地用水之小溝を限り、北八字つぶがさね之界之畦を限り候而凡西東六十三間北南十四間半ニ四角なる地面ニ御座候。如此御《ミサンザイ》陵と称来候地所四角ニ相残有之候所、今度御修理被遊候ニ付他御陵之形体ニ倣候而前方後円之丘体ニ御修覆被遊候儀ハ随分出来易キ儀ニ御座候へ共、四角成儘ニ御修覆被為在度奉存候。子細ハ律之御掟を奉考候ニ謀毀山陵候ハ謀大逆と御定被為置候。然ハ今日迄御《ミサンザイ》陵と名ニ負来候地所四角ニ御座候上ハ、尺寸之地ニ而も毀取候而ハ大逆之罪難遁儀与奉恐懼候ニ付、謹而四角成儘ニ四面を奉圍候而御《ミサンザイ》陵と唱来候地を不奉踏穢様御尊崇被為在度奉存候事。

一　神武天皇陵は既ニ田畠と荒廃仕候而、其陵體当時慥ニハ難奉伺儀ニ御座候へ共神武田御《ミサンザイ》陵之内小圓地二ケ所残り御座候御場所南方ゟ能々奉見伺候ニ、西南之方ニ圓形一段高ク限《キハ》立候而相残リ、引継東南之方へ地面限《キハ》立高ク相残御座候ハ、素々西北之方御在所ニ而其體圓形東南之方へ長ク御前之方形在之候ひしを二千余年を経候間ニ追々低ク崩壊仕り在之候所を畠ニ墾開候砌、猶又四面之低地へ土を引平《ナラ》シ候而御陵之山も如此平地之様ニ相成候事歟と被伺候へ共、慥ニ差定而も難申上、且右之古形を奉追尋候而、後《ウシロ》圓ク前方《マヘガタ》に奉修理候半と存候へハ、古ゟ御《ミサンザイ》陵と名負来候地所を多分掘毀不申候而ハ御陵之形體成就不在儀ニ而、おのつから大道之罪を犯シ候様にも相成誠ニ奉恐入候儀ニ御座候ニ付、不得已謹而在来之儘四角體ニ四面を御圍被遊度奉存候儀ニ御座候。

一 右申上候如ク四角儘ニ奉囲候ニ付而ハ、東面ゟ可奉拝相構候へハ地所之便利ハ宜候へ共、延喜式之兆域北南ニ長ク御座候得へハ西東ニ長ク相成候而ハ式ノ兆域ニ不相叶、又北面ゟ拝候も地所之便利ハ宜候へ共、当時世上之人心天子ハ南面と心得居候御時節ニ　此　御陵を北面ニ構候而ハ、世人之存意如何可有御座候哉。

応神天皇御陵なとハ素ゟ北面ニ御造立被遊候陵形分明ニ御座候へハ北西ゟ可奉拝儀勿論ニ御座候へ共此　御陵ハ陵形壊果分明ニ難奉伺候へハ何面とも難差定候ニ付、地所之便利ハ不宜候へ共南面ニ可奉拝御構被遊度奉存候事。

一 開化天皇以前御八代之　御陵ハ御隍《ホリ》不被為在儀ニ付今度御修覆にも御隍を堀候事如何之由　御沙汰之趣深奉畏候へ共　御陵を不奉濫穢御為ニハ四周ニ御隍を奉堀廻候より外ニ良策無之、石柵なとも石ハ堅固成物ニ御座候へ共年を経候間にハ致顚倒安く、木柵竹垣なとハ容易く朽損仕候而年々御修補不被為在而ハ不相叶百有余陵之御修理年々差迫候而ハ乍恐御手数多端ニ相成如何被為在半苦心仕候ニ付熟考仕候所、長久ニ相保候而不損易ハ御隍を堀土居を廻シ候ニ及候物無之様奉存候ニ付、右様御修覆被遊度御儀与奉存候、元来御隍不被為在御陵ニ後年御隍を堀候御例有之則類聚

国史延暦十一月六日庚子之　勅ニ去延暦九年下令淡路国宛二某親王崇徳天皇守家一烟二ヲ兼
随近郡司一専中当其事上而不レ存二警衛一致レ令レ有レ祟自今以後冢下二置レ隍レ勿使二濫穢一と
御座候例ニ倣候ハヽ、其始ハ御隍無之御陵に而も御尊崇之為御隍を奉堀廻候而御子
細　不被為在御儀と乍恐奉存候。

文久三年二月廿三日　　　　　種松

上申の第一項は、神武天皇山陵を前方後円墳に造営すべきではないかという疑問に対する回答であるものと思われる。谷森は神武天皇御陵跡と伝えられる地が「西東六三間北南十四間半」の「四角なる地面」をなして残存しているので、その地の四面を「四角成儘」に囲い、そのまま方形に修補したほうがよいとする。もとより前方後円に修補するのはたやすいが、「前方後円之丘体ニ御修覆被遊儀ハ随分出来易キ儀ニ御座候へ共、四角成儘ニ修覆被在度奉存候」陵形にまで及ぶ修補は、「律之御掟」に背く大罪を犯すことにつながるとし、陵形を変更するような修補は避けるべきことを説く。

第二項で谷森は、陵地に「小圓地二ケ所」が残されているところから、陵形が分断されて、二箇所の「小圓地」に分立した可能性も推測する。しかしその改修は、かえって陵地の損壊を招く恐れが多い。谷森は、あくまで残存状況のまま、すなわち「四角成儘」に修補すべき所以を訴える。

第三項は、神武天皇陵の拝所の位置にかかわる問題である。山陵が荒廃してしまった現状では、いずれが陵所の正面であったかは定め難い。谷森は、『延喜式』の記述の上からも、「天子南面」の通念からも、南方を正面とし、そこに拝所を設けることを主張する。

第四項は、編年上「開化天皇以前御八代之　御陵」に隍は無かったのではないかという指摘に対する回答である。谷森は、神武天皇山陵の場合、編年様式上問題があっても、周囲に隍を廻らすべきであるとする。なぜならば、そうするよりほかに「御陵を不奉濫穢御為ニハ四周ニ御隍を奉堀廻候より外ニ良策無之」陵地の不可侵性を確保する方法がないからである。谷森はその根拠として、『類聚国史』所載の、崇徳天皇陵に隍を巡らした記事を挙げている。

右の谷森の主張は、基本的にそのまま神武天皇陵修補に反映された。朝廷は谷森の意見に従って、当初の絵図面・仕様書の構想通り、（一）地所の残存状況を保存し、方形に造営すること、（二）正面を南面に設け、そこに拝所を設けること、（三）周囲に隍を掘って陵所を保護すること、の三点を承認したものと推測される。現在見られる神武天皇陵の基本的な様式は、実にこの谷森上申によって最終的に確定したものと思われる。

以上のように、修補奉告祭直前、谷森の考証が嘉納されて神武天皇陵の所在が勅定され、同じく谷森の意見上申によって神武天皇陵の基本的な様式が決定した。神武天皇陵修補が谷森の全面的ともいえるイニシアチブで着手されたことは、これ以降の山陵所在確定・修補事業の展開に、彼が果たしていった絶大な役割をも予想させるものといえよう。

かくて、所在勅定・修補様式決定を承けて、二月二十四日、陵前で山陵修補起工奉告祭が行なわれ、続いて三月二十八日には、攘夷祈願祭典が行なわれた。このようにして修補着手に先立って、神武天皇祭典が新しい国家祭祀として定着してゆく(8)。

二　修補事業の着手と忠至の出府

修補事業の運営は、文久二年段階の計画においては、朝廷・幕府の二者を機軸とする次のような仕組みで進められてゆくことになっていた。すなわち、まず山陵奉行が一陵ごとの絵図面・仕様積書を作成、朝廷・幕府がそれぞれ提出書類を審議し、とりわけ仕様については朝廷の、経費については幕府の承認・裁可を得たのち、幕府が経費を下げ渡し、山陵奉行によって修補事業が着手されるというものであった(9)。しかし、修補奉告祭典後もなお、幕府の裁可は遅延したままであった。このため、修補に当たるべき宇都宮藩一行は、空しく現地に滞在したまま、いまだに修補事業に着手しえない状況を余儀なくされ続けていた。このような状況に直面した忠至は、四月に至って「於関東御陵御用」のため単身京都を出立した。この間の事情は、同月、「帰着」中の彼が、現地の谷森にあてた次の書翰に語られている(10)。

一翰拝呈仕候。向暑之節御座候へ共、益御勇剛被成御坐奉賀上候。次ニ私儀道中無滞、去ル八日帰着仕候。乍憚貴意易思召可被下候。然ハ在京中ハ誠ニ御懇命ヲ蒙リ御蔭ニ而万端都合能相勤難有奉存候。殊ニ出立之節ハ御賢息ゟ御餞別被成下且遠方迄御見送リ被下千々万々難有奉存候。帰府後早速御礼書状可差上之処、帰宅後人出入多頓と寸暇無之乍存御無音相成候段御免可被下候。扨又

神武御陵普請此節之御模様相伺度余程出来仕候哉、御序ニ被仰下候様相願候。右　御陵之絵図并仕様積リ書共東行ノ上差出し候而ハ手間取候ニ付、私在京中貴地逗留之老中へ差出し候方早ク可相済と会藩之もの心添いたし呉候ニ付、私出立前差出し候処今以何之沙汰無之仍而今更催促之義申立候儀ニ御坐候。当所モ頻りと攘夷之手續有之候間兵端開き候程之事にも相成候ハ

御陵御普請之義も遅引可致哉と甚心配仕候。何卒

神武御陵丈ケハ早々落成相成候様仕度奉存候。

私儀モ

神武御陵之義ニ付御入用金并地所之処御沙汰有之候ハ、早々上京仕候心得ニ御座候。其節ハ不相替御懇命蒙リ候義何分ニも奉願上候。右ハ帰着ニ付時候御見舞申上度如斯御坐候。以上。

四月廿四日

尚々折角時候御厭被成候様奉存候。尚後便万々可申候已上。

大和守

忠至は、ここで四月八日無事「帰着」した旨を伝え、既に在京中、「会藩」の心添によって神武天皇山陵の「御陵之絵図」と「仕様積リ書」を在京の幕府老中水野和泉守に提出してきたにもかかわらず「今以何之沙汰無之」、幕閣の対応がはかばかしくないことへの焦慮を伝える。さらに、勅命による攘夷実行が迫る折柄、神武天皇山陵だけはぜひとも早急に竣功させたいものとその熱願を吐露する。このように、東帰した忠至の課題は、幕府の早急な裁可を得、「御入用金」「地所之処」の問題を解決することにあった。

次に引用する五月二十五日付の鈴鹿連胤書翰は、この忠至書翰を承けて、現地の状況を伝えるべく、離京中の忠至あてに出されたものであろう。鈴鹿は神祇大副吉田家の家老であり、当時、谷森らとともに調方として山陵修補事業に参画していた(11)。

貴翰謹拝読仕候。如仰者威烈敷相成候処弥御機嫌克被為御坐候旨承知仕恐悦奉存候。私無恙消光仕候。乍憚御放念可被成下候。抑神武御陵御修補之儀ニ付、先達而在京之老中江被差出置候御書面之御挨拶無之ニ付、先書ニモ催促之義被仰越則松若殿へモ御中入之趣ニ付、段々心配仕候処、漸御書下ケ当十二日御渡シ相成候趣、私儀ハ十三日ニ承知仕先ニ安心仕候。同日急使ヲ以御家来中ゟ御申上被成候旨ニ付、私ゟハ別段不申上罷過候事ニ御座候。定而十九日頃ニハ委細御承知可被成下候儀ト奉察候。尤去月

廿五日頃ゟ御手始ニ相成候由ニ承知仕候而御同慶申上候。然ル処和州表ニ而ハ石垣坪六ツ七ツ積ニ御取計有之候由之処、御書下ケニ而者十二三之方ト有之ニ付大ニ御心配被成候由如何様之御次第歟聢ト不弁候得共、唯今十二三之方相極リ候而者運送方之御手順モ相違イタシ却而無益之御失費ニ相成候ニ付、其邊為伺去十九日谷森大和介俄ニ上京被致候而申談有之、徳大寺殿ニ者此頃格段之御用繁ニ而御目通不致候得共、柳原殿去十八日勢州ヨリ帰洛直様御用向取計被居候故、谷森同道廿一日ニ罷出御示談申上候処、於御所向者石数之処等ハ　貴所様江御任セ之儀故何様ニ而モ御差構無之唯々切石ニ而者不宜ト申丈之御事ト被命候……

（中略）

一　山陵御用承候向々皆以無事ニ罷在候御放意可被下候。一昨日廿三日永田殿御催ニ而御屋敷へ集会仕當國御陵御修補御目論見之御相談申居候。貴所様御出府中迚何レモ等閑ニ者不仕、精々心配罷在候間右様思召被下候。先者貴報勇旁以腐毫申上候。尤何モ委敷御家来中ゟ御申上之儀ト奉存候得者乍無用心ニ浮候儘ニ御座候。前件之通　幕府御書下ケ御承知之上者、追々御手順モ相立可申、左候ハヽ、自然　御上京モ御進之方ニ可相成ト折角奉察候。書余無程御上京之上可申上承ト相楽ミ御待申上候。仍早〻如斯御坐候誠恐頓首。

五月廿五日

連　胤

鈴鹿はまず、在京老中水野和泉守へ提出していた神武天皇山陵修補の仕様書が「下ケ当十二日御渡シ相成」五月十二日、ようやく「御書下ケ」を付して回付され、ここに幕府の諒承を得て、神武天皇山陵修補が本格的な着工の運びに至ったことを伝える。

しかしこの付札によって問題が生じた。「石垣六ツ七ツ積」の見積りであった山陵奉行の仕様積書に対して、「御書下ケ」は石垣「十二三詰」を指示してきたのである。この指令の趣旨を伝えるのが、『山陵修補綱要』に所載する次の資料であろう。(12)

一　神武帝御陵御普請御下知水野和泉守様御達書面之趣尤之筋ニ而、御勘定奉行支配向奈良奉行支配向被仰付候間、得其意且別帳付札朱書之通銀七百八拾四貫五拾七匁餘ヲ目当ニ致シ御普請取掛リ、追テ入用増減取調相伺候様可仕候。尤別張仕様帳之内墨書下札之趣ニ付而ハ、大石暮比相見候へ共乍聊御入用モ相増殊ニ人足共之悩ミも不少却々急速御成功相成間敷且御尊奉之筋ニ相拘相義モ無之候間、書面ノ通石数十二詰之仕様ヲ以テ御修覆取計候様可仕候。尤石仕様之儀ハ　御所表江其方ゟ申上置候様

限られた予算の枠内で修補すべく苦慮していた鈴鹿等からすれば、石垣に十二三詰を用いるのは「無益ノ御失費」である。このような判断から、二十一日、谷森は議奏勤務の徳大寺実則に掛け合うべく京都に赴いた。谷森は、徳大寺には会えなかったものの、神宮奉

幣から帰ったばかりの柳原光愛と面談、彼から、当初の案通りに「六ツ七ツ詰」にて修補すべき指示を得たのである。これにより、ようやく当初の計画通り「六ツ七ツ積」の仕様によって、修補を行なうことが可能となったのである。

鈴鹿は、修補着手に伴う右の経緯を伝えた上で、「幕府御書下ケ御承知之上ハ、追々手順モ相立可申」幕府の承認が得られ、修補着手の段取りが立った上は、「貴所様御出府中迚何レモ等閑ニ者不仕」全力を挙げて神武天皇陵修補事業に邁進してゆく覚悟を伝える。この鈴鹿の決意のままに、これ以降神武天皇山陵修補は、急ピッチで進展していったものと思われる。

このようにして文久三年五月以降、現地で神武天皇陵修補が本格化していったものの、忠至自身は、山陵修補の「御入用金」と「地所」にかかわる幕府の承認と指令を獲得するため、なお幕閣に執拗な交渉を続けていた。『山陵修補綱要』には、六月、忠至が幕府に提出した上書が引かれている。(13)

神武天皇御陵御修覆之義、仕様絵図面積書等ヲ以於京師和泉守殿江奉伺候処別紙御書取之通被仰渡候ニ付、此節宮中御普請取懸リ申候。然ル上ハ右之入用金之義可相成者京都大坂内ニ而御渡被成下候様仕度、右両所ニ而御渡相成候者其筋へ早々御下知被成下候様仕度候。

一　御陵年貢地之分其支配領主地頭江相達其段申聞、且右ニ付潰地相成候分御料ニ候へ者御高引私領寺社領等者代地被下候御先格ニ付、御普請出来之上坪数等取調尚可申上旨被仰渡奉畏候。然ル処御普請取懸候節地所取上尚出来迄之処些細之義ハ候へ共年貢休助（納）可相成義与心配仕候。依之替地被下置候迄之内其最寄御代官ゟ替地丈ケ之年貢代金ニ而領主地頭江御渡被成下候様仕度奉存候。右御聞済之上ハ其筋へ御下知被成下候様仕度此段申上候。以上

文久三　六月

戸田大和守

忠至は、在京の老中水野和泉守の裁可を得て既に神武天皇修補に着手した旨を伝えつつ、修補経費を、大坂ないし京都で早急に支給するよう要請する。また、修補事業に伴う地元領主への替地・年貢問題についても、その早急な指示を求めている。これらはいずれも、修補事業の本格的展開を前にして、事前に解決しておかなければならない問題であった。この上書に対する幕府の付札は、次のようなものであった。

金ノ義ハ大坂御金蔵より御渡之積其方手形ハ奈良奉行奥印ニ而可相渡候間、其心得を以取計可申候。潰地年貢之義ハ御普請出来坪数取極候上ニ無之而ハ難相分候間、右之心得を以猶取調申聞候様可仕候事。

すなわち、修補経費はいずれ大坂金蔵より支給、山陵用地については、幕府直轄領を除いてその代替地を与えるが、それについては普請後に処置するという指示である。しかし、

修補事業の全面的な展開のためには、さらに具体的な指示と、早急な経費支給が不可欠であった。忠至はなおも関東に留まって、幕府との交渉を続けてゆくことになる。

あたかもこの頃、神武天皇陵修補が進展してゆくに伴い、修補事業は深刻な財政難に直面していった。次の書翰は、宇都宮藩関係者の手になるものと推測されるものであり、極度の財政困難のため、「当節御凌方」に苦慮する同藩の内情が如実に語られている。(14)

(上略)去秋御上京後度々　神武天皇御陵御普請場へ被為入御指揮御精々ニ而十一月
下旬皆出来ニ相成　勅使御発遣御用ニ而別而御繁多ニ被成御坐候処諸事御首尾能被為
済　叡感不斜　御喜悦ニ　思召候……

(中略)

……前書　御造営御用途幷御役人共御手當等合式河州之御収納五千石ヲ以御取賄之譯
ニ江戸同役其ゟ相願候ニ付、昨秋御上京後梅川昌平江取調被　仰付候処近年次第ニ大
坂御借財相増五千石之御収納不残御差向ニ相成候而茂多分之御不足相立候位之処故
御造営御用途者一切無之譯ニ相成、然ル処去夏中縣勇記申上候ニ者江在御暮方見詰付
ケ候ニ者川村ゟ壱万五千両出金無之候而者勤リ兼候趣ニ而無拠儀ニ付　尊君御手段ヲ
以五千両川村江御返済右ヲ折返シ新ニ同人ゟ出金都合壹万五千両之高ニ相成候義之由、
就而ハ大坂御不足御償幷前段之五千両其上御造営御用途御役人御手當等　悉皆御手元
之御手段ニ相成、去暮迄ニ　山陵御入用金之内ゟ都合壱万千両江戸御勝手ニ御振向御

通融ニ相成候儀之旨、扨々御心配之御儀何共恐入候次第ニ御坐候。高論之通御造営不残御成就ニ相成候上者孰レ　朝廷　幕府ヨリモ御恩賞御坐候而永久御為ニ相成候儀ニモ可然候得共、何分当節之御凌方恐入候次第ニ御坐候……

忠至は、文久二年九月四日に幕府に提出した見積で、修補経費を一陵平均五百五十五両、百箇所の修補として五万五千五百両を計上、既に幕府から修補経費として五千両を支給されていた。しかしこれはあくまでも、修補そのものに要する経費に限定され、「御役人御手當等悉皆御手元之御手段ニ相成」滞在費・雑費等は自弁を余儀なくされた。宇都宮藩は、諸経費「都合壹万三千両余」をすべて自藩の「御勝手」で賄っていたのである。のち明治二年十月、忠至は、修補事業によって累積した三万七千七百両余に及ぶ借金救済方要請の伺を維新政府に提出しているが⑮、まさに宇都宮藩の「勝手向」は火の車であり、山陵修補事業は神武天皇山陵竣功を待たずして、財政的に破綻を来しつつあったということができよう。

このような財政困難の只中、八月に至って、忠至は、改めて修補経費の再見積書を提出している⑯。

山陵御普請仕様絵図面を以相伺、御下知相済候上取掛可申筈ニ御座候処、数ケ国数ケ所之御儀追々取調其時々江戸表江伺候而者、笥一此節柄御用多之所御手数ニモ相成、且遠路之處度々奉伺御下知御座候迄相扣、私並越前守家来多人数手ヲ空仕居候而者、諸事雑費不少實ニ難渋仕候ニ付、御普請果敢取方勘弁仕候處、仕様其外積リ方出来次第御普請無懈怠様取掛出精仕候者、多人数手ヲ明ケ居候様之儀者有之間敷、此時節柄尊王之議論御座候時勢ニ付手早ク皆出来仕度、左候得者御尊奉之御趣意モ相立、外藩江被對候而モ格別御威光も相輝可申与奉存候。右之通手ヲ不明様御普請仕候ニ者昨年中申上候通御壹ケ所凡五百五拾両与見積リ五畿内凡九拾壹ケ所内　神武天皇御陵者別段之儀ニ付相除残九十ケ所此御入用惣計四万九千五百両余ニ相成申候。右之金高見當ニ仕候。尤　御陵ニ依而廣狭破損之異同も御座候間、御入用も増減可有御座候得共、彼是融通仕成丈ケ御入用相減御普請出来候様可仕候。尤仕様絵図面者追々取調可申上候得共、先ツ左之割合ニ御前借被仰付被下置候様仕度奉存候。

凡積リ

外圍柵矢来

凡六拾間四方　御陵により廣狭御座候

貳百四拾両

此代金貳百四拾両

但壹間ニ付金壹両
矢来御門
凡金参拾両位
但沓石金物共
石垣圍
凡五間四方位ニ而
高さ六七尺
四方間敷数貳拾間位
凡金弐百両位
但壹間金拾両積リ
外矢来より石垣迄之間ニ
御鳥居
凡金拾五両位
但沓石共
外矢来より石垣圍迄之内
舗石
長拾間巾五枚並ニ而

凡金貳拾両

御燈籠　　一對

凡金三拾両位

尊号建石

凡金拾両

将軍様御建石

凡金拾両

御壹ケ所御入用

凡金五百五拾五両

御陵九拾ケ所

〆金四万九千九百五拾両

右之所江

去戌年金五千両御下渡

差引残而金四万四千九百五拾両

神武天皇御陵御入用之外

一　亥十一月　　壹万両

一　子三月　　壹万両

一　同十一月　　壹万両
一　同丑三月　　壹万両
一　同七月　　四千九百五拾両
〆金四万四千九百五拾両

右之通之割合ニ御下ケ金大坂御金蔵より追々御渡被成下、仕様絵図面者追々取調出来次第差上候様ニ相成候得ハ御普請果敢取方宜敷
朝廷思召ニモ相叶、且又手早ク卒業仕候得ハ外々議論も起り申間敷、自然御威光モ相立、乍恐御為筋ニモ可相成与奉存候。尤去戌年より当節迄之處者越前守勝手より壹万三千両余御立替仕置御普請御差支ニ者不相成候得共、兼々不如意之勝手向此後多分之金高御立替金仕候様ニ而者當節別而難渋仕候。仍之前段申上候通之割合御入用金御下渡被成下置候様仕度奉存候。万一御下ケ金御六ケ敷御法ニ御座候得者、仕様絵図面御入用積リ出来差上候迄前書之割合ニ越前守江拝借被　仰付被下置候様仕度奉存候。左候得者手ヲ明ケ候儀も無之、右拝借金を以早々御普請出来仕候様取計可申奉存候。何卒御下ケ金又者拝借金両用様之御聞済被成下候様仕度此段奉願候。以上。

八月　　戸田大和守

忠至は第一に、文久二年当初の方式を変更を求め、仕様積書が出来しだい、現地でただちに修補に取り掛かるべきことを建議する。なぜなら、従来のように、いちいち「江戸表江伺候而」その承認を得てから着手するのでは「多人数手ヲ空ク」のみであり、朝廷の要請に応えた早急な竣功は到底望めないからである。

さらに忠至は、修補事業における一万三千両立て替えの実情を述べ、勝手向難渋の折柄、これ以上の経費捻出も出来兼ねることを訴え、早急な経費支給を要請する。すなわち、修補費用残額四万四千九百五十両を、文久三年十一月から翌年七月にかけて、大坂金蔵より分割支給することを求めるのである。さらに幕府が支出出来かねる場合は、本藩宇都宮藩への「拝借」という型式で、修補費用を賄うべきことを申し出ている。ここには、困難な状況に直面しつつも、あくまでも修補事業の早期完工を目指そうとする忠至の姿勢が窺えよう。

しかし、忠至の上書にもかかわらず、幕閣は、各陵ごとに仕様積書を審議・承認、経費を支給するという当初の方針を依然として変更しなかった。この当時、京都では尊攘派が政局の主導権を掌握、神武天皇山陵修補に呼応した「神武創業」の理念を根拠として、天皇親征へ向けて政治過程を主導しつつあった[17]。このような文久三年前半の政治状況において、幕府には、畿内における山陵修補事業の積極的な推進をためらう態度があったものと推察される。かくして忠至の帰京直後、ほどなく孝明天皇を主導者として八・一八クーデターが断行され、京都政局から尊攘派が一掃されるに至るのである。

三　忠至帰京と神武天皇陵修補竣功

八・一八政変直後の忠至の所感を知る資料として、九月六日、彼が某所に宛てた書翰を引用したい。(18)

一筆啓上仕候。追日寒冷之節御座候へ共被為揃益御機嫌克被遊御座奉恐悦候。然者其後久々　御容躰不奉伺意外之御無音申上候段偏ニ御高免可被下候。扨又世上之形勢去月十八日ゟ大ニ変リ先ハ京地も穏之形チ御座候得共、中々真之穏ト申ニハ無之、此節幕府之御所置次第ニ而者天下治ニモ至リ又弥乱ニモ相成可申、只々御所置肝要之時節、實意ニ朝廷幕府之御為ニ盡力イタシ候モノ有之候ハ必天下治平ニ期シ候機會ト奉存候。モシ又十八日ニ長州之暴ヲ退ケ攘夷之気分因循候節ハ以前ニ倍シ候乱ニ至リ可申實ニ此節為　皇国盡力可致時節と奉存候。……

（中略）

一　此節ハ　神武天皇御陵御普請最中ニ而来月中旬ニハ皆出来可相成と奉存候。又々右之御場所へ出張仕候間寒中頃書状相呈シ可申夫迄ハ御無音申上候。

一　正三も出勤議奏は固ク御辞退申上只々日々参　内被致候間、尊慮易思召可被下候

右者時候。御機嫌奉伺度捧寸毫候。謹言

廿一日認

九月六日

戸田大和守

忠至は、八・一八政変後の政情を、次のように捉える。すなわち、当面のところは尊攘派の駆逐によって一見政局が安定したように見えるにもかかわらず、実のところは「中々真之穏ト申ニハ無之」状況にほかならず、今後の治乱如何は、ひとえに幕府の処置にかかっているとする。ここには、実務家としての立場から、政争から一定の距離をおきつつ、政局の動向を冷静に見定めようとする忠至の態度が窺えよう。いずれにせよ、この書翰で触れられているように、このころ神武天皇陵修補は十月中旬竣功を目指して進められていた。

八・一八政変に伴う政治構造の転換とは、それまで長州系尊攘派が一手に握っていた京都政局のイニシアチブを、中川宮・一橋慶喜・松平容保等、幕府に連なる政治勢力が奪回したことを意味していた。忠至は、このような時局の転換を的確に計測しつつ、一層効率的な修補事業の進展・修補経費支給を実現すべく、ふたたび幕閣への工作を続けてゆく。

文久三年十月に入って、いよいよ神武天皇陵竣功が目前となった。忠至は朝廷に、竣功間近の旨を伝える次の上申を提出している(19)。

一　毎御陵別紙之通御尊号之碑相立可申哉
一　石御燈籠一對宛被献候方々可有御座哉
右者
神武天皇御陵近々御修補御成功ニ相成候間此段奉伺候　以上
文久三　十月　戸田大和守

同じく十月、忠至は、神武天皇陵に陵戸を置くべきこと、さらに神武天皇陵所在地を上地された領主神保山城守に恩賜の銀を下賜することを、相次いで建議している。[20] 十一月十六日、忠至は京都を出立し、竣功した神武天皇陵を視察、十九日帰京し、伝奏野宮定功に竣功の旨を報告した。十一月二十八日には竣功奉告祭斎行のための勅使柳原光愛が神武天皇陵に発遣された。柳原は十二月八日、陵前で竣功奉告の宣命を捧読した。[21]

これより先九月、忠至は朝廷・幕府に安寧天皇陵・懿徳天皇陵修補の仕様積書を、ついで十月十七日には、垂仁天皇陵・成務天皇陵、神功皇后陵・安康天皇陵・聖武天皇陵・平城天皇陵修補の絵図面を提出した。初代天皇陵の竣功に伴って、修補事業はいよいよ歴代天皇山陵修補の本格的展開に着手すべき段階に入ったのである。既に九月十四日、忠至は山陵御用掛柳原光愛より、神武天皇陵以降の歴代天皇山陵の早急な修補着工を命ぜられていた。

これに伴って、十月、忠至は再び幕府に次の上書を提出した。[22]

山陵御普請之義、二三ケ所或は五六ケ所位ツ、取調相伺候順繰ニ御普請取懸リ候様御
達之趣奉畏候。然ル處絵図面仕様之義古形古方式等悉ク　朝廷ゟ御差図有之、彼是入
組ゟ意味合多其時々江戸表江書面を以相伺候而ハ何分難行届、且江戸伺中往返手間取
候内御掛リ公卿方ゟ御催促も被仰出甚心配仕候。仍之於当所都而肥後守殿江相伺、御
差図之上御普請仕候へ者諸事簡易ニ都合能
朝廷思召通リ手早ク御普請出来可致被奉存候。且又右御入用金之義曽而申上置候金高
之通り、肥後守殿御差図次第大坂御金蔵ゟ御渡可被下候。尤皆出来之上ハ絵図面並御
入用高巨細ニ取調之上差上可申候。
今般　朝廷ゟ御普請御急き御沙汰御座候ニ付此段申上候。以上。

十月　　　　　　　　　　戸田大和守

この前後、忠至は京都守護職松平容保[23]にも一書を呈して「挨拶」し、幕府への上書の趣旨了解とその取り計い方を依頼していた。

山御普請之儀早々出来候之様過日柳原中納言殿ゟ御達御座候ニ付、急速出来方勘弁仕
候處
御陵被為　在候最寄村里之もの江申付五六ケ所之一時ニ御普請仕候得者手早ク出来可
仕奉存候。仍而者御普請仕様絵図面悉
朝廷江相伺古形古法式之譯合其時々関東江伺候儀何分書面ニ而者難行届、御場所ニ寄

再三往返伺候事ニモ至リ御普請手早ク出来間敷与甚心配仕候。仍之此方様ゟ當所ニ於而都而御差図相成候様仕度段、別紙之通江戸表江申上候心得ニ御座候。且又右御普請御急キニ付而者職人共何れも困窮者多御座候ニ付、前金差遣又者日々賃金相渡候儀ニ付是迄無據越前守勝手ゟ多分之金高御立替置申候。尚此上彌御立替金等仕候而者、兼々難渋之勝手向必然与行詰終ニ者御普請遅滞ニ相成候而者奉恐入候ニ付、兼而昨年中大凡積リ申上置又當夏中モ同様ノ儀別紙丸印書面之通申上置候間、何卒右金高丈ケ之處ハ御守護職之御場合を以其御筋江御差図被成下金子御渡方御座候様仕度奉存候。
折角
御尊奉筋ヲ以被　仰出候御普請之儀ニ付、速ニ出来仕
朝廷思食ニ相叶候様仕度、全御為筋深奉存候間、御用多之御中奉恐入候得共無據申上候儀ニ御座候。何卒　御賢慮を以御普請無御差支様被成下度奉願上候。以上。

亥十月廿四日

戸田大和守

右挨拶

忠至はここで、京都守護職松平肥後守容保を山陵修補事業の監督者として戴くことを求め、その裁量のもとに、大坂金蔵より経費の支給をうけることを願っている。神武天皇陵が竣功し、爾余の山陵の修補に着手しなければならなくなった段階で、もはや一陵ごとの

絵図面・仕様積書により江戸表まで伺を立て、いちいち裁可・経費支給をうけるという従来の方式では、到底速やかな修補事業の展開は望めないからである。

ここで忠至が今後の修補事業の監督者として推戴しようとした京都守護職は、直接老中の指揮下に属せず、京地において、半ば独立して幕府の軍事・警察権を代行してゆくポストであった[24]。すなわち忠至の課題は、いわばそれまでの「朝」「幕」の「政令二途」による修補事業の遅滞を、八・一八政変後、京都政局の主要な担い手となった松平容保の権力に依拠して「政令一途」化、徐々に政局のヘゲモニーを掌握しつつあった一会桑政権のもと、朝旨を迅速に達成しうる機能的な山陵修補体制を確立することに置かれたのである。

これら再三にわたる忠至の上申は、神武天皇陵竣功後、元治元年の将軍上洛・参内・山陵修補賞賜という新しい朝幕一和の国家体制の再編成を背景として、ようやく幕府から承認されるに至る。次節ではその経緯を検討したい。

四　山陵修補体制の再編成

神武天皇陵竣功奉告祭終了後、文久三年十二月十五日付をもって、忠至は次の建白を朝廷に提出した[25]。

昨戌年厚以

叡慮山陵御修補被　仰出於幕府難有遵奉仕追々取掛候處、何れ之
御陵も御破壊荒蕪恐懼之至ニ御座候。就中
神武天皇御陵周廻悉田地ニ相成
僅御座所卜奉存候芝地少々相残其邊汚穢差支實ニ憂憤之次第片時も其儘難相成御模様
之處、當春兆域其外共右書ノ通御修補仕候様被　仰出、右者荒蕪之御場所故新ニ築立
候モ同様之儀ニ御座候得共越前守家来其餘諸職人共寒暑之無厭抽丹精已ニ今般御成功
ニ相成候御儀、乍恐二千有餘年之今日ニ至リ皇統連綿与被為續殊ニ當及　御代　太祖
之　御陵盛大御修補被為在宇内無類之
御高徳御追孝無此上御事与恭悦至極奉存候。右者於幕府多分之費材加之越前守始南都
奉行其外役人共江命令行届候故加斯速成就仕候義畢竟　奉尊
朝廷候志之厚ゟ盛大之　御陵復古被為在候儀無比類誠忠之至与奉存候。仍之言上仕候
も恐入候得共右　御陵復古ノ大功を以大樹格段之御感賞被為在候而徳川家永久之規模
相立候様成下度、左候得者尊
朝廷敬山陵候心意千載之後ニ至リ候而も其功朽腐不仕、則万代　御陵荒蕪破壊之憂無
御座其本被為在候御義与奉存候。剰於朝廷者有功ヲ御賞感被遊候　御美徳尚天下ニ相
顕無比、此上御為筋与奉存候而不顧恐懼　申上候間私微忠程被成下
御憐察呉々も大樹御賞之儀可然御執成　被下置候様勤而奉懇候。以上。

十二月十五日

戸田大和守

忠至はここで、神武天皇陵修補の功績を将軍徳川家茂に帰し、朝廷にその賞賜を請願している。すなわち、「御陵復古ノ大功を以大樹格段之御感賞被為在候」、天皇が徳川家の「忠」を賞して「徳川家永久之規模相立候様」徳川家を安泰たらしめることこそ、朝廷と幕府の揺るぎない結合を天下に明示し、安定した国内統合を齎す所以であるとするのである。これこそが、文久二年閏八月建白以来の山陵修補事業の根本目的であり、忠至の年来の宿願にほかならなかった。『御評議箇条』によれば、この忠至の建白は、四日後の十二月十九日、朝議に諮られた[26]。

一　山陵御修理出来ニ付大樹江　御感賞之儀従戸田大和守願之事

『御評議箇条』には、翌文久四年正月十八日条にも、忠至の建白にかかわる記事がある。これによれば、忠至は朝廷に、将軍賞賜を乞う再願を提出していた。

文久四年正月十八日

一　戸田大和守願廣橋より承候旨入御覧為ニ右ハ大樹山陵之事ニ付御感賞　被為在度再願書也

忠至の建白により、さらにこの翌々日、再度朝議でこの件が評議された。

二十日

一　山陵御修覆御出来ニ付大樹江御感賞可被仰　右大臣哉之事

二十五日に至って、朝議は、徳川家茂の従一位叙任、宇都宮藩主戸田越前守忠恕の従四位下叙任、山陵奉行戸田忠至の大名列格を決定した。

正月二五日

一　山陵之儀ニ付大樹江御感賞従一位　宣下之事

右二七日　御内意　二九日　陳

宣下之事

（中略）

一　戸田越前守従四位下推叙之事

一　戸田大和守御剣拝領新被召出山陵奉行且大名格之儀御沙汰之事

右当人者於幕府褒賞之儀御沙汰之事

元治元年一月二十七日、将軍徳川家茂は、在京の諸侯・高家とともに参内、孝明天皇より宸筆の勅書を賜わった。家茂は、御前で朝廷への忠勤と征夷の職掌の遂行を誓った。二十九日、家茂は従一位に叙せられた。

あたかもこのような朝幕関係の再編成に呼応するかのように、文久三年前半以来の、忠至の再三に及んだ上書もついに承認されるに至る。それまで畿内における現地承認と経費支給に難色を示していた幕閣は、評議の結果、ついに京都守護職の監督下における大坂金

蔵からの経費支給に合意したのである。この決定に当たって、勘定方一同が上申した評議は次のようなものであった。(27)

勘定奉行評議

書面之趣取調候處

陵御普請之儀者絵図面仕様古形古法式等

朝廷よりの御差図彼是入組候意味合多く見御急之御沙汰御座候ニ付、肥後守殿江相伺御差図之上御普請仕度与之儀者往返手間取候迚一應當表江伺不相成候而者不都合ニ者候得共、御急之御沙汰之趣も是亦無余儀次第ニ相聞候間、御入用金請取方等之儀者都而肥後守殿ゟ御指図を請取計候ハヽ、差支之儀有之間敷候間、伺之趣取計旨戸田大和守江被仰渡可然奉存候。

子

正月

竹内下野守
池船勇一郎
山田又蔵
御勘定方

以上

書面之通可被心得候事

勘定方一同は、「一応当表江伺不相成」、本来、江戸表で幕府の承認を受けるのが至当であるとするものの、朝廷よりの至急成功すべしという沙汰がある上は、実に「不都合」ではあるが「余儀」なく、京都守護職松平肥後守の「御指図」による経費支給を諒承する旨を伝える。この決定は、ただちに松平容保にも伝えられた(28)。

松平肥後守殿江可申奉候

別紙之通戸田大和守相伺候ニ付、書面之通可相心得旨存奉候間

御陵代金請出之儀御用分江可相伺候間宜御差図被成候様存候　以上

正月一三日　連名

松平肥後守様

これによって、既に下渡されていた五千両を除く四万四千九百五十両が、京都守護職松平容保の裁量（元治元年二月十五日、容保の軍事総裁職転任後は京都所司代稲葉正邦の裁量）によって、大坂御金蔵より山陵奉行に支給される運びとなった。ここに至って、これ以降の山陵修補事業の財政的見通しが立つに至ったのである。

一月二十九日、将軍賞賜と併せて、宇都宮藩主戸田忠恕が従四位下叙せられ、忠至もまた藩屛の列に加えられた。宇都宮藩は、このことをただちに領内の庄屋層に伝達、その栄誉の周知徹底を図っている(29)。朝廷の忠至への賞与は前章に譲り、ここでは朝廷から、神武天皇陵修補に従事した宇都宮藩士に与えられた賞与について見てみよう(30)。

神武天皇御陵御場所へ詰切ニ付白銀一枚被下候

右同節

右同節白銀二枚被下

右同節

御陵之儀格別骨折ニ付白銀二枚被下也

神武天皇御陵普請御場所詰切ニ付白銀一枚為被下也

戸田越前守家来
縣　勇記
永田市郎右衛門
渥見祖太郎
星野　堅蔵
林　藤右衛門
山田善兵衛
吉田精一郎
平板位八郎
梅川　昌平
黒瀬　敬介
久保田市右衛門
加藤郁之助
大橋源四郎
石川友十郎
高橋春之助
久保千代之助

小林　仙三
松井　良吉
浦山金太夫
横田熊之助
神田辰之助

御陵御修補御用主人越前守一手被仰付候処去戌年已来同姓大和守随従国々　御陵探索方骨折且

神武天皇御陵御修補之節和州高市郡今井村江永々出張寒暑之無厭人々精勤候段達

叡聞御満足思召候。仍之御褒詞被仰出尚此上可被励勤段御沙汰候。

神武天皇御陵御普請中永々出張之者江ハ別段銀子被下也。

右御書付ヲ以禁中ニ於テ柳原中納言殿御達之趣大和守様ゟ御達ニ有之候事。

これによって、神武天皇山陵修補に当たった宇都宮藩一行の人名が判明しよう。同三日、一行は、この決定にあずかった三公・宮家・伝奏・議奏・山陵御用掛等の各屋敷に御礼言上に赴いた[31]。

一　同年同月三日右之面、麻上下着用右之御十一方江御礼トシテ参殿

神武天皇　御陵御修補御成功ニ付

不奉存寄
御褒詞被仰出且銀子被下置冥加至極難有仕合奉存候　右為御礼参殿仕候
戸田越前守家来
二月三日　何誰

坊城殿　六條殿
正親町殿　近衛殿
阿野殿　二條関白殿
飛鳥井殿　尹宮殿
柳原殿　広橋殿
久世殿　正親町三條殿
野宮殿
〆十三殿

元治元年五月八日、神武天皇山陵に勅使野宮定功が参向し、神武天皇例祭制定の旨が奉告された。ここに幕府の翼賛のもと、天皇崩御日に祭典を行なう神武天皇祭が成立したのである。(32) これより先二月二十四日、忠至の建白により、修補成った神武天皇山陵およびこれ以降復興されてゆくべき諸山陵を管轄する官衙として、諸陵寮が再興される。

かくて元治元年初頭の再度の公武合体体制ともいうべき新しい政治体制の出発、朝幕の再度の結合を前提にして、忠至の意図した京都中心の山陵修補体制が、条件付きながらも発足するに至った。もとより、修補事業はこれ以降も江戸との文書往復を余儀なくされ、(33)さらに経済的にも依然として慢性的な財政難に苦しむことになる。しかしいずれにせよ、元治元年から慶応元年にかけて大車輪で推進されてゆく山陵修補事業は、基本的にここにおいて承認された方式によって遂行されてゆくことになったのである。この意味において、神武天皇陵の修補過程は、山陵修補事業の第一着手として、これ以降の修補事業のいわば経営的基礎が模索され、整備されてゆく過程であったと位置付けることができよう。

おわりに

本章では、神武天皇山陵修補過程をめぐる若干の資料を紹介しつつ、修陵事業の第一着手であった神武天皇陵修補の過程が、その後の山陵修補事業展開の経営的基礎を形成するものであったことを跡付けてきた。

そもそも文久山陵修補事業の本旨は、幕府が山陵修補による「忠」を尽すことによって、天皇の祖先陵への「孝」を輔翼、もって人心離反・土崩瓦解を防止し、朝幕一和の国家統合を回復することにあった。陵所の所在確定・修補様式の決定等は、忠至のブレーンともいうべき谷森種松（善臣）の全面的なイニシアチブによって進められた。

しかし修補事業の第一着手である神武天皇陵修補に際して、修補事業は、京都の朝廷と江戸の幕府の「政令二途」による齟齬を余儀なくされ、この結果、極度の財政困難を招来、事業展開は当初から難航を余儀なくされた。忠至はこの状況を打開すべく、関東に赴いて幕閣に上書を続け、京都における独自の修補体制形成に向けて運動を続けてゆく。

八・一八政変による尊攘派の放逐、神武天皇陵修補竣功、山陵修補の功績による将軍参内・賞賜実現という事態の進展に応じて、幕府はようやく忠至のかねてからの請願を裁可、京都守護職の裁量による大坂金蔵からの財政支出を承認した。ここに、元治元年の京都における朝幕関係の再編に即応した、新たな山陵修補事業体制が、条件付きながらも成立を見るに至る。これによって、元治元年から慶応元年に至る山陵修補事業の全面的展開が可能となったのである。

幕末山陵修補事業は、慶応元年の山陵修補事業の完工を経て、慶応三年、その総仕上げとしての孝明天皇陵修造によって終結を迎える。しかし孝明天皇陵が竣功した慶応三年十月段階において、忠至の念願した朝幕一和による国家統合は、既に完全に過去のものとなりつつあった。時代の急転回は、忠至の当初の念願をはるかにこえて、神武天皇像を根拠とする「神武創業」の理念を生み出し、天皇権威の最大限の発揚による、新たな国家革新が断行されてゆくことになる。その背景にあって、天皇中心の革新政治断行を根拠付けたのは、山陵復興を背景にした天皇の皇祖・皇霊への祭祀にほかならなかった。これらの問題については、改めて次章以下で論じてゆきたい。

註

(1) 拙稿「文久・元治期における神武天皇祭の成立」(上)(下)(『神道宗教』一三七・一三八)、本書第二章に収録。
(2) 戸原純一「幕末の修陵について」(『書陵部紀要』一六)。
(3) 大平聡「公文合体運動と文久の修陵」(『考古学研究』三一巻二号)。
(4) 谷森善臣は伴信友門下の国学者。この当時、陵墓研究の第一人者と目される存在であった。谷森については林恵一「谷森善臣著作年譜抄」(『書陵部紀要』二三)、堀田啓一「谷森善臣の山陵研究」(森浩一編『考古学の先覚者たち』中央公論社、一九八五年)所収。
(5) 『神武天皇御陵御治定御沙汰書之写并宣命按』(宮内庁書陵部所蔵)。
(6) 『孝明天皇紀』第四、三九八~四〇二頁。
(7) 『谷森(眞男)家文書』第二冊(東京大学史料編纂所所蔵)。
(8) 文久・元治期における神武天皇祭典創出の意義については前掲拙稿参照。
(9) 註(2)戸原純一論文参照。
(10) 『谷森(眞男)家文書』第三冊(東京大学史料編纂所所蔵)。

(11)『戸田家書類』第一冊(東京大学史料編纂所所蔵)。
(12)松井元儀編『山陵修補綱要』(宮内庁書陵部所蔵)。
(13)同右。
(14)『戸田家書類』第一冊(東京大学史料編纂所所蔵)。
(15)「山陵御修補ニ付借財出来候始末口上控」『公文録』自己巳六月至辛未七日高徳藩(国立公文書館所蔵)。
(16)『山陵修補綱要』(宮内庁書陵部所蔵)。
(17)前掲拙稿参照。
(18)『戸田家書類』第一〇冊(東京大学史料編纂所所蔵)。
(19)『山陵修補綱要』(宮内庁書陵部所蔵)。
(20)同前。
(21)前掲拙稿参照。なお忠至は、元治元年三月七日、水戸藩の国学者西宮宣明に、竣功した神武天皇陵の模様を、「先以　神武天皇陵御普請盛大に出来古書に有之兆域通の御圍にて所謂ミサンサイと唱へ候処は白かし植込其外を土手にいたし其外に分堀を廻し又其外を土手に致し其外に柵を廻し土手と柵との間に松を植込御鳥居は黒木之御鳥居にいたし外の柵迄に都合三重の御鳥居尤〆りを付至て古風に出来申候」(金杉英五郎『山陵の復古と誠忠』日本医事週報社、一九二六年、一七一〜一七二頁)と伝えていた。
(22)『山陵修補綱要』。

(23) 同右。
(24) 幕末政治史上の京都守護職の位置については宮地正人『天皇制の政治的研究』(校倉書房、一九八一年)、七五〜七六頁参照。
(25) 「二条家日記」『大日本維新史料稿本』文久三年一二月一五日条(東京大学史料編纂所所蔵)。
(26) 『御評議箇条』(宮内庁書陵部所蔵)。
(27) 『山陵御普請』(国立公文書館所蔵)。
(28) 同右。なお松平容保は、元治元年二月一一日、一旦京都守護職より陵軍総裁職に転任するが、孝明天皇の御要望もあり、四月七日、再び京都守護職に復帰している。
(29) 『栃木県史』史料編　近世7(栃木県、一九七八年)、一一三〜一一四頁。
(30) 『山陵修補綱要』。
(31) 同右。
(32) 前掲註(1)拙稿参照。
(33) この点については前掲註(3)大平聡論文参照。

第四章　孝明天皇大喪儀・山陵造営の一考察

はじめに

本章は、文久・元治期における神武天皇陵修補・神武天皇祭の成立について考察した前章[1]を承け、孝明天皇山陵の造営と、それに伴う国家祭祀の形成過程を跡付けようとするものである。

慶応三年、孝明天皇崩御に伴って築造された後月輪東山陵は、文久修陵事業の掉尾を飾る意義を有するものであった。初代神武天皇陵竣功に始まる修陵事業[2]は、ここに先代天皇陵の造営をもっていわば総仕上げされることとなったのである。さらに孝明天皇大喪儀においては、新たに復興された山陵を機軸として、それまでの寺門の葬儀（龕前堂儀・山頭儀・泉山廟九輪塔への埋葬）は再編成を余儀なくされる。その改変は、神祇式による近代皇室喪儀の基礎を設定する意義を有するものであった。

これ以降、新陵の陵前で、幕末段階においては諡号奉告祭・山陵竣功奉告祭が、維新政府下においては元服由奉幣・即位由奉幣・三周正辰祭行幸親祭・大嘗祭東京斎行奉告等の国家祭典が行なわれてゆく。ここにおいて孝明天皇陵は、神武天皇陵以来の歴代天皇陵ともども、天皇追孝の国家祭祀の斎場として定着してゆく、そこにおける国家祭典は、中古以来の朝廷の仏教尊崇の伝統、「薄葬」の伝統を相対化しつつ、維新変革の展開を背景として、宮中三殿・神宮・山陵を一丸とする近代の皇室祭祀へと、成長・展開を遂げてゆくのである。

以下、本章では右のような視点から、孝明天皇山陵修造・孝明天皇大喪儀の過程を検討してゆきたい。文久修陵事業の掉尾としての孝明天皇山陵造営・大喪の意義を検討することによって、近代皇室祭祀形成史上における孝明天皇山陵造営の位置を明らかにすることができると考えられる。

一　文久山陵修補事業の完工

1　山陵修補事業完了・竣功奉告

文久三年、神武天皇陵修補を端緒として着工された歴代天皇陵修補事業は、慶応元年に至って、当初の計画通り完工するに至った(3)。畿内全域に及ぶ山陵の所在確定とその修補事業は、実質的に約二年間という短期間で達成されたのである。この大事業の迅速な成就の背景には、山陵修補に当たった宇都宮藩一行の大車輪の活動があった(4)。朝廷では、前年より定制となった神武天皇陵正辰奉幣使発遣に伴い、山陵御用掛の諸卿に、竣功成った諸陵の巡検・奉幣を命じ、それぞれに修補事業の終了を奉告せしめた。

慶応元年三月八日、孝明天皇は紫宸殿に出御、神武天皇陵を御拝された。(5)

三月八日癸卯雨下

神武天皇山陵奉幣使定幷発遣也辰刻著奴袴總詰参内戌刻退出

一、巳半刻許始陣（奉行勝長朝臣）上卿右衛門督（保胤）参議右大弁宰相（長順○経之の誤）著座弁俊政使定了於朝家餉着御服帛　了御覧清書宣命返賜之後有御手水時使（右衛門書）進発之旨言上乃　出御於南殿（如例帛）御拝（其祥朝臣執御剣）　訖　入御

此度の天皇御拝は、山陵修補事業竣功を承け、神武天皇陵御拝に併せて竣功成った諸陵の御拝をも併せ行なう意義を有していたものと思われる。

勅使広橋胤保（議奏）は、ただちに京都を発して神武天皇陵に参向、十一日、神武天皇陵前で奉幣を行ない、引き続いて諸陵寮官人を率いて大和・河内・摂津各地に散在する安寧天皇以下四十一陵の巡検を行ない、各陵に各白銀十枚の幣帛料を捧げて修陵事業の竣功を奉告したのである（［表1］参照）。広橋は、自らの日記（慶応元年三月十一日条）に奉告の趣旨と次第を次のように記していた。(6)

右御陵幣料銀十枚宛御奉納御祈願之事

久々御荒廃深被恐思食之処漸復旧蹤被加修理多年之叡念爰被綏候可奏其由且天下太平国家安全　寳祚長久之事　叡願候依之幣料銀十枚奉納之事（御祈願兼日伺定）毎陵設白木案其上供

幣物寮官役之予取笏着座二拝祈念御祈願之趣書檀紙三枚自懐中取出読之又再拝……

同年五月には、山城・丹波地方の竣功成った諸陵への巡検・奉幣が行なわれた。すなわち、山陵御用掛の広橋胤保・柳原光愛（議奏）・野宮定功（武家伝奏）は、五月二日より二十三日迄、山城・丹波地方三七陵を分担して巡回、各陵に修補事業の完工を奉告、「御幣物白銀十枚」を奉ったのである（［表2］参照）。

また、山陵修補事業の一環として、元治元年三月以来、近世の歴代を埋葬した泉涌寺の

［表1］　大和・摂津・河内・和泉諸陵

年月日	陵　名	巡検・奉幣使
慶応元年３月11日	神武天皇陵	広橋胤保
〃	安寧天皇陵	〃
〃	懿徳天皇陵	〃
〃	宣化天皇陵	〃
〃	孝元天皇陵	〃
〃	欽明天皇陵	〃
３月12日	飯豊天皇陵	〃
〃	孝昭天皇陵	〃
〃	孝安天皇陵	〃
〃	斉明天皇陵	〃
３月13日	後醍醐天皇陵	〃
14日	舒明天皇陵	〃
15日	景行天皇陵	〃
〃	崇神天皇陵	〃
16日	元正天皇陵	〃
〃	元明天皇陵	〃
〃	聖武天皇陵	〃
〃	開化天皇陵	〃
〃	垂仁天皇陵	〃
〃	安康天皇陵	〃
〃	孝謙天皇陵	〃
〃	成務天皇陵	〃
〃	神功皇后陵	〃
〃	平城天皇陵	〃
17日	光仁天皇陵	〃
18日	孝霊天皇陵	〃
〃	孝徳天皇陵	〃
19日	推古天皇陵	〃
〃	用明天皇陵	〃
〃	敏達天皇陵	〃
〃	後村上天皇陵	〃
20日	安閑天皇陵	〃
〃	清寧天皇陵	〃
〃	仁賢天皇陵	〃
〃	仲哀天皇陵	〃
〃	允恭天皇陵	〃
〃	応神天皇陵	〃
21日	雄略天皇陵	〃
〃	反正天皇陵	〃
〃	仁徳天皇陵	〃
〃	履仲天皇陵	〃
23日	継体天皇陵	〃

［表2］山城・丹波諸陵

年月日	陵　名	巡検・奉幣使
慶応元年5月2日	天智天皇陵	柳原光愛
〃	醍醐天皇陵	〃
〃	朱雀天皇陵	〃
〃	崇光天皇陵	〃
〃	近衛天皇陵	〃
〃	鳥羽天皇陵	〃
〃	白河天皇陵	〃
5月3日	土御門天皇陵	野宮定功
4日	淳和天皇陵	広橋胤保
5日	文徳天皇陵	柳原光愛
〃	後宇多天皇陵	〃
〃	嵯峨天皇陵	〃
6日	後嵯峨天皇陵	野宮定功
〃	亀山天皇陵	〃
〃	後亀山天皇陵	〃
〃	清和天皇陵	〃
7日	花山天皇陵	広橋胤保
〃	後朱雀天皇陵	〃
〃	後冷泉天皇陵	〃
〃	後三条天皇陵	〃
〃	一条天皇陵	〃
〃	堀河天皇陵	〃
〃	宇多天皇陵	〃
8日	後二条天皇陵	柳原光愛
〃	後一条天皇陵	〃
〃	陽成天皇陵	〃
〃	花園天皇陵	〃
〃	六条天皇陵	〃
〃	高倉天皇陵	〃
9日	後鳥羽天皇陵	野宮定功
10日	花園天皇陵	柳原光愛
〃	光厳天皇陵	〃
〃	後土御門天皇陵	〃
23日	仁明天皇陵	広橋胤保
〃	後白河天皇陵	〃
〃	後堀河天皇陵	〃
〃	深草法華堂十二帝	〃

泉山廟の修補も行なわれ、これも五月までには竣功、勅使巡検も行なわれた(7)。さらに八月、京都近郊に散在する分骨所および火葬塚の修補が成り、八月二十六日から二十九日にかけて奉幣・巡検使が発遣され、「御幣白銀五枚」が奉納された（［表3］参照）。かくて慶応元年五月、山陵奉行戸田忠至は、凡そ百九箇所に及ぶ山陵・御火葬所・御分骨所修補の竣功届を上奏、孝明天皇に修補事業終了を復命するに至ったのである(8)。

このように慶応元年三月から五月にかけて、大和・摂津・河内を中心とした神武天皇以

［表３］　御火葬所・御分骨所

年月日	陵　名	巡検・奉幣使
慶応元年８月26日	後深草天皇火葬所	広橋・野宮
〃	後光厳天皇　〃	〃
〃	後円融天皇　〃	〃
〃	後小松天皇　〃	〃
27日	堀河天皇　〃	〃
〃	円融天皇　〃	〃
〃	白河天皇　〃	〃
〃	一条天皇　〃	〃
〃	近衛天皇　〃	〃
〃	後冷泉天皇　〃	〃
〃	後花園天皇　〃	〃
28日	亀山天皇御分骨堂	〃
29日	淳和天皇火葬所	〃
〃	後嵯峨天皇法華堂	〃
〃	亀山天皇法華堂	〃

降の歴代天皇陵、また平安遷都以来の京都近郊の歴代天皇陵、泉山廟に奉祀された近世の歴代陵墓の修補が成り、十四陵の所在不明・未修補陵（ただしこのうち四陵を仮修補）を残してではあるもの[9]、ここに文久山陵修補事業は名実ともに終息したのである。

2　完工の意義

かくて、慶応元年十二月二十七日、孝明天皇の叡慮により、関白二条斉敬以下の公家、将軍・老中・京都守護職・京都所司代以下の幕府有司、山陵奉行戸田忠至、諸陵寮官人・宇都宮藩一行をはじめ、修補事業に従事した当事者たちに賞賜があった[10]。朝廷より京都所司代を経由して忠至に与えられた賞詞は、山陵修補事業達成を次のように意義付ける[11]。

山陵御修補之儀従幕府越前守江委任候処為代家来共召連上京五畿内丹州百有余所多年田畑ニ蚕食或宮社堂宇民家等造立頽破至極之諸　陵無風雨寒暑之厭跋渉山林幽谷請求行届不謬真偽不失古制又誨諭苦心候故下民之艱難ニ不及当　御宇ニ至リ数千年之廃

蕪一時ニ御発興　御追孝莫大之　御懿徳赫々相輝積年之　叡念一旦ニ被為遂候段全
兼々　官武之御為深相心得候誠忠実孝之篤志ヨリ之儀与　叡感不斜　御満足　思召候
……

すなわち、中古以来「頽破至極之諸陵」の現状にあった歴代天皇陵は、当今孝明天皇の御代に至って、「数千年之廃蕪一時ニ御発興」改めて全面的に復興し、「当　御宇ニ至リ天祖以来連綿タル　皇統顕然」（戸田越前守宛賞詞）その面目を全く一新したのである。それはとりもなおさず、それまで混沌と荒廃の中に放置されていた歴代天皇山陵を、神武天皇陵を起点とする整然たる布置に配置し直し、ここで象徴的に整序された皇統を機軸として、日本の歴史の枠組そのものを組み替え、再編成してゆく過程であった。この意味において、山陵修補事業は、有史以来皇統が君臨してきた連綿たる天皇国としてのわが国の姿を、畿内各地の山陵復興を通して明らかにする意義を有していたのである。

修補成った諸陵は、何よりも「天皇追孝」の斎場として復興した。すなわち山陵（神功皇后陵、飯豊天皇陵も含む）には一律に、祭典執行のための「拝所」[12]が設けられたのである。「拝所」は、正面に対灯籠・鳥居（または柵門）を建て、白砂を敷き木柵を巡らした奉幣使参向・祭典斎行のためのスペースであった（ただし追尊天皇陵・火葬塚については、拝所の設備を設けず、柵門・神明門を設けるに止めたものが多い）。慶応元年三月から五月にかけて行なわれた竣功奉告の奉幣は、竣功後の全山陵の拝所で行なわれた、はじめての国家祭典であった。勅使の参向、奉幣・竣功奉告によって、修補成った諸陵は、天皇追孝祭祀の斎場として明確に位置付けられた。ここにおいて「御追孝莫大之御懿徳赫々相輝」「積年之叡念一旦ニ被為遂候」孝明天皇の積年の宿願は基本的に達成されるに至ったのである。以上のような意義を有する文久山陵修補事業の達成を、いわば総仕上げすることとなったのが、はからずも孝明天皇崩御・大喪儀に伴う後月輪東山陵の造営なのであった。次節では、孝明天皇陵造営とそこにおける大喪儀執行について見てゆきたい。

二　孝明天皇崩御と戸田忠至建議

1　天皇崩御・新帝践祚

慶応二年十二月二十五日、孝明天皇は御歳三十六歳を以て崩御された(13)。崩御に際して、中山慶子（明治天皇の御生母）は先帝の御生涯を「御二十才頃ゟ天下擾掛入一日一夜御安心様之間もあらせられず実ニ〳〵御苦慮のミニあらせられ(14)」と回顧したが、まことに天皇の御治世は、国家存亡の危機の只中、国内一和を祈願するその叡慮とはうらはらに、諸侯会議の流産、征長の完敗、条約勅許による鎖攘国是の崩壊等により、さまざまな問題を抱え込んだ「一会朝廷」の行き詰まりが明らかになった時期であった(15)。

しかしその一方において、幕末の政治変動を通じて、天皇の存在には、従来では考えられなかった巨大な政治的・社会的権威が蓄積されていった。天皇の存在を措いて、国家的結集の機軸はありえないという認識は、幕府・雄藩はじめ国内各政治勢力の共有する普遍的な前提となっていたのである。政治史的な脈絡から見れば、文久の山陵修補事業達成も、古代に淵源する天皇権威の基盤を、「朝儀」面において厳然と確立してゆく意義を有していたのであった。

かくて崩御を承け、翌日より議奏が大喪および新帝践祚の準備に着手する。『議奏記録抄』[16]（十二月二六日条）は、新帝御座所への剣璽奉安に用いる「御棚」、先帝の御遺骸を納め奉る「御船」（御槽）の準備について、次のように記している。

一　剣璽御棚容易之事梅渓宰相中将申渡明二七日亥刻出来之由被示候……

一　御船之事同上来二九日中出来被示候

但自然二九日中不出来之節三十日午刻迄無相違出来之事

これ以降、天皇大喪儀は、前例の仁孝天皇大喪儀とほぼ同じ日程で、近世朝廷の慣例に従って進められてゆく。まず十二月二十九日、諡号追贈までの間、先帝を大行天皇と奉称することが達せられ、また践祚伝奏・凶事伝奏の任命があり、さらに剣璽が内々で親王御座所に奉安された。[17] 翌日、御入槽の儀が行なわれ、近習の公卿・殿上人によって御遺骸は御内槽に奉移された。この前日、二条関白と議奏の協議によって、内棺は翌年正月七日に、践祚儀は同九日に行なわれることが内定していた[18]（『議奏記録抄』）。

一　剣璽内々今日渡御于　親王常御所被安置御三間上段候旨源宰相中将申渡候

一　関白殿御参拝謁覧勘文

一　御内棺来正月七日時酉践祚来正月九日時午御治定示給

年が明けて正月七日、御内棺の儀が行なわれ、御槽が御棺の中に納められた。十日には、それまで常御殿に安置されていた御棺が清涼殿に奉移された。ここにおいて、近臣が御棺を御槨に納め奉り、ついで、泉涌寺の尋玄長老を導師として、陽道・湛然両長老以下十七名の衆僧の助法により御入棺の修法が行なわれた[19]。これ以降、清涼殿は、御遺骸を奉安する「殯宮」とみなされ、公卿・殿上人が交替で祗候、また泉涌寺の僧侶も交替で西庇に祗候、御葬送まで連日勤行を行なったのである。清涼殿におけるこの間の寺門の仏事について、中山忠能はその日記に「且御近例之通泉涌寺十八口籠僧ト称し御葬送迄昼夜不断念誦光明真言日々三時勤行供養法候中古以来之風義仏法専ニ候[20]」と記しているが、御遺骸が奉安されて以降、清涼殿はまさに濃厚な仏教色に染め上げられた観を呈していたのである。

この一方、正月九日には、満十四歳の新帝睦仁親王の践祚儀が執り行なわれた[21]。践祚儀において、関白二条斉敬は新帝よりあらためて摂政に任ぜられ、政務の万機摂行を命ぜられた。二条はいうまでもなく佐幕派公家の重鎮であり、朝彦親王・徳川慶喜と共に、身をもって「一会朝廷」を担ってきた人物である[22]。かくて新帝践祚は、まさに従来の摂関制を利用した幕府の朝廷支配の枠組のもと、摂政に後見された「童帝」の践祚として行なわれたのである。

十六日、二条は、議奏・武家伝奏に諮り、廷臣の綱紀粛正を訓戒する触を達した(23)。それは前年八月の列参行動に示されたような公家集団の党派的政治活動を厳禁、朝廷内の摂家支配・身分統制を一層強化しようとするものであった。まさに童帝践祚と摂政新任によって、会桑勢力との提携のもと、近世初頭以来の幕府の朝廷管理体制は一層強化されるかに見えたのである(24)。

しかしこの一方で、岩倉具視・中御門経之・正親町三条実愛・中山忠能ら改革派公家によって、薩摩藩改革派と連携した摂関制打倒・王政復古の動きが、水面下において着々と進行してゆく。慶応三年の政治過程は、このふたつの政治路線が、雄藩を交えて、激しく競合してゆく過程であった(25)。

2 戸田忠至建議——山陵築造・荼毘儀廃止

かくして朝廷が先帝大喪に向けて動き出す前後、既に三十日、禁裏付頭取・御葬送取扱御用を命ぜられていた山陵奉行戸田忠至は、山陵御用掛広橋胤保の下問に応え、十二月三十日付けで「同寺中ニテ清浄之御地所被為卜御陵御築造ニ相成候様仕度存候」孝明天皇奉祀の山陵造営・山頭儀廃止を求める建白を提出していた(26)。山陵造営を求める忠至の宮中工作の模様を、宇都宮藩士新恒蔵は以下のように回想している(27)。

……忠至はどうあつても之を山陵に回復申上なければと云ふ精神になりまして、……関白殿下に迫つてどうありても御回復でなければならぬと云つて、三日三晩詰め切つて議論して動きませぬ、御孝節厚き　天子で在せられ　神武天皇御陵を始め餘の山陵を御成功になつたのに御佛葬になし奉り、九輪の御塔の下に塡め奉る事はならぬ、天日嗣の　天皇を是まで御佛葬になつたは仕方か《ママ》ないが　先帝様には是非共御回復でなければならぬと云つて、どうあつても退出せぬ譯で御座りました

そもそも近世において、歴代天皇の御遺骸は、山頭儀ののち、泉山廟の九輪石塔下に埋葬されるのが定制となっていた。しかし孝明天皇の治世下において歴代山陵修補事業が達成された以上、「古制」に従って新たに御陵を築造し、そこに大行天皇の御遺骸を奉祀するのは当然のことである、というのである。このような論理において、先帝陵造営の課題は、まさしく文久修陵事業実現の直線上に位置付けられていた。すなわち、「先帝」孝明天皇山陵築造実現こそ、「初代」神武天皇山陵修補・歴代天皇山陵修補達成を承けた、山陵修補事業の論理的・必然的要請にほかならない。その成否には、文久修陵事業の完結如何がかかっていたのである。

さらに忠至は、山陵築造と表裏一体の課題として、従来の「山頭御密行」の停止を建議する。そもそも持統天皇以来の「薄葬」の慣例に従って、数百年来、天皇の御遺骸は、火葬に付されるのが慣例となっていた。近世に入り、第一一〇代後光明天皇大喪儀において

御遺骸の火葬は停止されるに至ったものの、この忠至建白によれば、なお山頭において御遺骸を型式的な火葬に付す茶毘作法は、依然として継続していたのである。忠至は、かかる型式的火葬儀と実質的土葬の併用をやめ、「御茶毗無実之御規式一切御廃止ニ相成」明確に土葬儀に復帰すべきことを建議する。

かくして、先帝の御遺骸は、従来の山頭儀を廃した上、純然たる土葬をもって、新しく造営される山陵に葬られなければならない。かかる山陵再興・山頭儀停止の実現如何には、天皇の「孝」を国家統合の機軸とすべき「天下人心」の「向背」がかかっているのである。かくて忠至は、山陵修補・天皇追孝の実現こそが国家統合上不可欠の課題であるとした文久二年建白の理念をここでも再確認する。(28)

3 山陵再興・茶毘儀廃止治定

この忠至の建議は、朝廷会議の審議を経て、摂家・現任公卿一同にその可否が下問された。この下問について、『山科言成日記』慶応三年正月一日条・二日条には次の記事がある。(29)

(正月一日条)

入夜現任一同右大将触出廻文到来

御葬送是迄御茶毘之分ニ而自山頭御密行与被称候得共以来表向御埋葬山陵御築造可

被為在旨ニ付現任一同所存可申上殿下被命候旨広橋大納言被申渡之仍申入候早々御回覧明日午刻迄可返給候也

戸田大和守建言一紙被相渡候間入見参候也

正月一日　家信

摂家並役人衆之外現任一同云々加承順達了

――戸田大和守建言写略――

(二日条)

昨日被尋山陵御埋葬之事以切紙右大将江答申　御埋葬山陵御築造可被為有旨ニ付存慮被尋下候由尤可然存候事

正月二日

量輔

言成

右大将殿

同日、現任公卿一同は、「佛法渡来之以前」に遡る山陵復興・山頭儀停止を了承する旨を具申した。(30)

御葬送是迄御茶毘之分ニ而自山頭御密行ト被称候得共以来表向御埋葬　山陵御築造可被為在旨ニ付現任一同所存可申上旨預御尋問御尤之次第畏入候山陵御築造之事情佛法

渡来之以前ニ復古仕候得ハ現任一同無存意承伏可仕候宜希衆議候

正月二日　　現任一同

このような朝廷内での合意形成の手続きを経た上で[31]、正月三日、朝議は古制に基づいて山陵を復興をする旨を決定した(1)。ついで八日迄には、山頭「御密行」停止が公家衆に伝達されたのである(2)[32]。

(1)

一、大行天皇山陵今度依御旧蹤御再興尤被営泉山候

右被仰出候事

正月三日

(2)

八日

大行天皇御葬送日限来二七日御治定今度御土葬山頭式被廃候ニ付龕前堂到御陵前公卿殿上人各供奉之事奉行触示了

朝議決定に先立つ正月一日、忠至は、泉涌寺に対して、山陵再興・山頭儀停止の旨を、既に次のように通告していた。

大行天皇崩御遊ばされ候処、是迄御孝心之辺を以て、神武天皇以来旧陵結構御再興遊

ばされ候御儀に付、猶御孝心之辺を以、此度泉涌寺地中に山陵築せらる。御規式之儀
者、山頭場廃せられ、龕前堂御作法之儀者、是迄之通り仰せ付けられ候に付、一山に
て何等の差し支、意存《ママ》も無之哉

泉涌寺は、翌日「御請書」を提出、この申し入れを了承していたのである。(33)

このようにして、山陵は、山頭儀停止とワン・セットとなって再興された。かくて天皇の御遺骸は、泉山廟の後山に築造された山陵に、明確な土葬（これに伴って従来の山頭儀——形式的な荼毘儀も停止される）をもって葬られることになったのである。

4　戸田忠至伺——寺門葬儀の変更

ここにおいて忠至は、山陵造営・山頭「御密行」停止の実現を承け、次のステップに向けた運動として、従来の寺門主導の大葬儀の変更・再編成を求める工作を行なってゆく。以下、忠至のこのような動きを示す二つの伺を見てみよう。(34)

(1)　慶応三年正月伺

今般被為依御旧蹤山陵御再興山頭場御廃止龕前堂ヨリ御宝龕ニテ山上御場所迄進御相
成候様　御沙汰御座候得共御凶事門内ヨリ御道筋モ難所ニ有之御貫目重キ御宝龕之儀
ニ付数人ニテ大切ニ奉舁精〻工夫仕萬一其場ニ至リ人力ニテ擔當難仕節者臨期之御差
支出来可申哉モ難斗仍往古之御旧蹤御車ニテ通　御相成候テハ如何可有之哉篤御賢慮

之上臨期御差支不相成様仕度奉存候此段申上候以上

正月

戸田大和守

(2)　慶応三年正月二六日伺

山陵御簀屋廻り八ケ所篝焚夫之儀者　御所之衛士に被仰付又御凶事門前より御道筋篝焚之義者右衛士之指揮にて私方の人夫に為焚候様仕度奉存候尤衛士人數之義は五六人にて人夫為手伝候は丶御差支有間敷奉存候此段申上候以上

正月廿六日

戸田大和守

(1)の伺は、従来の仏式葬儀の中心的施設であった「龕前堂」およびそこにおける仏事を相対化する意義を有するものであると思われる。従来の喪儀では、龕前堂において、御棺を御車から宝龕に移御したのち、泉涌寺僧侶により読経等の儀式が行なわれていた。このように龕前堂は従来の寺門の大喪儀の中心的施設であった。

しかし忠至は、目方の重い御棺の移御は「御差支」のもとであるという理由から、その宝龕移御の停止を要求、あくまでも御車乗御のまま寺門の仏事を行い（これに伴い龕前堂は御車舎と改称—後述—）、しかるのち御車乗御のままで、そこを「通御」すべきであるとするのである。この伺は、宝龕移御停止と御車乗御のままでの「通御」を求めることを通じて、寺門の儀礼の根幹部分を相対化する意図を有していたと解すべきであろう。

このように龕前堂儀が相対化されたのに呼応して、新たに設けられた山陵が、寺門と分離された大喪儀の中心的位置を占めなければならない。この事情を示すのが(2)の伺である。これは葬儀前日の日付を有する上申ではあるが、山陵に向かう御凶事門以降の道筋を、寺門ではなく、山陵奉行の主導下におくことの確認を求める意味合いを有していたものと思われる。

従来、葬列供奉の公家が退散したのち、御遺骸は僧侶の手により内々で泉山廟内に埋葬されていた。しかし、此度の葬儀において、御遺骸が泉山廟外に新造された山陵に奉祀される以上、その埋葬儀もまた、山陵を司る山陵奉行・諸陵寮官人の所轄下に行なわれなければならない。故に、忠至はここで、山陵に向かう御凶事門以降の道筋を、寺門の手に委ねず、御所衛士と「私方の人夫」で管轄、その警備・照明を行なうべきことを求めるのである。この忠至の伺において、御凶事門以降、後月輪山に向かう道筋は、寺域と明確に区別された、山陵奉行主導下の明確な神祇式の領域として位置付けられていることは明らかであろう。

以上の寺門の葬儀変更にかかわる忠至の伺も、山陵再興・山頭儀停止同様、朝廷首脳の了解を得て実現に至った[35]。

(1)

a　凶事伝奏奉行回章ヲ以テ触示

今般依旧蹤被廃宝龕之儀御車之儘御陵前へ通御之事

但止龕前堂之称号被称御車舎候事

於御車舎法儀御修行之事

別紙二通図壹枚入見参候也

正月九日　俊政

資宗

b　此度御山頭之儀幷被　召　宝龕　御密行等被廃止　御車之儘　山陵ニ　渡御之旨被

仰出候仍申入候以上

正月九日　葉室右衛門督

戸田大和守殿

(2)

……御凶事門外ニ到止ル此後供奉各退散柳原大納言廣橋大納言飛鳥井中納言野宮中納言猶相従此邊ニ於テ御牛ヲ放チ御車ヲ引御凶事門ヲ　入御此以後山陵奉行戸田大和守商量坂口ニ到　御車ヲ止　御棺ヲ輦ニ移シ奉坂路ヲ登　御葬所ニ到　寶穴前ニ居へ奉ル

(1)のａは九日付けの触であり、従来の龕前堂を「御車舎」と改称、御棺の宝龕移御を停止、そこを御車のまま通御することを伝達したものである。かかる改称によって、従来の龕前堂が、此度は御車を一時的に停車せしめる「御車舎」に過ぎなくなったことが、その名称の上からも明確化されたのである。ｂはこの決定を忠至に通知した文書である。

(2)は、葬儀儀註の御凶事門入御・山陵埋葬にかかわる部分である。ここにあるように、従来の僧侶による山頭「御密行」は、山陵御用掛・山陵奉行・諸陵寮官人の奉仕による山陵埋葬儀に改められ、御凶事門以降から山陵に向かう道筋は、明確に山陵奉行の「商量」下に置かれることとなったのである。

このように、忠至が提起した諸点、すなわち(1)山陵造営、(2)龕前堂の「御車舎」改称、(3)山頭儀廃止の三点は、朝廷の了承を得て、大喪儀において実現してゆくこととなったのである。次節では、忠至が提起した以上の改正点が、孝明天皇喪儀の全体的な脈絡にどのように反映し、従来の寺門の喪儀をいかに再編していったかという観点から、喪儀全体の進展過程を見てゆきたい。

三　葬儀・山陵造営

1　御宝壙築造

まず陵所の造営過程についてみてみよう。正月二日、忠至と京都町奉行大久保忠恕は、泉山廟所後方の裏山に陵所予定地を定めた。四日には、山陵御用掛の野宮定功・柳原光愛・広橋胤保、武家伝奏飛鳥井雅典、京都所司代松平定敬、諸陵寮官人谷森善臣等が山陵予定地を実地検分、兆域二十五間を画した。当日の広橋の日記には次の記事がある(36)。

早朝向仙遊寺山陵掛柳原予飛鳥井野宮等御陵地点検之所　御代々御廟廓外東山上有清浄地所司代已下立會申談其地御治定申渡了

正月十七日には、陰陽助幸徳井保源の奉仕により陵所地鎮祭が行なわれた。これ以降、造営作業は、のべ千人の人足を動員、昼夜兼行の突貫工事で進められていったのである。造営に際しては、「御陵の形には出来ぬが、只御入れ申す丈にさへ出来れば宜い(37)」という方針のもと、工事は後月輪山の山腹を削平して宝穴(御宝壙)を穿ち、そこに御石槨を設けることに集中された。御宝壙は、正月二十三日頃迄には完成に至った。その上部は「御須屋」と称する覆屋で覆われ、南面には「御拝舎」が設けられた。さらにこの日、御陵号が「後月輪東山陵」と治定された。

二十五日には柳原・広橋・野宮と共に、凶事伝奏日野資宗・凶事奉行坊城俊政が陵所に参向して御宝壙を検分「泉山御陵所御石槨其余点検了」、翌日、広橋は摂政に「参内昨日御陵所点検御立派出来之旨摂政殿申入明日御葬送御車引試検且弁雑事[38]」とその竣功を復命している。

2　大喪儀

かくて、正月二十七日から二十八日早朝にかけて、大喪の儀が行なわれた[39]。まず二十七日巳の刻（午前十時）、先例によって山陵・国忌・挙哀等を禁じ、薄葬を命ずる遺詔奏の儀が行なわれた。

時刻、御棺は近臣の手によって清涼殿を出御、廷臣が素服を着て庭上に列立する中、牛車に乗御された。葬列は酉刻（午後六時）御所を出発、泉涌寺に向かった。その列次は、まず山陵奉行戸田忠至、諸陵寮官人（頭藤島助胤、谷森善臣、鈴鹿勝藝、矢森教愛等）が葬列の先導を勤め、瀧口・蔵人が続き、ついで前関白近衛忠熙、右大臣徳大寺公純、内大臣近衛忠房、将軍徳川慶喜、京都守護職松平容保、京都所司代松平定敬、老中板倉勝静以下在京の諸侯・文武百官が供奉するものであった。前例と異なり、山陵奉行・諸陵寮官人が葬列全体を先導するところに、山陵造営を新儀とし、山陵奉行・諸陵寮の主導下に置かれることとなった孝明天皇大喪儀の特色が明らかに示されているといえよう。

葬列は、亥半刻（午後十一時頃）泉涌寺に着御、御車は「御車舎」に入御する。これより先、葬場使三条西公充、凶事伝奏日野資宗により出逢使問答が行なわれた後、この「御車舎」において、泉涌寺の尋玄長老を導師として、読経等による寺門の仏事が行なわれた。

前例であれば、ここで御棺は御車から宝龕に移御、寺門の仏事が行なわれていたが、此度は、御棺は御車に乗御したままであった。故に従前の「龕前堂」は、山陵に向かう中途に御車が通御・停車する殿舎としての「御車舎」に改称されていた。殿舎正面には従前の「龕前堂」の額にかわって「御車舎」の額が掲げられていたのである。

さらに、こののち行なわれていた「山頭御密行」、すなわち形式的な荼毘儀・火葬作法も行なわれなかった。山陵が土葬儀とワン・セットになって復興された以上、型式的な火葬儀はもはや無用となったのである。以上見てきたような龕前堂の御車舎への改称、山頭儀の停止により、寺門の葬儀は、その根幹部分が相対化・空洞化されたということができよう。

これに対して、新しく造営された山陵が、寺門と明確に区別された、葬儀の中心的斎場としての位置を獲得してゆく。すなわち御車が御凶事門に至るや、葬列は山陵奉行戸田忠至の指揮下に置かれ、御凶事門から陵所にかけての道筋は、山陵奉行の「商量」のもと、山陵御用掛・諸陵寮官人が供奉してゆくことになった。それまで葬列に供奉していた僧侶は、「僧侶前行於御凶事門外留」(40)御凶事門外に留められたのである。

丑の刻（午前二時）、葬列が山の坂口に至るや、御棺は御車から御輦に奉移される。やがて葬列は陵前に至り、御棺は宝穴中の御石槨に納め奉られた。天が明らむ頃、御石槨は「後月輪東山陵慶応三歳次丁卯／春正月丙辰二十七日壬午葬」（広橋胤保筆）という陵誌を記した御蓋石をもって堅く閉ざされたのである。[41]

この後、鳥居の前の「御拝舎」において、山陵御用掛・諸陵寮官人奉仕により、「陵所の儀」ともいうべき神饌献供祭典が行なわれた。[42]

(1) 次御素屋（豫造立三間四方南ニ扉アリ）幌ヲ懸（四方白平絹）次　御鳥居ニ幌ヲ懸次供物ヲ居（鳥居前屋ヲ設東西一間南北一間半八脚案ヲ立ッ）陪膳廣橋大納言手長助胤（諸陵頭）役送平種松中臣勝藝（二人諸陵寮官人）先打敷（白平絹）ヲ敷次餅菓（密柑以上一臺宛也）酒等（二瓶）等ヲ供（供物明日ヨリ日々餅菓一種ヲ供寮官人調設素服詰ノ公卿殿上人奉仕陪膳公卿手長殿上人）訖撤却次柳原大納言以下并戸田大和守町奉行付武士等奉拝

(2) 御納穴至盛砂出来（于時申下刻）御陵前設八脚机供餅菓子酒等予勤御陪膳益供諸陵頭次寺僧向其后各帰宅（改垂纓途中捨杖藁香等於門内洗足）于時酉半刻一事无違乱

(1)は『孝明天皇御凶事』所収の儀註、(2)は『広橋胤保日記』の記事である。すなわち、御須屋・鳥居に御幌を懸け、陵前に八脚案を置き、山陵御用掛・諸陵寮官人が神饌献供祭典を奉仕したのである（陪膳を広橋胤保、手長を諸陵頭藤島助胤、役送を諸陵寮官人谷森種松・鈴鹿勝藝等が奉仕）。撤饌の後、山陵御用掛・山陵奉行始め供奉者が拝礼を行なった。

このように、従来であれば「御密行」として僧侶が内々に泉山廟所に葬るものであった埋葬儀は、このたびは、山陵再興に呼応して、山陵御用掛・諸陵寮官人が神祇式祭典をもって埋葬する儀式として行なわれたのである。なお、陵前における神祇式祭典が終わった後、御須屋の前面で、僧侶が香華水燈を供え読経を行なうことを許され、山陵御用掛もまた焼香奉拝を行なった[43]。

此後僧侶　御素屋前ニ於テ香華水燈ヲ供読経等畢撤却次柳原大納言広橋大納言飛鳥井中納言野宮中納言等焼香奉拝畢退去時ニ申刻過也此後女房参拝

しかし、以上見て来たような喪儀全体の脈絡から見れば、埋葬の主儀は山陵御用掛・諸陵寮官人による神饌献供祭典であり、僧侶の読経・焼香儀は、既に主儀のあとの後儀としての位置しか有していなかったといえよう。かくて二十八日申の刻（午後四時）をもって山陵埋葬儀が終わり、朝廷はこの日より五日間の廃朝を命じたのである。

以上のように、孝明天皇大喪においては、寺門と分離された神祇式の斎場として、後月輪山の山腹に新陵が造営され、これに対応して、旧来の仏式葬儀の中心的施設であった龕前堂は御車舎と改称、山頭の御密行も停止された。すなわち、山陵再興という「古制復興」の前に、従前の寺門の葬儀は改編を余儀なくされたのである。

近代の天皇大喪儀は、殯宮・葬場殿・山陵での天皇御誄奏上を中心とする、いわば新帝を喪主とした自葬儀式として制定されることになるが[44]、孝明天皇喪儀で示された以上の諸点の改革は、近代の天皇大喪儀の端緒的な前提を準備する意義を有していたと評することができよう。

3　山陵造営の進展

山陵築造工事は、五月に入って再開された。朔日、忠至は次の伺を提出し、同月三日よりの山陵造営着手を申し出たのである。(45)

五月

一　朔日　　戸田大和守より伺

来ル三日より　孝明天皇御陵御築造ニ取掛リ申候依之右御普請中拝礼停止之旨其筋へ御沙汰有之候様仕度奉存候此段申上候

造営中、戸田忠至・忠綱父子はじめ宇都宮藩士が交替で詰め、工事の監督を行なった。明治二年、維新政府に提出された戸田忠綱伺は、その模様を「寅十二月ヨリ卯十一月マテ孝明天皇山陵御新造御用相勤父子代ル〳〵右御場所へ相勤万代不朽様精力ヲ盡シ御修造仕仍テ家来共モ右御用掛リ自己ノ儀ハ主従トモ一切捨置只管御用相勤メ」(46)と回想している。かかる山陵奉行の監督下、寺門僧侶の陵所への出入りは、はっきりと禁止されていた。陵所からの僧侶排除について、新恒蔵は次のように回想している。(47)

私共は亦冥加至極な事と云ふは御山の中腹御陵の下に二間半に、三間の番所が出来まして、寮の友人谷森眞男と、小林、加藤、新、鈴木と申合せて五十日間昼夜詰切つて居りました、何れも浄衣礼服着用致して、御簀屋内の御燈籠に油を昼夜絶へす捧げました、宮方でも堂上でも御捧げ物は何でも番所から持つて来る、番所から私共に於て

御参拝前に捧ることになつて居りました、僧侶は一切立寄ることは出来ませぬ、（傍点筆者）

陵所からの僧侶排除が、これまで見てきた通り、築造中の山陵を、寺門から截然と区別された神祇式の斎場たらしめる原則に発するものであることはいうまでもない。

かくて慶応三年五月から十一月まで、ほぼ六箇月をかけて、泉涌寺後山の斜面を削平して設けられた宝穴の石槨上に、三段の墳丘が造営されていった。前述したように、喪儀段階では、御棺を納める御宝壙・石槨部分が出来上ったに留まり、墳丘部分はいまだ着手されていなかった。故に、五月からの造営工事は、御宝壙の上に、墳丘部分を造営してゆく作業を主とするものであった。このような山陵造営の手順・手法は、これ以降の近代の山陵造営工事に踏襲されてゆくことになる。このことについて、明治天皇陵造営に際して作成されたと推測される『伏見桃山陵陵制説明書』は、「山地ニ御埋棺シテ後、陵形ヲ削成スルコトハ、後月輪東山陵ニ則ル理由」と題する一節において次のように記している(48)。

孝明天皇ノ崩御アラセラルルヤ、当時山陵奉行戸田大和守忠至、神武天皇以下御歴代ノ山陵ヲ修理セシ折柄ナレハ、古制ニ復シテ山陵ヲ起サムトシタルニ泉涌寺之ヲ牽制シテ、目的ヲ達スル能ハス、漸ク寺内ノ山上ニ御埋棺シ、山ヲ削リテ三段ノ圓陵ヲ築キ成シテ、後月輪東山陵ト称セラレタリ、此ノ陵ハ上段直径十四間半中段直径二十間、下段直径二十五間アリテ、凡四間アリ、サテ後月輪山陵ハ、斯ル事情ヨリ出来タル山陵ナレハ、一種特様ニハアレト、其ノ実ハ天然ノ山ヲ削リテ御陵ヲ立テタレハ堅牢無比ニシテ却テ一ノ善法タリシヲ失ハス、英照皇太后ノ後月輪東北陵ハ、之ニ遵ヘリ、伏見桃山陵ハ之ニ拠リテ、伏見山上ニ御埋棺シタレハ、後月輪東山陵ノ例ニ従ヒ、天然ノ山地ヲ削リテ前面ヲ山科陵ノ型ニ造リ成シタリ、是レ内實ヲ後月輪東山陵ニ則リテ、堅固ヲ萬世ニ期シ、外形ヲ山科陵ニ則リテ、古制ヲ千載ニ傳ヘムトスル所以ナリ、

孝明天皇陵造営に当たっての、山の斜面を利用した築造方法、最初に御宝壙・石槨部分を築造し、ついで埋葬後に墳丘部分の造営に着手する工事のタイム・スケジュール等は、これ以降の山陵修造工事に継承され、近代山陵造営方法の基本となったのである[49]。

かくて、慶応三年十月に至って、工事は漸く竣功の運びとなった。竣功した後月輪東山陵は、三段の墳丘を有し、一段ごとに石をもって葺き、神武天皇山陵と同じく南面をもって正面とし、歴代天皇陵同様、鳥居・木柵・白砂で画された拝所を有していた[50]。ここにおいて、文久修陵事業における初代神武天皇陵・歴代天皇陵修補の延長線上に、先帝孝明天皇を「古昔の制」のままに奉祀する後月輪東山陵が竣功するに至ったのである。

四　仏教勢力の抵抗

1　陵所治定を巡る紛議

ところで、前節で見てきたような山陵の造営・葬儀の変更は、実は、泉涌寺・般舟三昧院、さらには朝廷内外の仏教勢力と対抗しつつ、その工作を制して実現に至ったものであった。本節では、とりわけ陵所決定を巡る経緯について、その事情を、以下の資料により瞥見してみたい[51]。

(1)　御陵の地ハ各異見ありて正論家の神楽岡を然るへしと申立けれと後宮にてハ神楽岡となれハ僧の御伽もなく御疎遠なり矢張泉涌寺の方然るへしと申立准后にも泉涌寺へと仰立られしよしなり夫か為め容易に御決定に至らさりし故大和守神楽岡の方申す迄もなく宜しかるへけれとも泉涌寺とても矢張王大なれハ僧にも手を出させられすハ是も悪からさるへしと申上しか是にて始めて御決定ありし由……

(2)　御廟之儀モ彌　山陵に御治定之處泉涌寺嘆願に仍而山之後方に　御陵御取建之御積之處諸陵方諸藩並戸田大和守等達而申立中庸之御所置は御尤候へ共折角之御改正に半表半裏之儀は不可然真之　山陵に相成候様遮而申上候付品に寄候得は神楽岳北裾に可相成哉も難計諸藩も神楽丘之方を懇願候申　内府公御内話被遊候……

(1)は、陵所決定に至る経緯について、忠至が松平春嶽に語った談話である。これによれば、「正論家」らは当初、陵所として吉田山の神楽岡を予定していたが、泉涌寺・後宮勢力の反対により、この神楽岡案を撤回せざるをえなくなり、やむなく泉涌寺後山の後月輪東山への陵所決定に至ったとされるのである。

(2)は、尾張藩士尾崎忠征の日記の正月四日条の記事で、右の忠至の談話を裏付けるものである。尾崎は、近衛忠房からの伝聞として、陵所が、当初の神楽岡から、「泉涌寺嘆願」により、余儀なく「泉山之後方」に決まった経緯を記している。尾崎の日記によれば、この朝議決定後も、なお陵所を「神楽岳北裾」に変更すべく、近衛家を通じた諸藩有志の工作が、なおも継続して続けられていた。

同様の事情を、宇都宮藩士新恒蔵は「忠至は回復になつて是れで宜《ママ》いたが、願はくは御場所は山科續きにしたいと云ふ精神で、山陵御係りの堂上方と忠至、寮の官人谷森大和介と見分に成りましたがどうもそうは行かず、泉涌寺の後山と極つた」と回顧し[52]、また先に引用した『伏見桃山陵陵制説明書』も同様に、「孝明天皇ノ崩御アラセラレルヤ、当時山陵奉行戸田大和守忠至、神武天皇以下御歴代ノ山陵ヲ修理セシ折柄ナレハ、古制ニ復シテ山陵ヲ起サムトシタルニ泉涌寺之ヲ牽制シテ、目的ヲ達スル能ハス、漸ク寺内ノ山上ニ御納棺シ、山ヲ削リテ三段ノ圓陵ヲ築キ成シテ、後月輪東山陵ト称セラレタリ」と記している[53]。

これらによれば、忠至の当初の目論見は、先帝陵を、神楽岡（または天智天皇陵の所在する山科付近）に造営することにあった。陵所が、泉涌寺から離れた地に設定されれば、泉涌寺の関与から離れたところで山陵埋葬・大喪儀を執行することが可能となる。そうなれば、山陵古儀再興に即応して、葬儀から名実ともに寺門色・仏教色を払拭することが可能となるであろう。しかし泉涌寺は、忠至ら「正論家」のかかる目論見に対し、宮中内外の仏教勢力と連携しつつ、陵所の泉涌寺内への引き戻しを工作した。かくて陵所を巡る対立は、結局「中庸之御所置」をもって、泉涌寺後方の後月輪山への造営決定をもって調停・決着を見たのである。

陵所決定を、泉涌寺の近傍にもちこんだことは、「折角之御改正」を「半表半裏之儀」にもちこんだ泉涌寺の勝利であった。しかし忠至はこれ以降、寺門に対して、山陵再興を拠点とした巻き返しを図ってゆく。前節で見たような従来の寺門葬儀の変更は、かかる忠至の巻き返し工作によって実現していったと考えることができるのである。

2　朝廷改革の課題

翻って考える時、以上のような寺門の反対工作は、泉涌寺のみならず、幕府の朝廷統制政策との関わりのもと、朝廷社会内外に深く構造化していた広範な仏教勢力と連携したものであった。新恒蔵は、この事情を次のように回想している(54)。

……崩御になりますから、宮方御門跡方、尼宮様まで御参内に成りまして、清涼殿へ御櫃が出ます、御通夜をなされます由、泉涌寺は十六箇寺ござります、其の中に長老と称へるものが、四箇寺ござりますか、御通夜に出まして尼宮様、諸宮様も同し事に御通夜をなされます、そこで関白殿から皇后様御内儀方に、山陵御回復の義を申上げになりました處か、山陵と云ふ者の得失を恐れなから知ろし食さぬか、矢張り御仏葬の方に御傾きの様な塩梅で、そこで関白殿始め再々奏聞に入れまして、得失を分けて高天原に御帰り遊はされる譯で、山陵でなければならぬ、御仏葬にすることは中古の御失体でござりまして、是非共御回復でなければならぬと申し上げました、又御通夜に出て居る長老共が、宮様や尼宮様に、光格天皇、仁孝天皇は御一所で在せらるゝに山の上に御一方奉葬るは御情けない事であるとか何とか云ふ、そこで宮様方は佛の方であるから大に至極と御思召して、尼宮様から　皇后様に申し上げる、皇后様は御愁眉の中であるから、一旦御決しになつても、又夫れは御代々十四代の　天子様が泉涌寺に歴々と御塔か御坐ります、夫れで　光格天皇、仁孝天皇の御側の御葬りになるが、御篤い様に、御思召され、御決心にならぬところが又出来ます、忠至はどうあつても山陵御回復と云ふ事を申し上げまして、そこで遂に愈、皇后様も御内儀方も夫れなれば夫れと云ふことになりましたのが、十二月の二十五日か崩御でござりますが、翌年の正月二日に、本当に山陵回復と云ふことになりました、

これによれば、泉涌寺の「長老共」は、宮中に祗候していた「宮方門跡方」および「尼

宮」に入説、さらに准后（後の英照皇太后）を動かし、陵所の泉山廟内への引き戻しを工作していた。とりわけ准后は、ひとり先帝のみを泉山後方の山陵に埋葬し、近世の御歴代と別れ別れにしてしまうのは忍び難いという理由から、山陵造営に強い難色を示されたのである。かくて新の回想によれば、寺門の反対工作は、泉涌寺のみならず、門跡寺院・比丘尼御所を通じて宮廷社会内外に組み込まれた、広範な仏教勢力全体と連動したものであったことが理解されよう。このような仏教勢力と癒着した近世朝廷の「旧体制」の仕組みを打破するためには、山陵復興の域を超えて、従来の朝廷制度全体の構造的変革、すなわち朝廷改革の断行が課題とならざるをえない。

前稿において、文久三年の神武天皇陵修補に伴って、尊攘派のみならず、朝廷執行部においても従来の宮中仏事・皇室陵墓守護寺院の在り方を見直す動きがあったことを指摘した[55]が、慶応二年段階で王政復古を構想していた岩倉具視の覚書には「一　宮門跡僧尼早々御還俗之事並仏夷御処置之事　一　神祇官太政官抔ノ論心慎ンテ御処置ノ事　一　復古政府立ラレ方如何ノ事[56]」とあり、門跡寺院処置・法親王復飾・宮中神仏分離の課題を、神祇官・太政官再興と呼応する「王政復古政府」形成の不可欠の課題として位置付けるに至っていた。かくて慶応三年、王政復古クーデター直前に提起された改革構想は、皇室の仏教的伝統の改革を、王政復古政府形成に向けた課題の一環として、もはや現実の政治日程に組み入れるものであった[57]。

(1)
一　今度　山陵御再興被為在恐悦存候上就てハ
一　御焼香御不都合之事
一　已来可被奉幣事
一　薙髪停止隠居尤院号可被廃事
一　御代香可被廃事
右等可然被盡衆議御治定願上候神佛混雑不可然ト存上候間御制度被為立候様願上
候事

(2)
（上略）
一　中古以来、天子院号ヲ被為廃、御謚号ヲ可被、奉候事、
一　先帝山陵御再興被為在候ニ付テハ、先不取敢　光格帝、仁孝帝御改葬被為在、山
陵御築造被為在度候事、
一　先帝山陵御再興被為在候ニ就テハ、先朝ニ勤仕ノ女房三仲間ニ至ル迄、薙髪ヲ被
止、山陵守護可被、仰付候事
一　法親王ハ勿論、諸国ノ僧尼、末々ニ至ル迄、還俗被　仰出、神道ニ相化候様仕度
候事、
一　死者取扱、竝祭儀等、尤神道儒礼取捨シ、改革可有之事、

(1)は王政復古直前のものと推測される中御門経之の建白案である。彼はここで孝明天皇

「山陵御復興」に伴う追遠仏事停止、ひいては宮中における「神佛混雑」廃止の実行を提唱しているが、重要なことは、それが摂関制打倒のもと、幕府にかわって薩長を朝廷の柱石として位置付ける王政復古政府構想の、明確な一環として提起されていることである。中御門が王政復古派公家の代表的存在であり、この当時、岩倉具視・中山忠能・正親町三条実愛と共に、薩摩改革派と連携しつつ王政復古政変を画策していたことについては、あらためていうまでもない。

(2)の慶応三年十一月付の大蔵卿豊岡随資の建白は、とりわけ宮中内外の仏教勢力の清算、宮中からの仏教色の払拭の課題を総合的に提起する。すなわち、彼は今後の朝廷改革の課題として、(一)院号の廃止、諡号(天皇号)の復活、(二)泉山の光格天皇・仁孝天皇陵墓の山陵への改葬、(三)先帝奉仕の女房の薙髪停止・山陵守護下命、(四)法親王の還俗、および諸国の僧尼の還俗、(五)葬祭・祖先祭祀の改革等、宮中内外からの仏教的要因・仏教勢力排除の課題を提起、さらにはその施策の全国的拡大をも展望するのである。

このように、歴代山陵・先帝山陵復興は、折から現実の政治日程に組み入れられつつあった王政復古実現の諸課題と連動、幕府の朝廷統制と結合しつつ深く仏教・寺院と結び付いていた近世朝廷社会の在り方の、大きな変更を促してゆくこととなったのである。とりわけ宮家(伏見宮・桂宮・有栖川宮・閑院宮・山階宮)を除き、すべての親王・内親王を「出家」せしめてきた法親王・門跡寺院制度、比丘尼御所制度の解体は、王政復古・皇権回復にあたって不可欠の課題であった。山階宮晃親王は、成立直後の王政復古政府に提出した次の二つの建白において、この課題の早期かつ徹底的な実現を、次のように要請していた。[58]

(1)（上略）

一 正院家等別帋ニ認メ上候号ハ悉被廃住侶寺僧学侶塔頭等山ヽ宗派之名目ニ改候様左ノ寺ヽヘ御沙汰被為在候事

仁和寺　大覚寺　妙法院

聖護院　青蓮院　知恩院

勧修寺　梶井　曼殊院

円満院　大乗院　一乗院

実相院　三宝院　随心院

蓮華院

一 被廃候門跡殿舎寺領者一時官へ被召上然ル後還俗之諸親王還俗之公達僧随門一門大乗院へ萬々取調之上改而被下候歟

一 照光院　勧修寺　大覚寺

右者門跡号被止白川殿栗栖野殿嵯峨殿と被為称

天皇　国母等御遊之行宮ニ被定候而モ可然哉と存上候事

一　熊野三山之検校仁和寺別当七大寺別当諸寺別当
　右俗體ニ而奉職事
　　卯十二月

(2)

議定中　　晃　乍恐再言上

一　金枝玉葉繁茂之儀者普天之大祥事ニ候得共其末之處置今日ニ無之候而者必後年不祥之根元と存候間此邊　御廟議奉願候事

一　諸国諸宗諸寺院復古改正必被為在度明時ニ被為候国家多事煩入も恐入候間此邊ハ先　御即位後迄御延引左ノ伴々已断然今日御決定被為　仰出候様仰願候是　皇徳発輝旧弊一洗之一大美事已ニ無之若御延引候而者決定種々之災害ヲ生し候勢相見候間瞬日モ早く被為　仰出候様奉存　国家之不堪視祝禱候

宮門跡　摂家門跡
清花門跡　准門跡
正院家　出世院家
准院家　院室
本山交衆　谷交衆
兒立　弟子譲リ
　殊ニ別紙

法親王　　　　宮僧正
殿ノ僧正　　　公達僧正
御養子宮　　　堂上猶子

右者名目名義ヲ被為正今日ニ当リ神速ニ被為廃度猶如是　聖代ニ被為在候上ハ浮屠氏之改正已ならす神儒仏次第ニ復古改正奉願候事

卯十二月

晃親王は、法親王の還俗、門跡・院家寺院の廃止とその「宗門化」、寺領・殿舎の一時的公収等々、天皇・朝廷と仏教勢力分離の課題を総括的に提起する。親王のかかる改革構想の背景には、復飾した親王による皇室藩塀の充実、それによる皇親政治体制形成という独自の政権構想があった。

ここにおいて、従来の近世朝廷の仏教尊崇の伝統の打破・改編は、王政復古・皇権伸長の全体的課題において、その核心的位置を占めるものであったことが理解されよう。まさに先帝陵竣功の段階に至って、朝廷内外の仏教社会解体の課題は、神祇官太政官再興・諸侯会議開設と連動する、総合的な王政復古構想の中に位置付けられるに至ったのであった。それはやがて、維新政府のもとでの、「神武創業」の理念による徹底的な朝廷改革へと展開を遂げてゆくことになるのである。

五　諡号奉告・王政復古

1　諡号奉告祭

これ以降、新造された孝明天皇陵は、幕末維新の政治過程の進展に即応して、天皇追孝の国家祭祀の斎場として着実に成長を遂げてゆく。これに反比例して、泉涌寺・般舟三昧院で行なわれる仏事[59]はその相対化を余儀なくされる。両寺は、皇室儀礼において占めてきた従来の位置から徐々に後退を強いられてゆくのである。

大喪後、山陵で行なわれた国家祭祀は、諡号奉告祭（二月十六日）と竣功奉告祭（十月二十九日）であった。両儀は、従前の両寺の法会とは截然と異なる、明確な神祇祭祀・山陵祭祀として行なわれたのである。以下、大喪後はじめての山陵国家祭典として行なわれた諡号奉告祭について見てゆきたい。

そもそも諡号とは、崩御ののち、先帝の生前の功績を讃えて追贈する美称である[60]。神武天皇以降、奈良時代までの歴代の漢風諡号は淡海三船によって遡って撰進されたといわれ、これ以降、諡号は、崩御後において、歴代天皇に追贈されるのが例となっていた。ところが平安期以降、天皇大喪の「薄葬化」により、諡号追贈は停止されるのが慣例となっていった。諡号追贈は、第五十九代宇多天皇以降、近世後期の第百十八代後桃園天皇に至るまで、例外を除き、長きにわたって中絶したのである。とりわけ第六十三代冷泉天皇以降の天皇には追号も贈られず、文字通り「天皇ノ文字ヲ廃セラル」（中井竹山『草芽危言』）状態となり、御歴代は単に「院」号をもって奉称されるのみとなっていた。

しかし、近世後期に至り、近世思想の展開・尊皇思想の普及に伴って、朝廷内外に諡号復興の動きが高まってゆく。(61)このような気運の高まりを受けて、近世における諡号は「数百年被廃之処被復上古之遺典」、天保十二年閏正月、第百十九代光格天皇への諡号追贈によって、約九百五十年振りに復興した。諡号奉告に際しては、山陵使が発遣され、泉山へ参向した勅使鷹司輔熙は、御陵と見なされた墓前で諡号追贈を奉告したのである。(62)

諡号は、引き続き第百二十代仁孝天皇にも追諡された。ただしこの時は、山陵使発遣の儀はなく、清涼殿に奉安された御棺の前でその由が奉告されるに止まっていた。(63)しかし、此度の孝明天皇の諡号奉告は、山陵再興に呼応して、「今度山陵亦復典之上者　諡号使参向相当之儀也」、光格天皇諡号奉告の際と同様、勅使参向による山陵祭典として行なわれることとなったのである。(64)

かくて慶応三年正月五日、学習院伝奏の八条隆祐・長岡清熙・唐橋在光の勘進した諡号案が現任公卿一同に示され、一両日中に各自の所存を奉答すべき旨が伝えられた。(65)

御諡号勘文現任公卿一同へ議奏伝　宣見セ下サレ一両日中所存申ヘク同申渡

この下問を承けて、正月七日、現任公卿一同から奉答が提出された。この奉答を承け、一月二十三日、朝議は、大行天皇の諡号を「孝明」天皇と決定したのである。

これより先、一月九日、議奏広橋胤保・柳原光愛は諡号奉告祭典の実施について摂政に伺を立てていた。ここで山陵再興に呼応して、山陵使派遣による諡号奉告祭を、来月十六日をもって行なうべきことが内定したのである[66]。

被奉　御諡號之事　光格帝被立策命奉幣使仁孝帝於御棺前被奉之今度於　　御尊敬者如光格帝御時御葬送後被立山陵使可然哉　柳原予両人摂政殿へ申入仍尊諡號奉幣使発遣来月十六日辰刻幸徳井勘進被　仰出上卿内大臣殿使長官鷹司大納言次官公充朝臣伺定奉行豊房朝臣申渡訖

かくて二月十六日、山陵使長官権大納言鷹司輔政、次官左近衛権少将三条西公充が、勅使として後月輪東山陵に参向した。ただし新帝がなお元服前であり、御拝伝授も未だ行なわれていない状況で、天皇御拝儀は行なわれなかった。鷹司は陵前で、先帝の功績を讃える次の宣命を捧読したのである[67]。

……古の法の随に廃れたる祭祀をも興し賜い、しかのみならず　御代御代の山陵の荒廃をも修め賜ひ繕賜ふ彼と云ひ是と云ひ猶も古に復し賜ふ事の多ければ百官も皆慶仰き公民も厚慈を蒙戴て国家愈泰平に諸臣愈忠誠を懐て仕奉りぬ此食国を能治ぬる事は偏に恤賜ひ衿賜ふが故なりと仰ぎ畏み賜ひて日月と共に長く孝道を盡し仕奉んと　念行せしに……そもそも孝は父を厳にするより大なるは莫しとなむ。かれここをもちて山陵を営み旧儀の随に安く措き賜ふ。又大行あれば大名を受は古典にも存る所なり。

然に御諡を奉らずは山より高く仰奉る　恩徳を伊何にかすべきと　所念すに大臣も其由を進奏すに依て吉日良辰を択定て御諡を　孝明天皇と称白し奉り……

宣命は、孝明天皇の御生涯が諸祭儀復興、とりわけ山陵復興によって祖先に「孝」を尽すことに捧げられたものであることを讃え、この業績に鑑み「孝明」の諡号を追贈する由を奉告した。ここで、先帝の最大の業績が山陵修補・復興による「孝」の実現にあったことが、おくり名の形をもって明確に宣言されたのである。ついで二月十七日には、諡号追贈の由を五畿七道に布告する太政官符が発せられた。

2 「孝明」天皇号の意義

先帝の最大の功績が、山陵修補事業による「孝」の実現にあったことは、同時代の公家社会の共通理解であった。この点を、正月五日の諡号下問の際の原案、およびそれに応えて議奏へ提出された公家の奉答によって見てみよう。まず原案のひとつを作成した八条隆祐の勘進案では、七種の諡号案のうち、五案に「孝」字が用いられていた(68)。

御諡号事

顕孝
孝教
慎孝

孝明
孝慈
霊徳
昭明
隆[上]祐

ついで、各奉答の中から、とりわけ先帝の業績に言及しているもの四点を引いてみよう。

(1) 徳大寺実則

大行天皇尊謚号之事
各雖奉表
聖徳
　慎孝
　孝敬
両号之中殊以可然候乎令
興立祭祀
山陵数百歳之闕典給御孝
徳之
叡旨奉欣慕候者両号適于

御美徳可被挙用哉雖然粢
梲之材難弁可否候尚宜在群議矣
上 実則

(2)
徳大寺公純
可被奉于
大行天皇御謚号之事各雖奉表
聖明
　慎孝
　孝慈
両号之中殊可然候其上旧典御再興之
聖慮奉景行候旁可被採用候歟尚宜任
群議矣
上 公純

(3)
清水谷公正
大行天皇　御謚号事
謹孝之
聖徳聡明能正上下礼等復

仙陵諸社之廃祀光
皇威於万邦令能継
祖考之孝武給可奉称憲徳歟
宣有
叡慮耳

公正上

(4)　無記名

大行天皇御諡号之事伏惟在位中旧典
再興雖不少修理　山陵荒廃之一事殊
再興中之美事衆兆之所冀也因是案引
之孝継可謂至当歟尚可在于群議矣

徳大寺実則は、文久三年二月、はじめての山陵使として神武天皇陵に参向した公家であった。彼は先帝の「令興立祭祀山陵数百歳之闕典給御孝徳之叡旨奉欣慕」から「慎孝」「孝敬」を挙げる(1)。また実則の父徳大寺公純も、「旧典御再興之聖慮奉景行」から、「慎孝」「孝慈」を採用すべき旨を奉答している(2)。清水谷公正もまた、先帝の功績として「復仙陵諸社之廃祀」を挙げていた(3)。さらに、無記名の一奉答も、先帝の数々の旧典再興の中でも「修理　山陵荒廃之一事殊再興」が最大の「美事」であるとし、この功績から

「孝継」の諡号追贈を奉答している(4)。

また山陵御用掛の奉答について見れば、「孝教」「孝明」「孝慈」（柳原光愛）、「孝教」「孝明」（広橋胤保）、「孝明」「孝継」（野宮定功）等、いずれも「孝」字を有する諡号案を挙げていた。ほかに「孝」字を有する案を挙げた者には、近衛忠煕・忠房父子、一条実良、九条道孝、六条有容、冷泉為理、梅溪通善、中院通富、葉室長順、町尻量輔らがいたのである。

以上のように、下問に応えた公家の多くが、先帝の業績を端的に山陵修補事業の達成による「孝」の実践にあると位置付け、かかる天皇の聖徳を明確に顕彰するものとして、諡号に「孝」字を用いるべしとしたのである。このような公家社会の共通認識の上に、諡号「孝明」は治定されたのであった。

翻って考える時、中古以来の朝儀廃典に対する「朝儀再興」の課題は、歴代天皇年来の宿願であった(69)。近世初期以降、神宮例幣（正保四年）、大嘗祭（貞享四年）、新嘗祭（元文五年）等の再興によって「朝儀再興」が軌道に乗ってゆくなかで、かねて荒廃・廃絶に帰していた山陵の修補・山陵祭典の復興は、幕末朝廷に課せられた最大の懸案となっていた。まさに、歴代山陵の修補とその廃典復興が、「朝儀再興」の最後の課題として残されたのである。かくて諸陵の修補およびその祭典復興こそは、孝明天皇が深く切願し、またよく実現しえた課題であった。それこそが、近世朝儀再興史上における孝明天皇の業績であり、歴史的役割であったのである。

このように山陵修補事業を主宰された孝明天皇は、また御親らも山陵に奉祀された上、諡号を奉られたのであった。そもそも前述したように、平安期以降、葬儀に際して奏上される「遺詔奏」の慣例により、山陵造営・追諡・国忌等を停止するのが慣行となっていた。この意味において、孝明天皇喪儀における山陵再興・諡号（天皇号）追贈は、中古以来の朝廷の「薄葬」「仏葬」の伝統の再編であり、それはとりもなおさず、天皇の祖先神への「孝」を、国家統合の機軸として厳然と確立してゆく遠大なプロセスの、不可欠の階梯としての意義を有するものであったのである(70)。

まさに孝明天皇は、歴代天皇の山陵を天皇追孝祭祀の斎場として修補することによって祖先への「孝」を明らかにし、維新以降の皇室祖先祭祀形成の磐石の基礎を確立された。このように考える時、「孝明」諡号は、まさに先帝の御治世における御事績を顕彰し、先帝が次代に向けて遺された最大の業績を要約するものとして追贈されたものであることが理解されよう。

3　山陵竣功・王政復古

孝明天皇後月輪東山陵が竣功成ったのは徳川慶喜の大政奉還（十月十四日）から四日後、十月十八日のことであった。『嵯峨実愛日記』によれば、既に十七日、朝議において、竣功した先帝山陵への「王政復古」の奉告が評議されていた(71)。

巳刻参　内摂政左大臣内大臣両役等参集被議政事中之急務此中今度王政復古先早々可被告　先帝山陵之事万石以上　被召集可被議之事等有議定此事多端商量之儀有之日没之程退出還家

宣命作成の際の仰詞は次のようなものであった(72)。

後月輪山陵造営成ス　帝在世祭典復古シ　山陵ヲ修理賜ヘリ今全其芳績ニ倚ル之ニ依テ使正二位行権大納言藤原朝臣資宗ヲ立ラル　宣命作ラシメヨ

十月二十九日、勅使として権大納言日野資宗が発遣され、忠至はじめ諸陵寮官人が参向、竣功奉告祭典が行なわれた。日野は陵前で次の宣命を捧読したのである(73)。

天皇が詔旨と掛畏き後月輪東山陵に恐み恐みも奏給と奏く　平安宮に天下知食つる先の　天皇の大御世に神を敬ひ人を慈み大坐て絶在る神祭を興復給ひ荒在る　山陵を修理給ひき故今も亦古昔の例に復給て　山陵を令造営給へる随に功成ぬれば其造仕奉終ぬる事を正二位行権大納言藤原朝臣資宗を差使て奏させ給ふ。此の状を聞食て天下を平く安く護り給へ幸給へと恐み恐みも奏給と奏す

かくして孝明天皇陵は、幕末の政治過程が王政復古に向けて集約しつつある歴史段階に併せて竣功した。竣功成った新陵には、十月二十二日から公家・諸侯の参拝が許された(74)。王政復古派の公家、中山忠能（二十六日）・正親町三条実愛（二十八日）も相次いで参拝を

行なった。正親町三条は、陵前において王政復古の成就を祈念したのである。(75)

……午刻著雁衣出門網代輿供如例　詣于仙遊寺　先帝御陵築造成功了依之諸臣所参拝也結構営造当今之盛事也先以今般　王政復古奉告之追々　朝威赫赫可輝八表之儀奉専念之此後奉拝　光格天皇　仁孝天皇前新清和院等　御廟同上奉告且念申了申刻許還家

先帝陵参拝の翌日、十月二十七日、明治天皇に拝謁した中山忠能は、幕府献上の『山陵図』を披露しつつ、山陵修補事業について奏聞を行なった。(76)『山陵図』は、神武天皇から孝明天皇陵に至る「荒蕪之元形」「修理之新形」を各陵毎に描き、かつその由緒・所在考証（谷森善臣作成）を付したものであり、まさに新帝に供覧された山陵修補事業の事業報告書というべきものであった。

一、午半計参　内召御前禁秘御抄中上　賜美菓又山城大和河内和泉摂津並丹波等去戊年已来御修理　山陵悉成就ニ付戸田大和守盡力御図面各荒蕪之図御修復成就之図　山城一帖一筥余五国一帖一筥泉山一帖一筥等且御由緒帳面二筥等一昨日自徳川家献上之由見給又子細一々御尋有之去二十一日大和守申述之子細一々言上予延喜式持参合見申上了　賜菓子

新帝は、中山の奏聞と『山陵図』御覧によって、廃絶していた山陵を天皇追孝の祖先祭祀の斎場として再生せしめた山陵修補事業の達成について、「子細一々御尋」をもってきこしめされた。十一月二十日、天皇は、『山陵図』の作成者、戸田忠至を御所に召し、賞品を下賜されたのである。

かくして明治天皇は、先帝の山陵修補事業の達成を承け、初代から先代に至る一系の皇統の明確化を背景として即位、「神武創業」の理念のもと、維新の政治変革・国民国家形成に臨まれることとなられたのである。

おわりに

以上において見てきたように、孝明天皇大喪に伴う先帝陵造営は、文久・慶応期における初代神武天皇陵修補・歴代天皇陵修補とその国家祭祀創出を承け、文久修陵事業を総仕上げする意義を有していた。ここにおいて、「初代」「歴代」山陵の修補に呼応して、「先帝」奉祀の山陵が竣功、そこにおける国家祭典が開始されるに至った。それは、維新政府のもとでの歴代天皇の神霊を合祀した「皇霊」鎮祭の基盤となり、神武天皇祭・先帝祭等の皇霊祭祀を中核とする近代皇室祭祀形成の不可欠の前提となったのである。

慶応三年四月二十四日、戸田忠至は、松平春嶽と会見、孝明天皇御陵造営・大喪の執行経緯について自ら語っていた。以下、忠至の語るところに即して、先帝御陵造営・大喪儀の意義を見て行きたい(77)。

戸田云　先帝山陵の制総て古制に依らるゝ事となりしハ先年御歴代の山陵御修補の事を公の格別に御盡力ありし故なり公云決して左にあらす全く足下の御盡力一方ならさ

るに依れり

忠至によれば、先帝陵造営は、春嶽の周旋を得た歴代天皇修補事業実現があってこそ可能となったのであった。すなわち孝明天皇陵造営は、「先年御歴代の山陵御修補」の達成を前提とすることによってのみ、はじめて実現し得たのである。

ついで忠至は、天皇大喪儀において、従来の寺門主導の葬儀に加えた変更について、以下のように回想している。

御葬所へ渡御あらせられるハ従前此所に龕前堂を造られ此龕前堂にて僧とも御引導申上夫より松火に火を點し御火葬の式を行ひ（御火葬ハ中古以来廃せられ形ばかりの式を行ふよし）御車に火を移さんとする所にて供養の堂上残りなく引き取られ夫より僧のミにて御葬穴へ奉送し是を御密行と唱へ又此御途中ハ銀箔金箔の蠟燭数百本を點せしよしなるが今度ハ龕前堂の称を改め御車所《ママ》と称する事になり御車渡御在らせられし時泉涌寺長老御引導申上しのミにて御密行の式なく御陵の下まで御車のまゝ曳き奉り夫より御輦車ニ移し御石郭の所へ渡し奉れり

このように孝明天皇大喪儀においては、山陵造営という新儀を機軸として、従来の寺門の葬儀を相対化、山頭儀を廃し、龕前室を御車舎と改称して御車のまま通御せしめると共に、泉涌寺後方の後月輪山に、寺門から分離した神祇式による祭祀空間を創出しえたのであった。それは、これ以降の近代皇室大喪儀形成の重要な前提となったのである。かくして孝明天皇陵の竣功をもって、初代から先代に至る歴代諸陵は、天皇追孝の新しい国家祭祀の斎場として、明確に定置されるに至ったのである。

最後に、孝明天皇陵造営の歴史的意義とその社会的影響を語る資料を引いて本章の結びとしたい(78)。この資料は、明治四年四月、徳島藩の国学者小杉榲邨が作成した神葬祭奨励の布達案であり、孝明天皇陵の造営を以下のように意義付けていた。

……サレハ　孝明天皇不世出ノ英主ニマシ〳〵明慮ノ　御資質ヲ以テ苒域ヲ総ヘ古道ヲ温補シテ新民ノ道ヲ開キ給ヒ　今上帝其御遺志御継述アラセラレ慶応戊辰ノ春太政御教化ノハシメ庶務ニ先タチテ御祭　尊ヲ循シテ天神地祇ニ誓ハレ大ニ　皇政ヲ振ヒ神道ヲ以テ天下ヲ教導シ玉ヒ　神武天皇御創業ノ古ヲ追慕アラセラレ神道ト宝祚ト相維持シテ無窮ニ隆盛ナラシムヘキ無上ノ大基礎ヲ立サセラレ　御践祚ノ際　孝明天皇山陵ノ事ニ於ル一々古礼ヲ考テ千歳不備ノ廃典ヲ興サセラレ神葬式ヲ以テ是ヲ奉祀セラレ是全ク　皇孝ノ御遺旨恐レ多モ　至尊ノ　聖躬ヲ以テ衆庶ニ先タ、サレ其趣向スル所ヲ知ラシメラレタリ今当座ニ於テ　皇国ノ本教ヲ宣崇仏ノ汚俗ヲ濯キ士庶ヲ擇ハス　神州ノ神民ナレハ神道ヲ奉シ神政ニ服シ神ノ神タル幽冥ノ理ヲ知ラシメテ以テ名実ヲ正シ聖上御精励国治ノ盛政ヲ報シ奉リ……

これによれば、孝明天皇山陵こそは、王政復古・維新変革の到来を告げる象徴的モニュメントであり、その造営は、「不世出ノ英主孝明天皇」の跡を承けて践祚された明治天皇の、神武創業の精神に基付く廃典復興の第一着手にほかならなかった。新帝による先帝陵の造営とそこにおける国家祭祀の開始は、中古以来の「薄葬」「仏葬」の否定の上に立った「孝」の実践であり、やがて次代において確立されるべき、ありうべき国民道徳の規範を示すものにほかならなかった。それは、皇室の祖先祭祀を、国家秩序の根軸・国民統合の機軸として位置付けてゆく試みの、端緒を開くものであったのである。小杉はこのような理解から、孝明天皇陵造営を契機として行なわれるべき、新時代に向けた葬祭改革・祖先祭祀確立について、明確な展望を提起している。

かかる皇室祖先祭祀形成の課題は、明治初年における近代国家建設の過程、「初代」神武天皇の創業に習った革新政治遂行の過程で、顕著な展開を遂げてゆく。すなわち、明治元年十二月、先帝の崩御当日に行なわれた孝明天皇三周正辰祭を以って、天皇を祭主とする宮中・山陵親祭が実現、ここで正辰当日、宮中・山陵で天皇親祭の祖先祭祀を行なってゆく態勢の基礎が整えられる。この態勢は、版籍奉還から廃藩置県に至る中央集権国家の形成過程において一層拡充し、東京神祇官神殿への「皇霊」鎮祭（明治二年）、その宮中賢所同殿遷座（明治四年）へと展開を遂げてゆき、皇祖神・皇霊を、神宮・山陵とのかかわりにおいて祀る、近代の天皇親祭体制の形成へと帰結してゆくに至るのである。(79)

右のような展望において、維新政府下、はじめての「先帝祭」として行なわれた孝明天皇三周正辰祭の歴史的意義を、維新変革とのかかわりにおいて検討することを次章の課題

としたい。(80)

註

(1) 拙稿「文久・元治期における神武天皇祭の成立」(上)(下)(『神道宗教』一三七号・一三八号)本書第二章収録、「神武天皇陵修補過程の一考察」(『皇学館大学神道研究所紀要』第七輯)、本書第三章収録。

(2) 文久修陵事業に関説した戦前の研究書としては、後藤秀穂『皇陵史稿』(木本事務所、一九一三年)、金杉英五郎『山陵の復古と精忠』(日本医事週報社、一九二六年)、日本歴史地理学会編『皇陵』(一九一四年)、上野竹次郎『山陵』(山陵崇敬会、一九二五年)、藤井貞文『近世に於ける神祇思想』(春秋社松柏館、一九四四年)、戦後の代表的な研究として戸原純一「幕末の修陵について」(『書陵部紀要』一六号、一九六四年)、『宇都宮市史』第六巻(宇都宮市、一九八二年)近世通史編第六章第三節(雨宮義人執筆)、最近の研究書としては茂木雅博『天皇陵の研究』(同成社、一九九〇年)、西田孝司『雄略天皇陵と近世史料』(末吉社、一九九一年)。

(3) 前掲戸原純一論文参照。

(4) 山陵修補事業における戸田忠至の役割については拙稿「孝明天皇と戸田忠至」(『不二』四七巻三号、通巻五一二号)、忠至の生い立ちについては外池昇「間瀬和三郎と戸田家――文久の修陵以前――」(『調布日本文化』六) 参照。なお原島陽一・松尾正人「岡谷文書――幕末・明治書翰類――」(一)(二)(国文学研究資料館史料館『資料館研究紀要』一四・一五)に、忠至の書翰・関連資料が多数収録されている。

(5) 『孝明天皇記』第五、五〇二～五〇四頁。

(6) 「広橋胤保日記」『山陵御修補関係書類』(宮内庁書陵部所蔵)

(7) 『泉涌寺史』本文編(法藏館、一九八四年)四五八頁、『安達清風日記』(日本史籍協会、一九二六年)五〇八頁。

(8) 前掲註(2)戸原論文参照。

(9) 所在不明とされた山陵は、顕宗天皇陵、武烈天皇陵、弘文天皇陵、淳仁天皇陵、桓武天皇陵、光孝天皇陵、村上天皇陵、冷泉天皇陵、三条天皇陵、二条天皇陵、安徳天皇陵、順徳天皇陵、仲恭天皇陵、長慶天皇陵の一四陵であった。

(10) この他、山陵御用掛と山陵奉行の協議により、山陵取締長一〇一人に白銀三枚宛、守戸三六六人に白銀二枚宛、合計銀一〇三八枚の賞金が下付された。さらに、山陵修補の功績により、徳川家に対して「神武帝山陵多年荒廃今度修補成功ニ付被勧商大樹先代秀忠家光等神號宣下御内意被仰下」従来の東照宮に加えて、秀忠・家光への神号宣下の御内意が示された(『広橋胤保日記』、閏五月二二日条)。また慶応二年三月二一日、戸田忠至は、山陵修補の功績により、宗家より一万石を分知され、高徳藩を興すことを許された。

(11) 「野宮定功日記抜粋」『山陵御修補関係書類』。

(12)「拝所」の意義については大平聡「公式合体運動と文久の修陵」(『考古学研究』三一巻二号・通巻一二二号)参照。
(13)祭祀者としての孝明天皇については拙稿「安政五年の三社奉幣」(『明治聖徳記念学会紀要』、復刊第六号・第七号)本書第一章に収録参照。
(14)『中山忠能日記』第二(日本史籍協会、一九一六年)、六六〇頁。
(15)原口清「近代天皇制成立の政治史的背景――幕末中央政治の動向に関する一考察――」、(遠山茂樹編『近代天皇制の成立』岩波書店、一九八七年)、同「孝明天皇と岩倉具視」(『名城商学』第三九巻別冊)、同「明治太政官制成立の政治的背景」(『名城商学』三八巻一号)参照。
(16)『大日本維新史料稿本』、慶応二年一二月二五日条(東京大学史料編纂所所蔵)。
(17)『泉涌寺史』本文編、四六七頁以下参照。
(18)『大日本維新史料稿本』、慶応三年正月二七日条。
(19)『泉涌寺史』本文編、四六八頁、『明治天皇紀』第一(吉川弘文館、一九六八年)、四六二～四六三頁。
(20)『中山忠能日記』第三(日本史籍協会、一九一六年)、一三七～一三八頁。
(21)『明治天皇紀』第一、四六一頁。
(22)幕府による摂関制を利用した朝廷統制については高埜利彦「江戸幕府の朝廷支配」(『日本史研究』三一九号)、同「禁中並公家諸法度についての一考察」(『学習院大学史料館紀要』

五）参照。

(23)『大久保利通日記』一、三三五〜三三六頁。『中山忠能履歴資料』八、四二〇〜四二二頁。

(24) 井上勲『王政復古——慶応三年十二月九日の政変——』（中央公論社、一九九一年）、一〇三頁以下参照。

(25) 前掲註(13)原口論文および前掲井上書参照。

(26)『孝明天皇紀』第五、九三五〜九三六頁。

(27)『史談会速記録』一一輯（史談会、一八九三年）、八五〜八六頁。

(28) 前掲註(1)拙稿参照。

(29)『大日本維新史料稿本』、慶応三年一月三日条。

(30)『大日本維新史料稿本』、慶応三年一月三日条。

(31) (1)は「慶応丁卯筆記」『大日本維新史料稿本』慶応三年一月三日条、(2)は『孝明天皇御凶事』一（宮内庁書陵部所蔵）、本書は四冊からなり、孝明天皇陵修造・大喪儀の基本資料である。以下の本章の叙述もこの資料に依拠するものである。

(32) (1)は「慶応丁卯筆記」『大日本維新史料稿本』慶応三年一月三日条、(2)は「広橋胤保日記」『山陵御修補関係書類』。

(33)『泉涌寺史』本文編、四六七頁。

(34) (1)は『孝明天皇御凶事』一、（宮内庁書陵部所蔵）、(2)は『史談会速記録』一一輯、九〇頁。

(35) (1) aは『孝明天皇御凶事』一、bは「附武士送翰抄」三（『岩倉具視文書』国立国会図書館憲政史料室所蔵)。(2)は『孝明天皇御凶事』一。
(36)「広橋胤保日記」『山陵御修補関係書類』。
(37)『史談会速記録』一一輯、八八頁。
(38)「広橋胤保日記」『山陵御修補関係書類』。
(39)以下の記述は『孝明天皇御凶事』一、『泉涌寺史』本文編、四六七～四七〇頁による。
(40)『孝明天皇御凶事』一。
(41)「広橋胤保日記」『山陵御修補関係書類』。
(42)(1)は『孝明天皇御凶事』一、(2)は「広橋胤保日記」。
(43)『孝明天皇御凶事』一。
(44)近代の皇室喪儀は英照皇太后(明治三十年)、明治天皇(大正元年)、昭憲皇太后(大正三年)喪儀を経て、大正十五年公布の「皇室喪儀令」によって法的整備に至った。
(45)「編年雑録」『大日本維新史料稿本』、慶応三年五月三日条。
(46)『公文録』明治二年七月一七日高徳藩伺(国立公文書館所蔵)。
(47)『史談会速記録』一一輯(史談会、明治二六年)、九二～九三頁
(48)「陵制ニ関スル愚見ヲ陳シテ大喪儀ノ制ニ及フ」『牧野伸顕文書』(国立国会図書館憲政史料室所蔵)。
(49)皇室の陵墓の制は、「皇室喪儀令」と同年に制定された「皇室陵墓令」によって法制化されるに至った。

(50) 後月輪東山陵の全景図は『御陵画帖』（国立公文書館内閣文庫所蔵）所収。本画帖は、文久修陵前の「荒蕪図」と修陵後の「成功図」を各陵毎に描いたものであり、徳川慶喜が慶応三年十月朝廷に献上した『山陵図』の複本であると推測される。中井正弘『仁徳陵　この巨大な謎』（創元社、一九九二年）一二五頁以下参照。

(51) (1)は『続昨夢紀事』六（日本史籍協会、一九二二年）一四七頁、(2)は『尾崎忠征日記』一（日本史籍協会、一九三二年）一九三～一九四頁。なお薩摩藩の小松帯刀は、町田実種宛の書簡（一月四日付）で「此節者　御陵御建立之御模様ニ有之誠ニ左モ有之度事ニ卑賤之身迄モ相願居事ニ御座候」と記し、山陵再興が、「卑賤之身」に至る迄のかねてからの宿願の成就であったことを書信していた（『大日本維新史料稿本』慶応三年一月三日条）。また、近衛家を通じた陵所変更工作については『尾崎忠征日記』一、正月九日条・十日条・十一日条参照。

(52) 『史談会速記録』一一輯、八七頁。

(53) 『牧野伸顕文書』（国立国会図書館憲政資料室所蔵）。

(54) 『史談会速記録』一一輯、八六～八七頁。

(55) 拙稿「文久・元治期における神武天皇祭の成立」（上）（下）（『神道宗教』一三七・一三八号）本書第二章収録。

(56) 『岩倉具視関係文書』一、二三七頁。

(57) (1)は「中御門経之国是建言書」『中御門家文書』上巻（早稲田大学社会科学研究所、一九六四年）一一三〜一一四頁、(2)は『復古記』一（内外書籍、一九三〇年）一五六頁。

(58) いずれも「慶應丁卯冬王政復古関係之件」（『岩倉具視文書』国立国会図書館憲政資料室所蔵）。なお、晃親王は、文久三年二月の青蓮院門跡朝彦親王の復飾に続き、元治元年二月に島津久光の周旋で復飾、山階宮を設立し、朝議に参画するようになっていた。晃親王については『山階宮三代』（上）（山階会、一九八二年）参照。なお、皇室と仏教勢力の密接な関わりについては、下橋敬長述・羽倉敬尚注『幕末の宮廷』（平凡社、東洋文庫、一九七九年）二三一頁以下、佐野恵作『皇室と寺院』（明治書院、一九三九年）参照。

(59) 泉涌寺・般舟三昧院においては、二月四日に初七日、二月六日に二七御法事、二月八日に三七御法事、二月一〇日に四七御法事、二月一三日に五七御法事、二月一六日に六七日御法事、四月六日に百箇日忌御法要、一一月六日に山陵御成功御法会、一二月九日に一周忌御法会等の仏事が行なわれていた。

(60) 諡号については『帝室制度史』第六巻（吉川弘文館、一九七九年）参照。

(61) 藤田覚「天皇号の再興」（『別冊文藝　天皇制〔歴史　王権　大嘗祭〕』河出書房新社、一九九〇年）所収。

(62) 『帝室制度史』第六巻、六八二頁以下、『水戸藩史料　別記』上、二三〇〜二三四頁。

(63) 『孝明天皇紀』第一、一八〇頁以下。

(64) 『嵯峨実愛日記』二（日本史籍協会、一九三〇年）、一七頁。

(65) 「孝明天皇御凶事」三（宮内庁書陵部所蔵）。

(66)「広橋胤保日記」『山陵御修補関係書類』。
(67)『孝明天皇御凶事』三。
(68)『孝明天皇御凶事』三。
(69)近世の朝儀再興については、藤井貞文『近世における神祇思想』、藤田覚「寛政期の朝廷と幕府」(『歴史学研究』五九九号)、米田雄介「朝儀の再興」(辻達也編『日本の近世』2天皇と将軍、中央公論社、一九九一年)参照。
(70)持統天皇朝以降における薄葬への転換については和田萃「殯の基礎的研究」(『史林』第五二巻五号)、のち『日本古代の儀礼と祭祀・信仰』(上)(塙書房、一九九五年)収録参照。
(71)『嵯峨実愛日記』二、一七二頁。
(72)『孝明天皇御凶事』四。
(73)『孝明天皇御凶事』四。
(74)『中山忠能日記』三、三六八頁。
(75)『嵯峨実愛日記』二、一七八頁。
(76)『中山忠能日記』三、三八一頁。『嵯峨実愛日記』二、一九一頁、『明治天皇紀』第一、五三六頁。十月二十一日、忠至は中山邸を訪れ、「一々子細被申述此由何卒巨細奏聞内願」と新帝への山陵修補事業奏聞を依頼していた(『中山忠能日記』三、三七三頁)。
(77)『続昨夢紀事』六(日本史籍協会、一九二二年)、一四六～一四八頁。
(78)『葬祭儀　諸家集説』(国立国会図書館所蔵)。本資料は「辛未四月十八日」の日付を有する。

(79) 拙稿「近代天皇祭祀形成過程の一考察――明治初年における津和野派の活動を中心に――」(『井上順孝・阪本是丸編『日本型政教関係の誕生』第一書房、一九八七年)、「明治神祇官の改革問題」(『國學院雜誌』第八八巻三号) 本書第六章収録、「明治初年の神祇官改革と宮中神殿創祀」(『國學院雜誌』第九〇巻八号) 本書第七章収録参照。

(80) 拙稿「明治元年における先帝祭の成立」(『國學院大學日本文化研究所紀要』第七二輯) 本書第五章収録参照。

第五章　明治元年における先帝祭の成立

はじめに

本章は、慶応三年における孝明天皇陵造営について検討した前章に続き[1]、明治元年、維新政府下においてはじめての宮中における神祇式先帝追祭として行なわれた孝明天皇三周正辰祭実現に至る過程について、「神武創業」「祭政一致」を理念として行なわれた維新変革遂行とのかかわりにおいて考察しようとするものである[2]。

慶応三年十二月九日、「諸事神武創業ノ始」に基付く王政復古の大号令が渙発、摂関・幕府が廃止され、ここに王政復古政府が神武天皇の創業を規範とすることが宣言されるに至ったのである。新帝明治天皇御自身、「創業神」神武天皇の再来として、神武天皇の創業に習って新しい天皇親政の国家を創業してゆくべし、というのが維新政府に結集した改革派の共有する理念であった[3]。

そもそも、あらゆる集団は、おのおのの創業神と創業神話を有し、存続の危機に際して、その創業の精神を喚起することによって、集団の凝集力を再生させようとする。まさに神武創業の理念こそは、近代の王政の開始にあたっての、国家の創業神話への回帰にほかならなかった。このような神武創業の理念は、同時に維新の全過程を通じて、天皇親祭の国家祭祀に如実に反映したのである。神武創業の理念は、「天皇親政」「天皇親祭」「祭政一致」「天皇追孝」等の概念と不可分の関連にあった。すなわち、建国の創業者であると同時に祖先神への祭祀者であった神武天皇同様、明治天皇もまた、政治の総覧者（天皇親政）・祖先神の祭主（天皇親祭）として親臨、神武創業を範とした革新政治を遂行してゆかなければならない（「祭政一致」）[4]。

明治天皇は、維新変革の過程において、この一連の理念を背景として、元年二月の初代神武天皇山陵御拝に始まり、国是五箇条御誓文親祭、即位式、山陵親謁を経て、十二月の先代孝明天皇祭に至る一連の祭儀を親祭されていったと筆者は理解している。このような神武天皇像に由来する「創業」実現の背景には、文久修陵事業における神武天皇陵・歴代天皇陵の修補、先帝山陵造営による皇室陵墓復興達成という事態があった。まさに王政復古直前の段階において、初代神武天皇から先帝孝明天皇までに至る陵墓が復興、歴代天皇の神霊を一括して「皇霊」として祭祀しうる段階に到達していた。ここに、天皇親政による革新政治遂行の根拠として、天皇親祭の皇霊祭祀形成が要請されてゆくことになるのである。

維新政府の出発を宣言した画期的な国家祭祀、国是五箇条御誓文親祭（以下誓祭と略称）は、通常天神地祇祭典として理解されているが、しかしそれが直前の神武天皇陵御拝儀を前提とし、後に続く山陵親謁をその不可分の儀礼とする点については従来あまり顧慮されてこなかった。しかし誓祭は、同日に頒布された宸翰と不可分なのであって、宸翰に示された祖宗への政治責任を根本とする新しい天皇政治の在り方の本質上、それは、天皇自らの祖宗への奉告——山陵親謁・天皇親祭の皇霊祭祀形成——をその延長線上に必然化するものであったと考えられる。つまり誓祭は、それを額面通りの天神地祇祭祀としてではなく、神武天皇陵御拝儀以来の皇霊祭形成の脈絡に位置付けて見ることによってこそ、その意義を正当に理解することができるように思われる。

しかし山陵親謁の実現は、おそらくは近世朝廷の浄穢意識にとらわれた守旧勢力の反発・抵抗により、長期間の延引を余儀なくされる。山陵親謁は、官武一途の国家祭典として行なわれた即位式の新式による執行の直後に、ようやく実現されるに至った。それは、誓祭・宸翰で明らかにされた祖宗への責務の実践であると共に、天皇親らの行為をもってする近世朝廷の陵墓・葬祭にかかわる禁忌の打破にほかならなかった。

かくして十二月、東京よりの遷幸直後、神武天皇の正辰祭典に呼応する、孝明天皇の正辰祭典が、宮中・山陵における天皇親祭の先帝祭祀として行なわれるに至る。それは、慶応三年における孝明天皇山陵造営実現、明治元年八月における山陵親謁実現を承け、崩御日を祭日とした、はじめての先帝神祇式追祭・先帝陵親拝祭典であった。ここにおいて、文久三年の「初代」神武天皇陵修補、元治元年の神武天皇正辰祭制定に呼応し、「先帝」

の正辰祭が開始されることになった。それは、これ以降の維新変革の過程において、「神武天皇祭」と「先帝祭」を中核とする近代皇霊祭祀形成へと展開を遂げてゆくことになるのである。

かつて明治初年の山陵行政を検討した藤井貞文氏は、結局当時の政策担当者は、山陵の穢の問題を解決できず、故にその施策は「不徹底」に終わらざるをえなかったと結論付けた[5]。しかし本章で検討するように、神武創業を存立の根拠とした維新政府にとって、山陵・皇霊への祭祀は、いわば政権存立の根幹にかかわる国家祭祀だったのであり、それは天皇の山陵行幸・宮中への皇霊鎮祭という前代未聞の新儀を実現するまでに進展したのである。それこそが、「神武創業」の理念のもと、新天皇像形成の課題と連動、近代天皇制度形成の重要な一側面を形成していったと考えられる。

以下、本章においては、明治元年、孝明天皇三周正辰祭に至る維新政府下の天皇親祭祭祀の進展過程を、神武創業を理念とした維新変革遂行とのかかわりにおいて検討し、近代皇室祭祀形成上におけるその意義を明らかにしてゆきたい。

一　王政復古・神武創業

1　神武創業

周知のように、維新政府は王政復古の大号令によって誕生、神武創業を標榜して出発した。つまり、王政復古とは、神武創業による御一新にほかならなかった。筆者は別稿(6)で、文久・元治期における神武天皇山陵修補・神武天皇祭典の創出に呼応して、神武天皇像を根拠とした天皇像、天皇親征を要請する政治思想が政局を主導するに至った過程を跡付けた。王政復古に際して、山陵修補事業達成・先帝陵造営という事態を背景に、神武創業の政治思想は、民族的・軍事的結集を用意する理念として、全面的に復活したのである。

神武創業の国是は、十二月九日の王政復古の大号令で宣言されたが、もともと大号令の原案に「諸事神武創業ノ始ニ原キ」の語はなく、その箇所は、単に「総テノ叓中古以前ニ遡回シ」という表現を用いるのみであった(7)。「中古以前」から神武「創業」への改定に至って、大号令の政治思想は積極的「創造」の理念へと進展を遂げたというべきである。かくして神武創業とは、天皇を主体とする「創業」の宣言であり、新帝の自由な立場からの創業政治——新しい政治の創造——への出発にほかならなかった。

大号令渙発を要請する岩倉の上奏書(8)は、「方今海外諸国大小戮力富強之術日々相開万里雄飛宇内之形勢一大変之今日ニ相及候」という対外的危機に即応するために、王政を根軸

料金受取人払郵便

京都中央局
承　　認

5829

差出有効期間
2025 年2月
22 日まで

(切手をはらずに
お出し下さい)

郵便はがき

6008790

110

京都市下京区
正面通烏丸東入

法藏館 営業部 行

愛読者カード

本書をお買い上げいただきまして、まことにありがとうございました。
このハガキを、小社へのご意見またはご注文にご利用下さい。

お買上 **書名**

＊本書に関するご感想、ご意見をお聞かせ下さい。

＊出版してほしいテーマ・執筆者名をお聞かせ下さい。

お買上 **書店名**	区市町	**書店**

◆新刊情報はホームページで　http://www.hozokan.co.jp
◆ご注文、ご意見については　info@hozokan.co.jp

23. 02. 50000

ご氏名《ふりがな》	年齢　　歳　男・女
〒□□□-□□□□ ご住所	電話
ご職業 (ご宗派)	所属学会等
ご購読の新聞・雑誌名 （ＰＲ誌を含む）	

ご希望の方に「法藏館・図書目録」をお送りいたします。
送付をご希望の方は右の□の中に✓をご記入下さい。　□

注 文 書

月　　日

書　　名	定　価	部　数
	円	部
	円	部
	円	部
	円	部
	円	部

配本は、○印を付けた方法にして下さい。

イ. **下記書店へ配本して下さい。**
（直接書店にお渡し下さい）

（書店・取次帖合印）

書店様へ＝書店帖合印を捺印の上ご投函下さい。

ロ. **直接送本して下さい。**
代金（書籍代+送料・手数料）は、お届けの際に現金と引換えにお支払下さい。送料・手数料は、書籍代計16,500円未満780円、16,500円以上無料です（いずれも税込）。

＊お急ぎのご注文には電話、ＦＡＸもご利用ください。
電話 075-343-0458
FAX 075-371-0458

（個人情報は『個人情報保護法』に基づいてお取扱い致します。）

とした国家体制整備が急務であると訴える。そのためにはまず何よりも「名分」の再編成――天皇の統治大権を回復する国家体制の再編成が行なわれなければならない。そもそも、中葉以来、天皇は、「中葉以往大権ヲ覇府ニ掌握シ文武ニ分レ天下大勢一変イタシ　朝廷者全被為擁虚器候御姿ニテ上不知有　皇帝之流弊ト相成愧之甚敷次第ニ御坐候」国家君主としての実権を失い、虚器を擁するに過ぎない形式的存在と化していた。それ故、王政復古にあたって必要なのは、統治大権、とりわけ政権・兵馬の権の回復であった。

故に明治天皇は、「叡慮　祖宗ノ遺跡ニ則リ天下ノ公議ニ拠リ断然　御親征ノ大典ヲ被為決[9]」、祖宗の遺跡、すなわち親ら軍事行動の先頭にたって国家統一をなしとげた神武天皇の「遺跡」に習い、「恐多クモ　聖上躬親万卒ニ先立テ　御苦労被為[10]」、幕府の征夷権を否定、強力なリーダーシップをもって天皇親征を断行しなければならない。二月三日、太政官代二条城行幸による天皇親征詔渙発は、このような天皇像を根拠とする天皇親征構想の実現にほかならなかった。ここで天皇は、討幕戦争遂行のため親ら親征に赴く旨を宣言、東征大総督熾仁親王をはじめ各先鋒総督に親らの武権を分掌せしめたのである。それは、天皇の軍事大権の行使であり、来るべき天皇東征の先触れにほかならなかった。

2　天皇行幸・朝廷改革・創業

このような天皇親征構想は、同時に天皇親政確立のための朝廷改革構想と連動していた。

その事情は、周知の一月十七日付の大久保利通建議によく示されている。ここで大久保は、「本朝ノ盛時ニ則ラセ」天皇親ら大坂に親征し、そのまま同地に遷都、千年の王都の陋習を去り、新天地で新しい天皇政治実現を目指さなければならないとする。ここにおいて天皇親征は、同時に、天皇を主体とした徹底的な政治改革、すなわち「創業」に繋がってゆくのである。かかる天皇行幸構想が、そのまま天皇の「創業」による改革構想と連動していた事情を、二月以来国元より上京していた大木民平（佐賀藩士・徴士）の元年二月十一日付建白（副総裁三条実美宛）から窺ってみよう[11]。

まず大木は、現下の情勢に対処する上からも、さらには新国家創業の基礎を形成する上からも、天皇東征が急務である所以を訴える。

一　大仇東ニ走リ天下風従大小之諸藩媚ヲ闕門ニ求メ節ヲ
　朝廷ニ効サン事ヲ願者不可勝数且方今之
　御様子奉窺候處
　朝廷固習大ニ破レ区々之小節ヲ以テカ、ワリト為ス之ヲ已往ニ尋ルニ如此之盛事ヲ不
　見識ニ是
　皇業大ニ成之秋也此際乗ジ
　皇室ヲシテ数百千年之事業ヲ大定シ以テ

皇國之國体ヲ光張シ以テ海外万国ヲシテ臣儀ヲモ表セシムラニ至ラシムルノ御基礎ヲ御確定ナクンバアルベカラズ然則今已ニ成ルニ近シト雖モ前途実ニ遠シ依テ今日ヨリ将来迄其為ストコロノ大綱条目預メ御考量ナクンバアルベカラズ故ニ其ノ目的ヲ概論スレバ乃左ノ事件ニ出ンカ

一　皇業御確定之事

一　御國体光張之事

一　天下治安之事

一　兆民ヲ蕃植シ永々久々之大利ヲ可興事

何ヲカ

皇業御確定ト云々

一　今之時ニ方テ其尤急成ル御処分ハ征討ニアリ巨賊東ニ走リ東人肝胆已ニ落鳳輦之向フ所タレカ一矢ヲ放ンヤ速ニ巣穴ヲ覆シ天下之人心ヲ御一定可有之候孫子曰智巧ハ不如拙速仰キ願クハ今日之事拙速ニアリ

そもそも皇業基礎確立・創業実現のための不可欠の方途は、天皇親らの行幸・親征、とりわけ東国親征にある。大木によれば、天皇東幸こそ、「皇室ヲシテ数百千年之事業ヲ大定」せしめる切り札であった。このように大木建白は、一月段階の大久保の大坂遷都構想に対して、二月段階の政治情勢の一層の進展を背景として、天皇の東京行幸・東西両京往復構想を提起するところにその特色があったのである。

一　夫レ
皇澤之東州ニ霑ラサルヿ殆ト千年ニ近シ故ニ今日ニ当リ鎮府ヲ東州ヘ被置候トモ数千百年之御事業ヲ被大定之御礎基トト《ママ》云ベカラス関東城邑封地御収之上江戸城ハ則東京ト御定被成今之京ト浪花トヲ一ニシテ西京ト被定左候テ乍恐
天子年ニ一度或ハ両度東京ニ行幸可相成而テ後来ノ処東西京之間地勢ヲ計リ山ヲ抜キ谷ヲウメ鉄路ヲ開キ以テ東方御経営ノ基礎道路従来之便ヲ計ルベシ
如此之事即今ニハ可被行ニアラスト雖モ将来之目的今日ヨリ御地定成ラザルニ於テハ後来トテモ被行間敷ナリ

そもそも東国は、元来天皇の恩沢のあまり及ばない地域であった。それ故にこそ、まず何よりも東国確保こそ、全国政権としての維新政権の死活の課題なのであった。東国の人心を速やかに掌握するためには、江戸を東京と定め、天皇親ら東幸、天皇親政による東国経営を行なわなければならない。かくして、新国家創業の基本は、京都・大坂を西京、江戸を東京とし、天皇自ら東西両京を往復、もって東西一視の実を挙げることにある。

一　昔シ熊襲反スル時ハ
中哀(ママ)帝筑紫ニ御下リ韓之不恭
神后親ラ臨御ス

中古以来数千百年
天子在深宮ヲ以テ平常之格トス殊ニ今日迄之処数十百年諸藩碁布各其家政ヲ以其民ヲ治ム於是
皇澤下ニ塞ルニ似タリ幸ニ此事会ニ乗シ上ハ
朝廷之常格ヲ破リ下ハ天下人心ヲ一洗スベシ仰キ願クハ東国ヤ、定ラバ乍恐天子諸州へ御巡狩有之度是則先皇之御遺典ニシテ舜禹ノ行フ所ナリ

古代の歴代天皇は、率先して「諸州へ御巡狩」し、各地へ「親ラ臨御」したのであり、これこそが「先皇之御遺典」にほかならなかった。まさに天皇巡行こそ、古来の天皇政治の要諦にほかならなかったのである。しかしやがて皇室の衰微に伴い、「中古以来数千百年天子在深宮ヲ以テ平常之格トス」と、天皇は御所内での安座・垂拱を専らとすることが強固な伝統と化していった。

大木は、かかる中古以来の禁忌を払拭、「上ハ朝廷之常格ヲ破リ下ハ天下人心ヲ一洗ス」「仰キ願クハ東国ヤ、定ラバ乍恐天子諸州へ御巡狩有之度是則先皇之御遺典ニシテ舜禹ノ行フ所ナリ」、古代の親征巡狩の天皇像への復帰を求める。すなわち明治天皇は、古代の列聖にならって、親征行幸・東国臨御をもって新しい国家経営の根本としなければならないとするのである。それはいうまでもなく、新しい天皇政治の根拠としての神武創業の理念に発する、わが国建国神話の喚起にほかならなかった。

……神武帝之詔ニ曰遼邈之地未霑王澤遂使邑有君村有長今也大政御一新之際ニ乗シ

海内ヲシテ各其私念ヲ破ラシメ以テ直実ニ

皇室ヲ尊奉シ

皇国之国体ヲ光張スルノ国是ヲ一定シ率土之濱普天之下王土王民ニアラザルナキノ大義ヲ明弁シ一国一家之君長ヲシテ其臣民ヲ私スル事不能ラシムルヲ計カラズンバアルベカラス如此シテ

皇基始テ立ト云ベキ也

建国の創業者・神武天皇は全国の民をすべて天皇の王臣となし、王土王民体制を実現することをもって創業・建国の根本原則とした。ここにおいて、神武天皇の創業に習いつつ、明治天皇を主体として行なわれるべき新国家創業のための諸政策が展望されてゆく。すなわち、朝廷直属軍の設置（「朝廷独立之御軍制度速ニ御建立」）、官制改革の断行（「大政御一新之機会ニ乗シ大ニ官制ヲ革定」）、身分制を打破した人材の大抜擢（「断然常格ヲ御破天下之英士ヲ御抜挙可被成」）。通商産業の発展を促す財政政策（「兆民蕃植永々久々ノ大利ヲ計ル」「大学校」建設、諸勢力の「駕馭調和」のための栄典・賞罰制度の確立、国体の郡県化（「皇国其実ハ封建如クシテ其名ハ郡県也周家如キハ名実共ニ封建ナリ是レ形同クシテ意甚タ異ナル者アリ」）、東西両京間の「鉄路」敷設による交通網の整備等々、天皇主権による開明的諸政策が次々と提起されてゆくのである。その実行こそは、積極的な政治指導によって古代国家を創業・発展せしめた古代の列聖に対する、新帝の当然の責務であった。

かくして、神武創業の理念を承け、古代以来の列聖への責任のもと、その創業政治の理想主義的な大綱を宣言する意義を担った国家祭典こそが、五箇条御誓文誓祭なのであった。次に、誓祭の提起者、木戸孝允の語るところに即して、誓祭の意義を探ってみよう(12)。

戊辰ノ正月浪華城陥天下ノ侯伯京都ニ来集シ各々其見ヲ異ニシ億兆ノ方向定ラズ大ニ名義ヲ明ラカニシ乗此機版籍ヲシテ　朝廷ニ収メシメ大ニ　皇国更張ノ基ヲ立ト欲シ百方相論シ当時ノ勢尤艱而テ神戸備前ノ挙堺土州ノ挙且英公使参　朝途中ノ変等頻ニ不意ノ患害ヲ生シ時情甚危キモノ有リ依テ速ニ　朝廷ノ規模ヲ示シ天下ノ侯伯ト誓ヒ億兆ノ向フ所ヲ知ラシメ藩主ヲシテ其責ニ任セント欲シ切ニ之ヲ上言シ　朝議終ニ斯ニ決シ五条ヲ撰ンデ之ヲ掲ゲ大禮ヲ布キ同二月《ママ》天子親ラ公卿群百ノ侯伯幷在官ノモノト誓フ兵馬多事ノ間末一定ノ律ナシ先之ヲ以テ根本ノ規定トナシ天下ノ方向ヲ定ム

これによれば、誓祭は、維新政府の新しい国是を天皇親ら宣言、天皇親政による創業政治の大綱、すなわち公議政治実現・海外文明摂取を柱とする開明的政治方針を明らかにする意義を有していた。そしてそれはまた、維新政府下において、明治天皇が両度の神武天皇山陵御拝に続いて行なった、三度目の親祭・御拝儀でもあったのである。次節では、誓祭をはじめとする元年初頭の天皇祭祀が、神武創業の理念に即応した天皇親祭祭祀として行なわれていった経緯を検討してゆきたい。

二　天皇親祭

1　神武天皇山陵御拝

明治元年の国家祭祀は、前節でみたような神武創業の理念に呼応して、天皇親祭という形式において、神武天皇像に基付く「創業」政治の在り方を、祭儀の上から明確に形象化してゆくものであったと考えることができる。すなわち、明治天皇は、元服儀・御拝始ののち、はじめて祭主として紫宸殿に出御、まず両度にわたる神武天皇陵御拝を行ない、ついで国是五箇条誓祭・軍神祭を親祭、大坂行幸に出発する。この間、誓祭および同日頒布の宸翰で示された列聖への責務を核心とする政治思想は、遷幸後予定された山陵親拝へと進展してゆくのである。

あたかも王政復古・神武創業の理念に呼応するように、維新に際して、明治天皇の御拝儀は、まず神武天皇陵への御拝儀から始まった。すなわち、維新政府下において、天皇御拝の祭儀としてはじめて行なわれたのは、(1)元服由奉幣、(2)神武天皇例祭に伴う畝傍山東北陵の御拝儀だったのである。

御拝儀に先立ち、二月五日、天皇は神祇伯白川資訓から御拝作法を伝授されていた[13]。既に明治天皇は、元年一月十五日、元服儀を行なわれていたが、元服した天皇への神祇伯家の御拝作法伝授は、近世朝廷における代始の重大な儀式であった[14]。九日、天皇は御拝始の儀を行なわれた[15]。

一　御　拝始也御構如例円座敷設馬形障子辺林和靖間詰近習衆等依詰敷之

一　御拝始ニ付小四近習衆等同恐悦参賀書附如例御使同上　但両番両恐悦無之

ここで御拝作法を実修された天皇が、翌日、二月十日の勅使発遣の際はじめて行なった御拝儀が、神武天皇陵勅使発遣における御拝儀なのであった。明治天皇は、御治世におけるはじめての御拝儀として、神武天皇陵を御拝されたのである。『平田職修日記』は、御拝儀の次第を次のように記している[16]。

一　神武帝山陵南殿　御拝出御去正月六日御元服之由山陵使発遣之所正月三日以来騒動道筋差支故神武帝計御元服後被告達有之奉行噂ニハ恒例三月八日発遣付被行歟咄之処待気掛リニ相成由ニ而被仰出今日発遣候也ニ付予束帯垂纓

卯刻出仕召具雑色白丁　巳刻

出御白御心御垂纓

御劒　櫛笥右中将隆韶朝臣　束帯乗纓

御裾　坊城頭弁俊政朝臣　同上

御草鞋　甘露寺頭弁勝長朝臣　同上

御笏　勧修寺蔵人右衛門督権左経理　同上

右之外五位六位蔵人束帯垂纓六位武官之人者巻纓老掛如常

一　参番公卿殿上人衣冠纓也又ハ小刀帯候人モ有之去正月三日以来如此也

一　御拝終直ニ　入御云々後撤却退出時ニ巳半刻委敷ハ御元服一会記可見全ハ御用有
之ニ付束帯ヲ脱衣冠巻纓ニ改也退出帰宅候也職事モ残り居人ハ衣冠纓ニ改也
御拝奉行　　俊政朝臣
御使　　　正親町大納言実徳卿
右御使里邸より直ニ参向次官無之候宣命ハ内記昌言非蔵人口ニ而奉行ニ付奏聞其後御使亭ニ持参官符ハ昨日御使之亭へ召使持参

明治天皇が行なわれた御拝儀は、この神武天皇山陵御拝をもって嚆矢とする。同日、勅使権大納言正親町実徳は、元服の由を奉告するため神武天皇山陵に参向したのである。[17]これより先、神宮への元服由奉幣使発遣が一月三日に、山陵への元服由奉幣発遣（天智天皇陵、光格天皇陵、仁孝天皇陵、孝明天皇陵）が一月十三日に行なわれていた。[18]元服に伴う山陵由奉幣は、維新政府下、はじめて行なわれた山陵祭祀であった。この由奉幣において、神武天皇陵への勅使発遣のみは、戊辰戦争勃発による交通事情の悪化もあって、遅れて二月十日に発遣される事となった。明治天皇は、この際の勅使発遣に伴って、はじめて神武天皇山陵を御拝される運びとなったのである。

元服由奉幣御拝に続く二度目の神武天皇山陵御拝儀は、三月八日の神武天皇例祭勅使発遣儀においてであった。当日巳刻、天皇は前回御拝儀の時と同じく紫宸殿に出御、神武天皇陵を御拝された。『蔵人細川常典日記』は御拝儀の模様を次のように記録している。[19]

一　神武帝山陵　御拝　出御卯半刻早参同列各参勤奉行勝長朝臣其余各参仕三催已下

諸司同刻出仕

一　御装束惣如例年　帛御播鞋被出下出納

一　巳刻　出御于朝餉御座御服手水等了渡御于南殿　御拝了　入御

神武天皇例祭は、別稿で触れたように、文久三年の神武天皇山陵の竣功を承け、翌元治元年、孝明天皇が治定された正辰の国家祭典であり、翌慶応元年以来、紫宸殿において、天皇御拝儀をもって行なわれていた。孝明天皇の定めた先例を承け、このたびの神武天皇陵勅使発遣御拝儀は、維新政府下における第一回の神武天皇例祭儀として行なわれたのである。十一日、勅使権中納言愛宕通祐は、神武天皇山陵に参向、陵前で次の辞別を捧読した[20]。

……近頃天下の形勢不穏にして不慮も去る正月に干戈を動すの災起しか間も無く彼の凶徒等は罷退ぬれど猶も人心の不安す国家の不静に依て数多の鎮撫使を四方に差向しめて速に姦賊を絶しめんと所念行す彼といひ是といふ内外の禍の屢到れるは誠に危急存亡の時なりと終食の間も　御心不安す造次にも忘れ賜す深く恐れ重く患ひ賜う……

辞別は、天皇の軍事大権を分掌した鎮撫使が続々と京都を進発しつつある状況を伝え、速やかな「天下安穏四海静謐」の到来を祈禱する。まさに天皇を統帥者とする軍事行動が進められつつある折柄、勅使は神武天皇の武徳を顕彰しつつ、その討幕戦争への冥助を祈願したのである。

このように「神武創業」を標榜した維新政府下、天皇を主権者とする軍事行動・諸施策が進む中で、明治天皇が御治世におけるはじめての恒例の御拝儀として行なわれた祭典は、神武天皇祭にほかならなかったのである。この事実は、その後の天皇親祭祭祀の方向性を決定付けた出来事として、決定的に重視されなければならない。

2　誓祭

維新政府の国是宣明の国家祭典として行なわれた五箇条御誓文親祭は、両度の神武天皇陵御拝儀に続いて、明治天皇が紫宸殿において行なわれた三度目の御拝儀であった。以下、本節の行論のかかわりにおいて、その特徴を指摘してゆきたい。

まず第一に、誓祭は、何よりも天皇主体の儀式として、天皇親祭の祭儀として行なわれた[21]。それは、天皇主権の確立とその「創業」の大綱を、天皇親ら躬をもって明示する国家祭典であったのである。

第二にそれは、従来の朝廷祭祀の枠をこえて行なわれた「官武一途」の国家祭典であり、諸侯の参列を実現した点において、従来の朝廷祭祀の伝統の大きな変更を意味していた。ここで群臣は、祭典に参列するのみならず、誓文に加名して天皇の叡慮の遵奉を誓ったのである。あたかも誓祭の直前、元年二月以降、神祇事務局に亀井茲監・福羽美静ら津和野派が進出、長州勢力のバックアップを受けつつたちまち神祇行政の主導権を確立した。津和野派の最初の課題は、誓祭を、それまでの公家を担い手とする朝廷祭祀としてではなく、維新政府下の「官武一途」の国家祭祀として行なうことにあった。本来、公家の専門領域である祭祀担当部署に、畑違いの津和野派が進出、主導権を確立した積極的理由がここにあったのである。

第三に、本節の脈絡でとりわけ注目しなければならないのは、その祭儀が、同日頒布された宸翰[22]と不可分のものであったということである。宸翰と誓文が不可分のものであることは既に指摘されているが、宸翰と誓祭の関連については、従来あまり注目されてこなかったように思われる。宸翰では、一貫して、歴代天皇の負託の重責とそれに応えようとする明治天皇の政治姿勢が示されていることが注目されなければならない。すなわち天皇の「創業」は、「列祖」「列聖」から課せられた責務の実行にほかならなかった。ここにみられる祖宗・祖先神への政治責任は、新しい天皇政治の要諦をなすものであった。このような宸翰の政治思想を通じてあらためて誓祭を見る時、それは祭儀の形式として天神地祇に誓うかたちを取りながらも、実質的には「列祖・列聖」への政治責任を明らかにし、その責任に発した「創業」の大綱を宣言する祭儀であったと考えられよう[23]。

かくて宸翰では、とりわけ古代の「列祖」の、政治・軍事の第一線に立った積極的な政治指導が回顧される。

往昔　列祖万機を親らし不臣のものあれば自ら将としてこれを征し玉ひ、朝政の政総て簡易にして如此尊重ならざるゆへ君臣相親しみて上下相愛し徳澤天下に洽く国威海外に輝きしなり……

そもそも古代の列聖は、天皇巡幸の簡便な実施により君臣相親しむの実を挙げ、もって国威を海外に及ぼす国家経営を行ない得た。そのような神武建国以来の天皇の在り方は、御所への安座を事とした近世朝廷における天皇の存在形態とは、大きな隔たりを示すものであった。

朕徒らに九重中に安居し一日の安きを偸み百年の憂を忘るゝときは遂に各国の凌侮を受け上は列聖を辱しめ奉り下は億兆を苦しめん事を恐る……

故に明治天皇は、古代の歴代天皇が身をもってそうなされたように、「一身の艱難辛苦を問ず親ら四方を経営し汝億兆を安撫し」、自ら国政・軍事の先頭に立って誓文に示された「創業」の箇条を実行、もって列祖の御偉業を「継述」、天下を富嶽の安きに置かなければならない。このような古代天皇像のいきいきとしたビジョンの復活は、幕末段階で修補成った畿内各地の山陵復興という事態を抜きにして到底考えることはできないであろう。山陵修補事業による古代天皇像の復活こそ、この時期の誓文・宸翰の政治思想に、深いところで影響を与えていたと思われるのである。

いずれにせよ、天皇の新政・創業の根拠は、一に祖宗・列聖よりの責任の負託にあった。かくして大坂行幸よりの還幸後、誓文の趣旨のもと、天皇親政を制度化する政体改革とともに、天皇親らによる山陵親謁が要請された理由が、ここにあったのである。すなわち維新政府は、閏四月四日、陪従の公卿諸侯を大坂行在所に召し、(1)遷幸後の天皇の山陵親謁と(2)遷幸後の神武創業・天皇万機総覧にもとづく政治方針を諭告した[24]。諭告は、まず「非常至仁之　叡慮ヲ以、寛典之御処置被　仰出候、依之、兼テ御布令之通、速ニ遷幸被為在　慶喜伏罪、江戸城平定之廉相立候所ヲ以　御先霊へ被為告候　思食ニ付　山陵御参拝被　仰出候」、東国平定奉告の山陵親謁実施を宣言する。それは、誓祭・宸翰の政治思想の実践であり、祖宗への責務を根拠とする天皇政治開始に際して、その根拠を天皇親ら躬をもって明らかにする行為であった。ついで諭告は、誓文の趣旨により、「御誠誓ニ被為基已後屢浪華ニ　行幸、官代ヲモ被為置、万機　御親裁、内外之大勢御統馭被為　遊候叡慮之旨、被仰出候」浪華の太政官代における天皇親政の実施、また「向後治乱トモ時機ニ依リ、四方へ　行幸可被為　遊御儀可有之候」時宜に応じた行幸・親征の随時実施をも日程に入れる。すなわち、誓祭で誓った天皇親政による政治改革の実現である。ところでこの諭告は、実は木戸の作成にかかるものであったことが、彼の日記の四月二十八日条の記述から推測される[25]。

朝より遷幸前御布令の四方行幸之一条還御後二条城へ被為移候一条向後浪華へ屢行幸親敷天下の大勢に随ひ御統馭之一条以上三条之草按を認、豊公祠宇御造為の布告書も相調らへ束て為一通そうであれば、山陵親謁は、まさに誓祭の立案者、木戸の構想に発するものであったのである。ここからも山陵親謁が、祖宗への責務を「神明」に誓った誓祭構想の必然的な一環であり、祖宗への政治責任を根拠とする新天皇政治の核心を担う祭儀であることを理解することができよう。かくて、「遠津祖を始　父皇の神霊に其由を告奉る」[26]山陵親謁は、大坂親征を締めくくる最大の国家儀礼として行なわれることになるはずであった。

本節の最後に、誓祭と並んで、神武天皇像にもとづく軍事統帥者としての天皇像を形象化した祭儀として、大坂行幸直前、および遷幸直後に行なわれた両度の軍神祭についてみてみたい。三月二十日、大坂行幸に先だち、天皇は紫宸殿に出御して「軍神祭」を執行、天照大御神・大国主大神・武甕槌之男神・経津主神を親祭された（軍神祭は、遷幸後閏四月九日にも行なわれた）。『中山忠能履歴資料』には、親征出発前に、神武天皇の顕斎にならって天皇親祭の必勝祈願の祭祀を行なうべきであるとする建議がある。[27]

候ヲ御興被遊曠世之一大盛挙ニテ実ニ如比テコソ万事　太祖御創業之時ニ御原被遊候恭奉思惟候ニ賊従　御親征之御儀ハ神功皇太后御世ヨリ千六百六十九年来廃典ニ属居

……

鳳駕御発行之御時ハ定テ　神嘉殿或ハ他事等ヘ行幸御座候テ天神地祇ヲ御自ラ御顕斎被遊候御礼モ御興行可有御座ハ勿論之御儀カト奉存候……

これこそが、軍神祭実施の前提となった建議であるように思われる。これによれば、軍神祭の紫宸殿親祭は、親征出発を前にした、神武天皇「顕斎」の再現であった。かくて天皇は、神武東征の遺典のまま、親ら軍を率いて大坂親征に出発された。それはいうまでもなく、御所内に垂拱していた近世の天皇像からの転換、近代の天皇像への画期的な飛躍を意味していたのである。

以上、神武天皇祭発遣儀御拝に始まり、誓祭、軍神祭親祭に至る過程が、まさに神武創業の理念に立脚した新しい天皇像を祭儀の上から形象化するものであったことを跡付けた。かくて、遷幸後の維新政府の課題は、(1)誓文・宸翰で宣言、祖宗に誓った新天皇像に基付く行幸・親征、政体改革の実施と、(2)祖宗の山陵への奉告実施に置かれた。それはふたつながら、祖宗からの負託に応えて、誓祭で群臣とともに誓約した誓いの実践であったのである。右のふたつの課題は、反対勢力の抵抗を経ながらも、元年八月までには、その実質的な実現を見るに至ることとなる。次節では、山陵親謁・東幸実現に至る過程を跡付けてゆきたい。

三　山陵親謁にかかわる下問および奉答

1　下問および奉答

かくして閏四月四日諭告を承け、この前後大坂行在所で山陵行幸の準備が進められていった。(1)は『中山忠能日記』の記事、(2)は『嵯峨実愛日記』の記事であり、遷幸直後の山陵親謁に向けて準備が進められていた状況を窺わせる。[28]

(1) 一 山階山陵　孝明帝山陵等為御拝　行幸事弥取調戸田和州へ申含事

一 其後賀茂両社行幸之事申出

(2) 閏四月六日条

一 明後八日　遷御ニ付為申合一同参　内仍可参会之処不参触遣文　一 還御後、山陵御参拝御道筋以下可取調旨転ゟ岩予等へ来状　一 招戸田和州　山陵御参拝之事取調並伏見以下賑恤之儀申談了

遷幸に際して、山陵奉行戸田忠至は、泉涌寺に対して天皇の先帝山陵行幸を伝達していた。しかし、それはいうまでもなく、寺門と分離された「山陵」への行幸であった。忠至は、泉涌寺に対して「比度之儀は、実ニ神道之儀ニ付、何様御申立ニ相成候共、御取上げこれなく候」と堅く申し伝えていたのである。[29] しかし、かかる政府内の山陵親謁に向けた動きにもかかわらず、遷幸後、山陵親謁はただちには行なわれなかった。これ以降、天皇の山陵親謁は、実に三箇月余にわたる延期を余儀なくされたのである。

また遷幸後のもうひとつの課題、政体改革についていえば、閏四月二十一日「政体書」の制定により、誓文の趣旨を体した維新政府の新官制が発足する。しかしこの官制は、公家層の強い抵抗により、旧来の朝廷百官をその中に吸収・解消しえず、それとの二元的併

存を余儀なくされていた。つまり維新政府は、山陵親謁においても、政体改革においても、旧来の朝廷社会との妥協を余儀なくされていたのである。その背景には、公家社会の秩序・禁忌意識に固執する守旧層の根強い抵抗が存在していた。とりわけ天皇の山陵親謁は、近世朝廷の伝統の変更を意味し、旧来の公家社会の禁忌意識に強く抵触するものであったのである。

維新政府は、天皇の山陵親謁という儀礼の画期性に鑑み、遷幸直後、山陵の「御穢有無」および皇室祖先祭祀の在り方如何について、制度局および有識者に下問を行なった(30)。この下問書は現存しないが、この下問に対するものと思われる奉答書がいくつか残されている。以下では、その奉答を検討、山陵親謁延期の水面下の事情を探ってみたい。まずはじめに、閏四月十日付の谷森善臣の奉答をみてみよう(31)。

皇国の古典を通考仕候ニ上代には
天皇を現津御神《アキツミカミ》と称奉候て現在に神と被為在候御儀ニ御座候へハ幽界に被為遷候ても
又
神と被為在候者更ニ疑なき御事ニ御座候然るに中世以来佛徒の巧説ニ被為拘泥候て御大切なる御葬祭を一切僧徒に御委任被遊候のみならす其　御陵所をもはら佛寺の境内に被為営候事に相成来候故に掛まくも畏き
天皇の山陵をは穢所の様に心得候人も在之候ハ餘りニ歎ケ敷御事ニ御座候元来葬祭ハ

人倫の大事ニ御座候へハ左様に軽々敷僧徒ニ御任セ遊はさるへき御事ニハ不被為在義と奉存候今般御一新の折から何卒此弊風をも御改正被遊山陵の御祭祀も　御在世ニ不被為替公卿太夫御懇篤ニ御奉仕可被為御儀と奉存候又山陵ハ万世不易の幽宮に被為在候へハ世人の穢所と心得申さざる様天祖の神宮ニ被為擬潔清に御尊崇被為在度奉存候事

後四月十日　　　　　谷森

中立

谷森は、山陵の穢視が「旧来の陋習」に過ぎないことを強調、人倫の根本を確立する上からも、天皇の喪祭を僧侶の手に委ねる慣習を停止すると共に、中葉以来の山陵穢所観をも払拭、山陵に対して、「天祖の神宮」と同様の処遇を行なうべきであるとする。谷森は、文久山陵修補事業の指導者であり、その建議は、山陵修補事業担当者が、その延長線上に、皇室の喪祭改革・祖先祭祀形成をいかに展望していたかということを如実に示している。それは、国家祭祀上における従来の山陵の位置付けの、大きな転換を要請するものであったといえよう。

さらに、谷森と同様の方向性を有するものとして、松平春嶽の奉答（閏四月二十八日付）を見てみたい[32]。春嶽は、幕末段階において、宇都宮藩の山陵修補事業の遂行を、終始いわば側面からバックアップする役割を果たした人物である。

先朝御忌日並毎月御精進之当否兼テ　勅問之御答今日被指之左之通
今般　御一新ニ付　先帝御忌日並毎月御日柄御精進之当否　勅問之趣伝承仕乍恐　御追孝之　叡慮即天下之師弟ヲシテ孝悌ニ勧ムノ御基本ト臣実ニ感激落涙数行奉謹畏候……且又毎月御日柄之儀コレ日本方今ノ陋習ト奉存候……如此明白ノ確證アリシ上ハ速ニ被廃毎月之御日柄候方御至当ト奉存候御精進ノ当否ハ不待論候　光格仁孝両帝御謚号而巳被設候テ　玉体ハ泉涌寺ノ仏域ヲ以テ其土ニ被為在候故臣子ノ痛嘆スル所ナリ以非常聖明ノ　叡断　先帝之　玉体　東陵ニ被為在候上ハ仏法ヲ不被為用　天照皇大神モ先帝モ古今ノ隔繞ノミニシテ聊モ不被為替……臣願クハ毎月ノ御日柄ヲ被廃十二月廿五日一年一度ノ事ニシテ却テ重大ノ　御忌日トナリ前日ヨリ　御斎戒　御沐浴旧例ノ俗習ヲ停止シ玉ヒ　御神事ニ被仰出此日　天皇御出簾被拝　東陵候欤或ハ奉幣勅使ヲ被差向候欤……諸事夫ニ応シ　神祭ノ御規則ニ被為立度奉存候……

閏四月廿八日

春嶽は、近世朝廷における忌日法事の多端さを俎上にのせ、正辰祭日の確定による神祇式祭典の制定を要請する。そのためには、まず先帝正辰を本来の崩御日（十二月二十五日）に改め、従来の月毎の忌日の仏事を停止しなければならない。さらに、「御追孝之叡慮即天下之師弟ヲシテ孝悌ニ勧ムノ御基本」から、孝明天皇陵造営を承け、天皇の叡断により、「仏法ヲ不被為用天照皇大神モ　先帝モ古今ノ隔繞ノミニシテ聊モ不被為替」、皇祖天照大神と先帝を、神祇式をもって一轍に祭る祭典の制を立てなければならないと論ずる。春嶽のこのような立場からすれば、来る十二月二十五日の先帝三周正辰において、天皇が山陵参拝を行なわれることに何の妨げもなかった。

以上見たように、谷森・春嶽両人の意見は、山陵穢所観の否定の上に立って、皇祖神祭祀との関連のもと、神祇式による皇室祖先祭祀形成の課題を提起するものであるといえよう。

右のような見解に、従来の朝廷社会の禁忌を墨守する立場から、強く反対を唱えたのが、平田派国学者の重鎮・矢野玄道であり、朝廷の有職家であった瀬田章甫であった。ここでは矢野玄道の意見書を紹介したい(33)。

列聖の御陵ハ万世の幽宮にて今猶厚く御尊崇可被遊由ハ実至当之論に奉存候されとも恭古典を稽候へハ神社山陵ハ上古より聊御差別有御座候事歟と奉存候然は高天原ハ至て清明の地夜見国ハ甚汚濁の処ハ勿論にて凡て吉事及清明心ハ天国に隷き凶事汚穢心ハ夜見国に属候理にて禮にも吉礼凶礼あるは即惟神なる道に因る事かと奉存候されは天地の中に位して常に心意言行ともに清明なれハ則天神の御心に叶ひ此世を罷候て善神と成り可申常に心意言行を汚穢しなは則死後も遂に夜見に隷たる妖鬼と成る事と相見申候扨又一身の上にても頭面ハ上に位して尊く足及陰処ハ下に居て卑賤し飲食ハ清浮し糞尿ハ卑賤事と同事に候て人も死してハ其屍骸ハ汚穢れ其霊魂者清浮して神と為

る事更に論を待不申候凡人にても如此候へハ況して掛巻も畏き現御神天津神御子の命に於てハ崩御被遊ては則貴き神明と御座被為候御事中も更に候を近比霊魂の人に憑て語りしを承候に神と為りては我墓処にても厭嫌ふと申せし語御座候恐けれともかの山陵の御中にてもかゝる御道理も御座候にや　倭建御子命　神功皇后　誉田天皇　崇道天皇　光孝天皇の御陵等ハいと御神威御座候しを中にはさまで御稜威を振賜はぬも御座候ハ若くハ右等の御由縁には無御座歟と奉恐察候されともそは　神霊の大御心にこそ御座候一臣子の分として仮初にも御陵処をは疎略に奉存へき事には無御座候さて古典に因て死穢及び陵墓の神社と聊差別御座候かと奉存候事共を一二左ニ按録仕候

（中略）

されハ実ニ谷川士清の説の如く神社と山陵と御差別ありしも蓋上世よりの御遺風かと奉存候実此御差別無御座候ては万一差ふに毫釐を以せては誤に千里を以てすと申如き大過灾眚出来仕も難測かの延暦の御神異の如き御事御座候ては甚奉恐入候故不顧頑陋敢奉呈鄙見候　恐懼謹白

慶応四年閏四月十四日

玄道は、穢と浄を区別し、吉例と凶事を弁別することが重要であるとする。このような原則からすれば、清浄なる神社と穢所たる山陵は、明確に区別されなければならないのは当然のことであった。故に玄道は、「されハ実ニ谷川士清の説の如く神社と山陵と御差別ありしも蓋上世よりの御遺風かと奉存候」と結論付けるのである。玄道の意見は、谷森の山陵・神宮同一観を否定、暗に政府の山陵親謁決定を批判、その実行すべからざる所以を示唆するものであったといえよう。

『復古記』によれば、政府は、閏四月七日「而して御穢の事、廟議遂に之れ無きに決せりといふ」、谷森の意見を採用、御陵に穢なしと決定したとしている。[34] しかしその詳細は明らかではない。結局、この決定にもかかわらず、山陵行幸は実行に移されなかった。すなわち、閏四月十八日に「来ル二三日辰刻　山階陵　後月輪東陵等　御参拝被仰出候事但雨天順延ノ事」と一旦布告されたものの、それは結局延引に至ったのである（閏四月二十二日）[35]。

このような山陵親謁の延期は、行路の工事が未だ完了していないという表向きの理由とは別に、旧来の山陵穢所観に拠りつつ、親謁を阻止しようとしていた旧勢力の画策を推察させる。[36] このような勢力の画策を窺わせる資料として、岩倉の中山宛の次の書簡（六月九日付）がある。

一　山科泉山

片時も早く御参詣無之而ハ実ニ御不都合之旨頻リニ責メ候もの不少亦大坂ニ而

被　仰出候事ニ候へハ尤会計厳重御催促可給候

一　次鴨御参詣之事元々真ニ思召ニ而被　仰出候事速ニ　叡慮通り致し上度事与存候

岩倉は、天皇の外戚として後宮に大きな影響力を有していた中山に、「頻リニ責メ候もの不少」と山陵親謁の早期実現を督促する。中山は、大坂親征の際も、後宮の女官と結託して行幸阻止を画策していたと推測されるが、この資料は、中山―後宮ラインが、今回も山陵親謁阻止ないしはそれへの消極的抵抗の態度をとっていた可能性を窺わせる。先の矢野玄道の見解は、まさに維新政府の朝廷改革を批判し、天皇東幸に反対していたこのような守旧層の根強い禁忌意識を代弁するものであったと考えられよう(37)。それは、王政御一新に対抗して、近世朝廷の身分秩序・禁忌意識の温存を計ろうとしていた層の利害と、同一の立場を共有するものであったと推測されるのである。

2　津和野派・度会府グループの構想

矢野玄道の奉答に対して、谷森らが示した構想は、まさに神武創業に基付く革新的な国家構想・天皇像形成に連なるものであった。こうした谷森ら山陵修補グループの構想に呼応し、朝廷の喪祭改革・禁忌意識打破をその目標とする勢力が、神祇官を主導する亀井茲監・福羽美静ら津和野派であり、また神宮を管轄する度会府の改革派であった。津和野派の改革構想は、さしあたり次の資料からも窺うことができる(38)。

(1)　先帝御代々御陵
右神祇局へ添受持被仰付候事

皇国内宗門復古神道ニ御定被仰出候事
　但仏道帰依之輩私ニ取用候儀者不可苦候事
(2)　諸陵御祭典古典ニ基キ御改革被為在、神祇局へ附属被仰付候事
(3)　一、神祇官中ニ二司ヲ被設度候
　祭儀司　諸神祭儀式ノ事務ヲ掌ル
　陵祀司　帝陵及諸霊魂ノ祭祀ヲ掌ル
右二司神祇官へ被附候様有之度相考候事

以上の断片的な資料から見ても、津和野派の山陵・祖先祭祀への積極的なアプローチは明らかであろう。すなわち、津和野派の課題は、神武創業の新天皇像に即応、前近代的禁忌の払拭の上に立って、(1)山陵祭祀と(2)神祇祭祀を一丸とした国家祭祀体系を形成することにあった。近世朝廷の山陵・喪祭にかかわる禁忌を打破し、天皇が祖先に「大孝」を申べる皇室祖先祭祀（大国隆正「神祇官本義」）を確立することこそ、津和野派の根本目標なのであった。このような脈絡において、山陵親謁は、その課題実現に向けた第一着手として位置付けられていたといえよう。

かかる津和野派の構想は、伊勢にあって、神宮の禁忌打破とその抜本的改革を志向していた度会府グループの改革構想に呼応するものであった。以下、度会府判事浦田長民の禁忌打破構想（度会府知事橋本実梁宛建白）をみてみよう。[39]

（上略）

一　右ノ如ク覆載ノ間人ト生タルモノハ生死トモニ　神ノ恩霊ヲ蒙リ助ケ導カル、モノユヘ聊モ二念ナク生ヲ楽ミ死ヲ送リ只　神ノ道ヲ道トスヘキ也其　神ノ道ト云ハ即チ人ノ道ニテ正直潔清忠勇実誠ノ外更ニ奇異佐誕ノヿアルヿナシ然ニ中世西域ノ仏法渡リテ後人心ヲ蠱惑シ神人ノ道同一ナルヲ知ラス　神ハ遠ク遥ニ天上ニマシ〳〵テ人間ニハ関係ナキモノ、様ニ思フハ教化ノ明ナラヌ故トハ云ナガラ人ト生レテ人タルヲ知ラス痛哭流涕ノ至ナラスヤ方今宇内万国ト通交シ角立抗衡イタシ《ママ》ヘキニ付テハ国体ヲ立民志ヲ一ニシ他ヲ顧ルヿナク専ラ朝廷ニ奉ル様ニ教化スルヲ第一儀《ママ》トス其方他ナシ神人同一ノ皇道ヲ明ニシ愚民ヲ導クニ如クナシ愚民ノ惑ヒ易キハ生死ノ際ナリ死テモ神ノ恩霊ヲ蒙ル儀ヲ能ニ諭シ死穢ノ説ヲ去リ神葬祭ノ式ヲ簡易ニ確立シ天下ニ布告スルヲ方今最第一ノ急務トス右ニテ民志一ニ恢スレハ現在ノ
天皇ハ即チ
天神ノ胤ニマシマセハ誰カハ　朝廷ヲ尊ミ奉セサラン国体ノ立モ此ニアリ富強ノ基モ此ニアリ万世不抜ノ偉業モ此ニアリ豈緊要ノ一大事務ナラスヤ

一　神トハ別ニ人間ニ替リタルモノニ非ス上古ノ至聖至仁ノ人ニマシテ西土ニテ聖人ト云ヒシニ同シ後世ニ至リテ其仁聖ノ大徳ヲ尊ミ欽シテ祠祀祭供スル也今日ニ至

リテモ能人道ヲ修シ其行フ所ニ人ニ宜ケレハ即チ　神道ニ称ヒテ　神慮ニ適スルハ不待言シテ明也抑死穢ハ腐爛ヲ忌ナレド其際界ナキユヘ以気止為穢之始ト永正記ニ見ユレト　畢竟腐敗セヌ内ハ穢トスルニ及マシキ也前条ニ論スル如ク人死勢死穢ヲ忌テ死ヲ外ニスレハ詰リ愚民仏ニ惑サレ神人ノ皇道モ立ス万国ト角立ノ見込無之間今般
行幸　御参拝ノ時
主上親ヲ
皇太神ニ告サセ玉ヒ触穢ノ説ヲ去リ葬祭ノ式ヲ御定アリテ天下ニ布告シ生死トモニ　神ノ恩霊ニ頼ル所以ヲ教諭シ玉ヒ皇道ヲ明ニシ愚民惑仏ノ弊ヲ破リ専心ニ神宮ニ奉シ候様相成候ハヽ　国体ノ立ル所此ヲ外ニシテ豈他アランヤ

己正月　　浦田長民臺上

浦田は、日本人が全て神裔である以上、そもそも生まれながらに神人は同一なのであり、神裔にふさわしい生活を実現するためには、中古以来の弊習に過ぎない触穢観念の虚妄を払拭しなければならないとする。故に彼は、二年三月に予定されていた天皇の神宮親謁に伴い、天皇自ら「触穢ノ説ヲ去」る勅諭を発し、中古以来の浄穢意識にかかわる陋習の停止を宣言することを求めるのである。近世的禁忌意識・触穢概念の否定を提起するという点において、浦田の建白が、谷森および津和野派と同じ立場を共有するものであることは明らかであろう。

さらに度会府における浦田の同僚であった元田直の次の建白は、このような触穢・禁忌意識払拭の上に形成されるべき、神宮・山陵を一丸とした国家祭祀形成の課題を提起するものであった[40]。

(上包)還御ニ付聊心付候儀奉言上候　元田五位

謹陳管見

一　今度天下御平定ニ付　大廟ニ　御成績ヲ被為告之旨千歳　御盛典ト奉仰候就而者献供之大麻ヲ以親王公卿以下府藩県人民家別ニ御頒賜相成一家之鎮守神ト崇奉可仕旨被　仰出度候事

一　中興之　御功業専　先帝ニ被為　帰　山陵ニ就テ新ニ　宮廟御造立　八幡宮御同様天下ト共ニ　御崇敬被為遊度候事

但　神武　天智　御陵地ニモ追々　宮廟御造立之儀被　仰出度候事

一　(略)

一　明春勢州　御参　宮直ニ志州鳥羽港ヨリ軍艦ニ被為　召東京　行幸被遊候様奉存候事

但　御参　宮之儀御延引不相成様奉存候事

一　蝦夷御開拓ニ付北海道之名ヲ命セラレ遍ク万国ニ　御布告相成度候事

但　魯西亜ニ　勅使被差立厚ク御贈遺《ママ》之事

明治元年十二月

渡会府判事

元田直

恐惶再拝

元田の建白は、神宮・山陵を、同一の理念により整備、両者を衆庶のひとしく仰ぐ国家祭祀の斎場たらしめるべきであるとするものであった（第二条）。ここにおいて神宮改革の課題は、山陵祭祀整備の課題と表裏一体のものとして認識されていることはいうまでもない。このような改革構想は、まさに維新政府に結集した革新勢力の有する急進的な禁忌打破構想であった。前近代的禁忌の払拭の上に立った天皇祭祀・神宮祭祀の近代的再編成が、彼らの共通の課題だったのである。

以上のような脈絡から考える時、山陵行幸実現をめぐる対立は、山陵親謁問題のみならず、天皇像・国家構想の根本的な差異に根差すものであったと見ることができる。それは根本のところで、畿内を地盤とする公家社会を維持し、近世的・割拠的な序列・禁忌を温存した国家形成を行なってゆくか、または天皇の一元的な主権のもと、あらゆる封建的諸関係を撤廃した均質な新国家を創業してゆくかという、国家構想の如何にかかわる和解し難い対立を伏在させていたのである[41]。

四　即位新式・山陵親謁

1　即位新式の執行

前節で見たような新旧の対立は、即位式の準備過程において、その主導権を巡って鋭く表面化した。即位式執行を巡る争点は、新式による即位式執行を準備していた福羽美静の伺（八月二十日付）に、端的に示されている(42)。

すなわち福羽は、即位式取調が公家主導で進められ、「十二八九ハ記文ヲ追ヒ、増減ノ廉ハ一二事而已」に終始している状況を危惧、このままでは、即位式が「平日何等ノ御用モ不相勤、是迄之官人等取交御次第相立候儀ニ御座候」「其余之官ハ御当日参着之儀ニモ不及御模様」、維新官僚とは無関係な、令制百官のみの朝廷祭祀として行なわれてしまう危険性を訴える。そうなれば、官武一途・神武創業を標榜して成立した維新の精神は空文化し、「方今大政之模様ニモ相違ヒ、万国へ之聞モ不都合有之」にも影響する。故に、福羽は、朝廷百官のみならず、政体書の維新官僚も即位式に参列せしめ、もって目下の「大政ノ御規模」を儀式の上から具現すべきであるとする。

かくして即位式執行において、対立の焦点は、即位式を従来の公家百官を担い手とした朝廷儀式の枠内で行なうか、あるいは維新政府官僚が関与する官武一途の開かれた祭儀として行なうか、というところに集約された。その対立は、まさに「官」「武」の対立を抱え込んだ維新政府の構造上の問題を如実に示すものであった。

結局この対立は、福羽に代表される維新官僚の勝利に帰した。すなわち、八月二十三日の行政官布告によって、即位新式布告は、「旧儀参役」のみならず「太政官九等之面々、一同紫宸殿階下ヨリ承明門内外ニ排列式ヲ以奉拝」すべきことが命せられたのである。[43]

一、此度　御即位之大礼、其式古礼ニ基キ、大旗始製作被為改、九等官ヲ以是迄参約ニ令並立、総テ大政ノ規模相立候様被　仰出、中古ヨリ被為用候唐製之礼服被止候事

（中略）

一、此度御即位大礼之節、旧儀参役太政官九等之面々、一同　紫宸殿階下ヨリ承明門内外ニ排列式ヲ以奉拝　宸儀候様、被仰出候事

但府県ハ知事判事在京之者参　朝之事　権官以下不及其儀事

かくして即位式の朝廷祭祀としての執行は否定され、それは維新政府官僚参加のもと、維新の「大政ノ規模」を示す国家儀礼として執行されることになった。ここに福羽の要請は、基本的に実現されるに至ったのである。八月二十七日、即位式に参列した参与大木民平は、当日の模様を、自らの日記に次のように記していた。[44]

慶応四年辰八月二七日朝雨

此ノ日

天子即位已剋雨晴公卿諸藩在京及諸徴士在官紫宸殿下ニ列ス位ナキ者ハ黄袍及直垂参与
中直垂ヲ賜フ余賜ニ與ル儀終ルシバラクアリテ議定参与
龍顔ヲ小御所ニ於テ拝ス余亦此中ニアリシバラクアリテ神酒ヲ賜フ余亦アヅカル第四
字退朝

一　軍務官規則等改革スベキ事件アルヲ以テ同官へ出仕ノ命アリ同月廿八日ナリ
一　御東幸ニ付供奉被仰付之命アリ同二九日ナリ

即位式への維新官僚参列は、「縦令草莽之野人と雖　主上玉座近く被召寄候事古昔帝王之御所為ニ有之候[45]」、身分・官位にかかわらず、あらゆる階層の者をひとしく臣として遇した「古昔帝王之御所為」の再現にほかならなかった。祭儀において捧読された宣命は、神武創業への回帰を「高声」をもって宣言したのである[46]。

……近江の大津の宮に御宇し　天皇の初賜ひ定賜へる法の随に仕へ奉と仰賜ひ授賜ひ恐み受賜へる御代御代の御定有か上に方今天下の大政古に復し賜ひて橿原の宮の御宇し　天皇御創業の古に基き大御代を弥益々に吉き御代と固成賜はん……

このように新式即位式は、従来の朝廷祭祀の枠を越え、神武創業を国是とする維新政権の大政の規模を示す雄大な祭儀として行なわれた。それは、まさに初代神武天皇の即位式さながら、新帝の新国家創業への旅立ちを象徴する清新な即位儀礼として行なわれたのである[47]。

『木戸孝允日記』八月二十二日条には、即位新式に関する次の記事がある。(48)

来る二七日　御即位に付今日の御政体を以群職配例《ママ》の儀等於神祇官詮議被　仰付其図面等相調候ニ付暫時拝借

これによれば、木戸は、神祇官から提出された「今日の御政体を以群職配例」の図面をあらかじめ被見していた。この翌日、政体書九等官の参列を認める前掲の行政官達が布告に至ったことを思えば、誓祭・山陵親謁諭告に続いて、即位式の改革も、木戸―津和野派ラインの主導のもとに行なわれたことが了解されよう。

2　山陵親謁の実現

かくて即位式の直後、かねての懸案であった山陵親謁も実現するに至る。先に触れたように、閏四月以来、山陵親謁は見送り状態にあった。この状態は八月に至っても続き、十五日に再度予告された山陵親謁もまた、翌日に至って延期となっていたのである。(49)

(1)　8／15布告　先達テ御延引ニ相成候山陵御参拝ノ事来十七日被仰出候事　右ニ付当日御出輦迄ハ重軽服者可憚事

(2)　8／16布告　明十七日山陵　御参拝被　仰出候処、新造之山路、雨天深泥御不都合ニ付、御延引更被　仰　出候事　但明日晴候共、御延引之事

このような山陵親謁布告とその不自然な取り消しは、なお八月段階に至っても、即位式

の準備過程と連動しつつ、革新派と守旧派の間で、山陵親謁実現とその阻止を巡る競合が行なわれていた事情をうかがわせる。しかし、八月二十三日の即位式の維新官僚参列布告と呼応するかのように、二十五日に至って、懸案の山陵親謁もまた、ついに正式に布告・決定の運びに至ったのである。(50)

先達御延引相成候　山陵　御参拝来東二九日被　仰出候事右ニ付当日　御出輦迄重軽服者可相憚事

かくして、即位式の翌々日、八月二十九日、天皇は山科の天智天皇陵・泉山の孝明天皇陵に行幸した。戸田家の関係資料によって、この山陵親謁儀およびその前後の経過を見てみよう。(51)

（二七日条）

一　明二八日

殿様江戸表ニ御出立ニテ御屋敷内大取込ニテ伺事モ果敢取不申大混雑之事

一　殿様夜ニ入御所ヨリ御帰リニ相成候処明日二八日東都御出立之義二九日ニ相成候事

（中略）

一　来ル二十九日泉涌寺山科

天智天皇御陵

孝明天皇御陵
御幸被　仰出候事
右ニ付出役其外掃除万端見廻リ御用多ニ付自分義幸ヒ帰京且松井良吉引籠中ニ付
右御用掛リ相勤候様永田市郎左衛門ヨリ談シ有之候ニ付御請イタシ相勤候事

（中略）

（二九日条）

一　卯刻御出輦　粟田御殿御小休
天智天皇御陵御拝済直様御還御粟田御休御昼粟田御出輦三条通り白川橋南へ川端
智恩《ママ》院前古門ヨリ縄手通リ四条建仁寺町通り大仏妙法蓮院宮御殿御小休夫ヨリ伏
見海道泉涌寺新御殿ニ御入御
孝明天皇御陵御拝　案内先立之義ハ自分共ハ新御殿前ヨリ御陵新道黒御門迄　殿
様方ハ御拝所前迄御先立御案内之事尤
主上御陵初メ之石段ヨリ御歩行之由
御拝済之上大仏御小休夫ヨリ伏見海道五条橋通リ寺町三条迄堺町通り御還御夜四
時頃ニ相成候事

天皇は早朝御所を出御、葱華輦に御し、公卿諸侯等の供奉のもと、山科陵を御拝、午餐ののち、未刻泉山に着御、後月輪東山陵を親拝された(52)。天皇の山陵親謁は、旧来の朝廷の禁忌意識・有職故実の範囲を遥かに越え、中古以来の朝廷の伝統的な浄穢意識の、天皇の躬をもってする否定にほかならなかった。かくして前例のない新儀として行なわれた山陵親謁は、即位新式の執行と相俟って、新しい天皇像に基付く中古以来の禁忌意識の打破、さらにはその上に立った皇室制度形成・皇室祖先祭祀形成へと連なる、広汎な展望を開く意義を有するものであったということができよう。

これより先、神宮とともに、山陵（神武天皇陵、天智天皇陵、光格天皇陵、仁孝天皇陵、孝明天皇陵）に即位由奉幣の勅使が発遣されていた。すなわち天皇は、二十一日、紫宸殿に出御して神宮を御拝、引き続いて二十二日、同じく紫宸殿で神武天皇陵以下の山陵を御拝された(53)。二月の元服由奉幣では神武天皇陵のみを御拝したにとどまった天皇は、八月の即位由奉幣においては、神宮・神武天皇陵以下を両日にわたって同列に御拝されたのである。ここに山陵は、神宮と並ぶ国家祭祀の斎場として一層明確に位置付けられたといえよう。

かくて、山陵親謁当日、約三箇月後に迫っていた孝明天皇三周正辰祭実現へ向けて、その正式な祭日が行政官より布告された(54)。

先帝御忌日、是迄　御発喪日ヲ以テ十二月廿九日ト被為定置候処、今般御制度復古ノ折柄、第一　御追孝ノ思召ニ被為基テ古礼ニ被為基以来　崩御御正忌ノ通、十二月二五日ニ被為定旨　被仰出候事

但正當佛忌日及毎日御忌日ニモ、御精進等ノ未弊ハ、被廃候事

ここにそれまでの月毎の「忌日」の慣習が廃止され、先帝「祭日」が、従来の発喪日から、正辰当日の十二月二十五日に一本化されたのである。それは前出の松平春嶽奉答の実現であり、繁雑な仏式追善行事を停止すると共に、来るべき先帝正辰祭の神祇式斎行を予定する措置にほかならなかった。また九月八日には改元・一世一元の制が施行され、年号が明治と改まった。この措置によって、いわば「明治天皇創業元年」が開幕、時間の機軸もまた一新された。天皇を機軸として、国家・社会の時間・空間を均質化してく端緒が、ここに開かれたのである。

かくして、これらの一連の諸改革を承け、九月二十日、ついに天皇東京行幸が断行されるに至る。ついで遷幸後、はじめての先帝祭として、紫宸殿親祭・山陵親謁による孝明天皇三周正辰祭が実現の運びに至った。次節ではこの「先帝祭」執行に至る過程について検討してゆきたい。

五　先帝祭の成立

九月二十日、天皇の鳳輦は京都を出発、十月十三日、東京に着御された。天皇東幸は先の大木建白にいう東西両京往復構想の実現であり、それはまた、「先皇之御遺典[55]」すなわち神武天皇東征神話の再現にほかならなかった。東京に親臨した天皇は、万機親裁詔・祭政一致詔（十月十七日）を渙発し、身をもって東国経営に当たるべきことを宣明したのである。天皇は、十二月八日、遷幸の途についたが、同月二十一日、まさに京都着輦前日を期して、行政官より孝明天皇三周正辰祭の神祇式執行が布告されたのである。[56]

今般御制度復古之折柄第一　御追孝之思食ニテ来ル二五日　先帝三周御忌辰　神祇式ヲ以於　朝中　御祭奠同日　山陵　御参拝被　仰出候事

これより先、岩倉は、中山忠能に宛て、「此度ハ是非々々還幸　先朝御三年　入内　立后　大嘗会　此三ケ條御すまし京摂人心ヲ安からしめ再ヒ行幸而して大に天下太心人平ヲ歌ひ候事ニ可然見込有之條々」[57]「必御同意之様希上候」とその協力方を要請していた。遷幸直後ただちに先帝祭を行ない、先帝山陵親謁および立后をもって東幸を締めくくる祭儀とする、というのが岩倉の当初からの基本構想だったのである。

十二月二十二日、天皇は京都に御着輦、二十五日、孝明天皇三周正辰祭が行なわれた。当日、天皇はまず紫宸殿に出御、親祭を行なわれた。[58]

宮中御次第

孝明天皇三周御正辰於二　南殿一御祭奠神祇官一同寅刻参　朝辰刻前供二神饌一引続キ御拝巳刻前

山陵へ　行幸其後女房幷堂上拝相済午刻過二撤神饌一午半刻過一同退出

南殿ニ於テ御祭典次第

先設ニ神座東西御濱床御畳八脚案

次安ニ置御霊代御霊代者御撫物之御鏡ヲ榊ニ付安置

次神祇官知事以下着座

次祓除神祇判事

次招神神祇知事

　奏楽

次神饌神祇知事官中立列拝送

　奏楽

出御

次御拝

次公卿諸侯進拝

次奉幣物神祇知事

次祭文神祇知事

次神上神祇知事

　奏楽

次入御

次撤神饌

奏楽

次一同退座

神饌

洗米　神酒　鰭広物鯛二尾　鰭狭物鯉二尾　奥津藻昆布　邉津藻荒布　甘菜蕪　辛菜大根

生菓蜜柑　作菓御菓子

祭典における祭文（神祇官知事近衛忠房奏上）は次の通りであった(59)。

……一昨年の冬茲食国天下を肝弱只朕に授け賜ひて俄に雲隠坐しければ拙怯弱身の貫く高き広く厚き　大詔を負持て天下を調賜治めん事は如何に有んと進も知らず退も知らず畏み坐つつも　天日嗣の次なれば恐みながら高御座の大御業を受継座て公民を撫賜ひ恵賜ふ間に徳川慶喜政は帰し奉乍ら猶国民を私物にして射向奉る久那太不礼も在しかば為便不知憂嘆只天地の神に乞祈其を可計軍士をば出遣つるを公卿諸侯諸浄く明き心以て補佐奉れるに依未一年も不経程に天下悉古の如食国と成ぬるは全在天神霊の守り賜ひ助け給ふにこそと忝なみ思食も御座まさましかば天下の政は事問ても行はましを内々の事も相共に計てこそ定め賜はめと朝夕に嘆只慕ひ奉りつゝ座間に年月は流るる水の如暫も不止して早く三年の月日経にければ大御祭の事奉仕て聊恩頼に報奉んとして御殿内を掃清めて高御座に招奉坐奉りて……

祭文は、先帝の突然の崩御により皇位を継いだ天皇が、戊辰戦争勃発に始まる一連の国家的危機を、在天神霊の冥助と群臣の忠誠により克服、一年を経ずして平定に至った経緯を述べ、ここにつつがなく先帝の三周正辰を迎える運びとなった旨を奏上する。前三度の神武天皇陵勅使発遣の際の御拝儀が山陵遥拝儀であったのに対して、此度の三周正辰祭においては、先帝の「御霊代」を奉安した上で親祭が行なわれたのである。なお、弁事五辻安仲の日記には、紫宸殿の鋪設として五箇条誓祭の鋪設図と同様の図が記載されており、斎場の鋪設は、誓祭の鋪設に準じて行なわれたことが推測される。(60)

紫宸殿親祭ののち、天皇は泉山へ行幸、親しく孝明天皇山陵に参拝された。(61)

山陵御次第

先御手水　次御幣物　次御玉串　次御拝　次御退下

戸田家の関係資料により、親拝当日およびその前後の経緯を辿ってみよう。(62)

（十二月）二四日　雨天

一　孝明天皇御祭典ニ付暁七ツ半頃御出門

殿様泉山へ御出自分義為御案内罷出ル秋元様御家来小林玄五郎刑部大輔様御出永田氏夜四時頃泉山へ出役

一　御勅使醍醐大納言殿

一　大宮御所参拝之事

同二五日　雨天

一　御当日ニ付殿様若殿様秋元様永田自分秋元様ニテ山瀬高取暁七ツ半時出宅ニテ出
　役候事
一　御幸昼午剋半時頃
　御陵初メ之石段前ニテ御遥拝候事
一　昨廿四日ヨリ泉山
　御陵道黒門内へ番所御所取次四五人御番之事
一　御幸無滞相済暮六時頃帰宅之事
　　　同二六日　雨天
（中略）
一　自分義泉山ニ罷出ル秋元様ニテ猪王野出役夕七時帰宅
一　今昼後両本願寺門跡御参拝
一　朝之内諸侯方下大夫迄并堂上方昼後御黒御所

ここにおいて、先帝正辰当日、天皇が宮中親祭・山陵親拝を行なう新例が開かれたのである。この山陵親拝が、同年八月の即位式直後の山陵親謁を承け、その達成の上に行なわれたものであることはいうまでもない。元年閏四月、大坂行幸よりの還幸に際して、山陵親謁はただちに実現しえず、遷延を余儀なくされたが、同年十二月、東京よりの還幸においては、着輦直後、紫宸殿親祭に伴って、速やかにそれが実現する運びとなったのである。

この前後、二十三日から陵所において勅使（二十三日権中納言冷泉為理、二十四日権大納言醍醐忠順）参向の祭典が行なわれ、公家・諸侯・女房衆・政府官員・各藩士の山陵参拝が許された。(63)

廿三日
朝　山陵
　勅使
　宮大臣三位
　以上堂上諸侯
　参拝
晝後　四位以下堂上
　諸侯参拝
廿四日
朝　山陵
　勅使
　大宮御参拝
晝後　女房参拝
　薙髪参拝

廿五日
　卯刻於南殿
御祭奠
　山陵行幸
廿六日
朝　三等以上
　徴士参拝
　廿三日不参之
　堂上諸侯参拝
書後　黒御所参拝

このような朝廷・維新政府の構成者全般に及ぶ広範囲の人々の山陵参拝は、慶応三年十月の竣功奉告祭に続き、この孝明天皇三周正辰祭をもって、天皇の陵墓が、それまでの「御密行」の葬所から、衆庶一般に開かれた先帝追慕の斎場へと転換したことを意味していた。それは、即位式における維新官僚参列実現と相俟って、皇室儀礼の広汎な「国民化」の端緒を開くものだったといえよう。

このたびの山陵親拝に関しては、孝明天皇陵造営以来の神仏分離の進展に伴い、その儀に泉涌寺は全く関与しえなかった。『泉涌寺文書』により、この前後の壮況を見てみよう。(64)

二二日　〇十二月　御位牌殿荘厳向都而御法事堂御年忌掛リ附之通法檀前半檀荘厳結構也
併二三日二四日朝御法事勤修可然旨今晩御治定也
今晩大津御発輦ニ而主上遷幸之趣　山陵神祇ニ付普請未出来今夜通シニ而掃除等右之
営膳司掛リニ而取計也

……………………

二三日　〇十二月
早朝ゟ御参詣之譜紳家諸侯夥敷馬場節ヨリ　山陵迄空地モ無之云々方丈ニ而休息近衛
様御親子等雲龍院ニ而戸田大和守　秋元　紀州公　長州公　津山侯等也

……………………

二四日　〇十二月　曇
大宮御所御参詣御宿院悲田院ゟ直ニ山陵へ御参リ四ツ半時ニ相済前後堂上方御四方御
供ニ而山陵之御先ニ女中被参居候趣云々
御当日ニ法華懺法尋玄長老三敬礼三宝礼真ニ而勧修大典侍局〇中山績子御始メ　御法事理
趣三昧富小路殿〇敬直初メゟ御法事法華懺法三位局〇中山慶子ヨリ之分同断其外女房衆薙髪衆
参詣御備等有之

……………………

二五日　〇十二月　雨　昨夜ゟ降続　行幸之時分四ツ半頃ニハ小雨ニ相成　行幸晝時ニ相

済御供奉回リ其外共惣而方丈へ御入無之先達行幸同様之事前後共大佛宮ニ而御休息之趣邊云々……

従来の三周聖忌であれば、泉涌寺僧侶は、宮中清涼殿において五日間にわたる法華懺法講を行なってきたが、このたびその儀は停止され、寺門内での法会を行なうにとどまっていた。二十四日の法会には、中山慶子ほか後宮女官等の参列があったが、勅使の参向はなかった。泉涌寺とのかかわりは、寺門への私的な女官参向のみに限定されたのである。さらに、二十五日の山陵行幸・親拝に際しては「惣而方丈へ御入無之先達行幸同様之事」、八月の山陵行幸時同様、寺門には立ち寄らない方針が貫かれた。天皇の参拝は、「山陵神祇ニ付」という理由により、あくまでも寺門から明確に区別された「山陵」への参拝として行われたのである。孝明天皇三周正辰祭の執行をもって、皇室喪祭において泉涌寺が占めてきた地位は、決定的に後退したといえよう。

孝明天皇三周正辰祭に参列、ないしはそれを実見した同時代の人々は、いずれもこのたびの先帝祭を、従来の慣行の変更による、御一新に即応した明確な新儀として理解していた。以下、この点について、当時の公家・女官・維新官僚らの日記から具体的に見てみよう[65]。

(1)『山科言成日記』

二五日　〇十二月　雨降

孝明天皇三周忌日依御一新御先規御改革御神祇御祭典於南殿被行云々御法会無之
卯刻出御南殿御祭式訖行幸　山陵云々辰刻云々著御帛御服云云奉仕堀川〇親賀歟何分御
一新万事不如旧例也予参仕之事無之

(2)『門脇重綾弁事在職中日記』

二五日　〇十二月　雨
此日卯牌於南殿　先帝一廃旧儀同神典神祇官知事近衛前新左大臣以下執事辰牌臨御事
畢行幸山陵　今日廃務

(3)『押小路甫子日記』

二四日　〇十二月　雨
一　孝明天皇様御三めくりニ付此度より神道の御祭ニ成られ今日より三日間山陵ニテ
御祭あらせられ志んせん供へられ御楽もあらせられ明日山陵へ行幸成……

(4)『冷泉為理日記』

十二月二四日　卯雨
一　先帝総而神体之御取扱ニ付雖不心成般舟院へ参詣無之ニ御治定ノ事

これらはいずれも、「孝明天皇三周忌日依御一新御先規御改革御神祇御祭典」（山科）、「廃旧儀同神典」「辰牌臨御事畢行幸山陵」（門脇）、「此度より神道の御祭ニ成られ」（押小路）、従来の寺門の仏事を再編し、宮中親祭・山陵親拜をもって行なわれた孝明天皇三周正辰祭の画期性を明確に認識、その神祇祭祀への「先帝総而神体之御取扱」（冷泉）転換の意義を、明確に記録していたのである。

かくして、文久・元治期における初代神武天皇例祭の制定に呼応、明治天皇親らによる宮中親祭・山陵親拝をもって、先帝孝明天皇例祭が開始されるに至ったのである。初代神武天皇祭典は、文久三年の神武天皇山陵修補を承け、元治元年、正辰における神武天皇例祭執行を奉告する御拝儀によってその端緒が開かれた[66]。これに応じて、先帝孝明天皇例祭は、慶応三年の御陵造営[67]を承け、明治元年、崩御日における宮中・山陵での神祇式追祭執行によって執行されるに至ったのである。それこそは、初代天皇を祭る「神武天皇祭」に呼応、先代天皇を祭る「先帝祭」の成立にほかならなかった。かくて神武天皇祭・先帝祭の成立を承け、これ以降、維新政府の諸制度の形成に即応しつつ、歴代天皇の例祭・式年祭が次々と整備されてゆく。それらの祭儀は、廃藩置県直後、賢所・皇霊の同殿奉斎という画期的措置に伴い、宮中・山陵において天皇が追孝を申べる国家祭祀として再編成されてゆくことになるのである[68]。

まさに王政復古から維新政府成立に至る政治過程において、天皇の皇祖・皇霊への親祭は、政治過程の進展の不離一体のものとして行なわれ、維新変革史上欠くべからざる役割を果たしていったのである。

おわりに

そもそも「神武創業・祭政一致」は、新政の根本方針のみならず、維新政府における天皇の在り方、天皇祭祀の在り方をも基礎付けた理念であった。

新帝明治天皇の課題は、神武創業の理念によって、(1)祖宗からの負託・政治責任に応えて維新変革を遂行すること、(2)さらに幕末段階の山陵修補完工（神武天皇山陵・歴代天皇山陵修補竣功）を承け、天皇政治の根拠たる皇室祖先祭祀を形成・整備してゆくこと、この二側面を有していた。すなわち、神武創業を規範とした天皇親政の政治体制の形成過程は、同時に天皇親祭による皇霊祭祀の形成過程なのであって、これを要するに、天皇を主体とする「祭政一致」制度の確立過程にほかならなかった。

(1)の課題は、天皇の軍事大権回復に呼応、天皇の軍事統帥者化として現れた。ここから、明治天皇親ら神武天皇の再来として東征・東幸を行ない、群臣を新しい国家建設に向けて導いてゆく能動的・主体的な天皇像が要請されてゆくのである。このような天皇像のもと、維新政府は、五箇条誓文および同日発布の宸翰において、新国家の創業の大綱を宣明する。それは、新帝を主体とする新しい政治の創造宣言であった。

このような神武創業の理念は、祭政一致の理念のもと、天皇親祭の国家祭祀にも貫徹してゆく。すなわち明治天皇は、御治世におけるはじめての御拝儀として、両度（元服由奉幣に伴う神武天皇陵御拝、神武天皇例祭に伴う神武天皇陵御拝）にわたって神武天皇山陵を御拝、続いて官武の群臣を率いて国是奉告の誓祭を親祭、祖宗の負託に応える革新政治遂行を誓い、群臣もまた天皇の叡慮の遵奉を誓った。ここにおいて天皇は、祖宗への政治責任の自覚のもと、天神地祇への親祭をもって、天皇親政による「創業」政治の遂行を誓ったのである。さらにまた、大坂行幸を前にして行なわれた軍神祭は、神武天皇像を根拠とした軍事統帥者としての天皇像を形象化する祭儀として執行された。

かくて遷幸後、(1)山陵行幸による祖宗への親謁、(2)官武一途の政体改革実施が課題となった。しかし(1)の山陵親謁については、一部公家・平田派国学者等の反対勢力の牽制によって一頓挫を余儀なくされた。また(2)の遷幸後の官制改革についても、朝廷勢力との妥協により、新定の政体書官制と、旧来の律令百官との併存を余儀なくされたのである。

山陵親謁の遅延の背景には、山陵の位置付けをめぐる新旧両勢力の対立があった。矢野玄道の奉答に代表される「浄穢」意識は、近世朝廷の旧慣温存を図り、天皇東幸を阻止せんとしていた当時の公家・草莽層の大勢を占める意見でもあったのである。

これに対して、神祇官を主導する津和野派の構想は、矢野玄道奉答に見られるような前近代的禁忌を打破、山陵・神宮親謁を実現、もって神宮・山陵を一丸とする天皇追孝の国家祭祀体系形成を目指すものであった。両者の間には、天皇および祭儀の在り方のみならず、まさに国家構想の根幹にかかわる深刻な対立があったのである。

このような対立は、八月、即位式の新式による執行・儀式への維新官僚参列をもって一応の決着を見る。これを契機にして事態は一気に進展、維新政府における改革派の主導権が確立されるに至った。すなわち、この直後、即位式改革と連動しつつ、山陵親謁（天智天皇陵、孝明天皇陵）が実現する。この山陵親謁こそ、天皇親ら山陵が穢所にあらざることを明示する前近代的禁忌の否定であり、また誓祭・宸翰で明確になった祖宗への政治責任を、躬をもって示される象徴的行為であった。それは、祖先神への政治責任の自覚から出発した新しい天皇政治の本質にかかわる、最重要の祭儀にほかならなかったのである。かくして九月、大坂親征以来の懸案であった天皇東幸が実現する。それは東西両京往復構想（大木民平）の実現であると共に、また神武東征神話の再現にほかならなかった。

以上の諸改革の達成を承け、遷幸直後、「追孝」の叡慮による「先帝祭」が実現するに至る。すなわち十二月、先帝崩御日当日、天皇は(1)紫宸殿親祭、(2)山陵親拝執行により、はじめての先帝神祇式親祭・山陵親謁儀を行なわれた。それは、崩御日における宮中・山陵同日祭典の端緒であり、近代皇室祖先祭祀の基本様式の確立を意味していたのである。

このような祖先祭祀の様式は、東京奠都に伴い、宮中皇霊・山陵における皇室祖先祭祀形成へと展開を遂げてゆくことになる。すなわち明治四年に至って、それまで神祇省に鎮祭されていた「皇霊」が賢所同殿に遷座され、歴代の「皇祖皇宗」を皇祖神との関連において奉祀する「皇廟」が宮中に創設されてゆく。ここにおいて、初代神武天皇祭と同様、孝明天皇を「皇霊」「山陵」において祭る「先帝祭」は、新嘗祭・神嘗祭（皇大神宮遥拝祭）等の皇祖神祭祀と共に、天皇親祭の「国家の大典」として位置付けられるに至るのである。

以上の過程は、孝明天皇の山陵修補事業によってその基礎が据えられた天皇「追孝」の祖先祭祀が、明治天皇の治世下に至って、ありうべき国家統合の機軸として全面的な成長を遂げてゆく過程であった。それこそは、神武天皇の「大孝」祭祀を規範とした、天皇親祭による皇室祖先祭祀の形成過程にほかならなかったのである。

いずれにせよ、文久二年の初代神武天皇山陵修補・元治元年の神武天皇定例祭の開始に始まる近代皇室祖先祭祀形成の課題は、慶応三年の先代孝明天皇山陵造営、さらには明治元年の孝明天皇祭・先帝祭の成立をもって、初代「神武天皇祭」・先代「先帝祭」の照応において、帰結を迎えるに至った。維新に際して、明治天皇がまず行なわれた御拝儀が、「初代」神武天皇山陵遥拝儀であり、その年の締め括りとして行なわれた親祭が、「先代」孝明天皇追祭であったところに、明治元年の天皇親祭祭祀の意義が集約的に示されていると考えられるのである。

註

（1） 拙稿「孝明天皇大喪儀・山陵造営の一考察」（上）（下）（『神道宗教』一四九・一五〇）、

本書第四章に収録。

（2）従来の研究として、山口鋭之助「明治戊辰祭政一致の御制度」（『神祇』七九巻八二・八四・八五号）、藤井貞文「明治新政と山陵の措置」（『国史学』六）、同「明治政府の神祇行政と神祇事務局」（『国史学』二〇）、外池昇「陵墓観の変遷」（『成城文芸』一一五）、高木博志「天皇をめぐる「賤」「穢」の変容」（『歴史評論』四八六）、羽賀祥二「明治神祇官制の成立と国家祭祀の再編」（上）（下）（『人文学報』四九、五一）のち『明治維新と宗教』（筑摩書房、一九九四年）収録。

（3）神武創業の理念とその機能については、拙稿「文久・元治期における神武天皇祭の成立」（『神道宗教』一三七・一三八）、本書第二章に収録。佐々木克『志士と官僚　明治初年の場景』（ミネルヴァ書房、一九八四年）参照。

（4）拙稿「近代天皇祭祀形成過程の一考察――明治初年の津和野派の活動を中心に――」（井上順孝・阪本是丸編『日本型政教関係の誕生』第一書房、一九八六年）、なお、津和野派の理論的指導者、大国隆正の思想については拙稿「ペリー来航と大国隆正」（『神道学』一四〇）、同「文久・慶応期の大国隆正」（『國學院大学日本文化研究所紀要』六四）参照。

（5）前掲註(2)藤井貞文論文参照。

（6）前掲註(1)拙稿。

（7）「王政復古発令一件」（『岩倉具視文書』国立国会図書館憲政資料室所蔵）。

（8）同前。

(9)「明治元年　親征行幸」(『岩倉具視文書』国立国会図書館憲政資料室所蔵)。
(10)『大久保利通文書』二(日本史籍協会、一九二七年)、二〇九頁、なお、天皇親征構想と朝廷改革構想の関連については原口清「明治初年の国家権力」『大系日本国家史』4　近代1(東京大学出版会、一九七五年)。
(11)「大木民平建言書草稿」(『大木喬任文書　書類の部』国立国会図書館憲政資料室所蔵)。大木は二月朔日上京、十一日本建白を三条に提出していた。なお大木は閏四月四日徴士参与・外国事務局判事に任ぜられている。
(12)「明治元年三月国是一定誓約ノ建言及会誓式」『木戸家文書』(宮内庁書陵部所蔵)。
(13)『明治天皇記』第一、六一三頁。
(14)『神道大系』論説編一一　伯家神道(神道大系編纂会、一九九〇年)、五七頁以下参照。
(15)「非蔵人日記」『大日本維新史料稿本』明治元年二月九日条(東京大学史料編纂所所蔵)。
(16)「平田職修日記」『大日本維新史料稿本』明治元年二月一〇日条(東京大学史料編纂所所蔵)。なお、御拝伝授の旨は正月二十八日布告、同五日、八日よりの僧尼重軽服者参内停止が命ぜられ、翌日九日に至って実施された。
(17)『明治天皇紀』第一、六一六頁。
(18)同前、五九三頁。
(19)『大日本維新史料稿本』明治元年三月一一日条(東京大学史料編纂所所蔵)。なお、三月四日、勅使派遣が布告されていた。

(20)『諸陵御祭典略抄』(宮内庁書陵部所蔵)。
(21)誓祭については大久保利謙「五ケ条の誓文に関する一考察」『大久保利謙歴史著作集』第一巻(吉川弘文館、一九八六年)、原口清「明治初年の国家権力」(『体系日本国家史』4近代1)、また、その近代天皇祭祀形成史上における意義については前掲註(4)拙稿「近代天皇祭祀形成過程の一考察――明治初年の津和野派の活動を中心に――」。
(22)以下、宸翰は『明治天皇記』第一、六四九~六五二頁より引用。
(23)このような「日本的」な親政体制の特質については、井上勝生「幕末における御前会議と「有司」」(『史林』六六巻五号)、のち『幕末維新政治史の研究』(塙書房、一九九四年)収録。
(24)『復古記』四、二〇〇~二〇一頁、『明治天皇紀』第一、六八九頁以下。
(25)『木戸孝允日記』一(日本史籍協会、一九三二年)、一三頁、妻木忠太『木戸孝允遺文集』(泰山房、一九四二年)、一四三~一四四頁。
(26)『勤斎公奉務要書残篇』(宮内庁書陵部所蔵)。
(27)『中山忠能履歴資料』一〇(日本史籍協会、一九三五年)、四九二頁。
(28)(1)は『中山忠能日記』三(日本史籍協会、一九一六年)、六六一頁、(2)は『嵯峨実愛日記』二(日本史籍協会、一九三〇年)、二七五~二七六頁。
(29)『泉涌寺史』本文編、四七九頁。
(30)『復古記』四(内外書籍、一九二九年)、二六三~二六四頁。
(31)『御陵意見』(宮内庁書陵部所蔵)合綴の文書より引用、なお、同意見書は『復古記』四、二六三～二六四頁にも所収されているが、その日付は閏四月七日となっている。

(32)『太政類典』第一編一二七巻（国立公文書館所蔵）。なお越前松平家の祖先祭祀形成過程については、伴五十嗣郎「越前松平家の神祭への転換について」(上)(中)(下)(『神道史研究』二八巻二号・三号・四号）参照。

(33)『御陵意見』（宮内庁書陵部所蔵）。

(34)『復古記』四、二六三～二六四頁。

(35)『太政類典』第一編一二七巻（国立公文書館所蔵）。

(36)『中山忠能履歴資料』九（日本史籍協会、一九三四年）、三六〇～三六一頁。

(37) 宮地正人「廃藩置県の政治過程――維新政府の崩壊と藩閥権力の成立――」（坂野潤治・宮地正人編『近代日本史における転換期の研究』山川出版社、一九八五年）参照。

(38) いずれも『勤斎公奉務要書残篇』（宮内庁書陵部所蔵）。

(39)『神祇院文書』（神社本庁所蔵）、原本は神宮文庫所蔵。なお、建白冒頭には「此書ハ先達知事公上京ノ時見込ヲ書取テ差上候也士着ノ後輔相公へ差出相成候ヨシ」との註記がある。浦田については三木正太郎「浦田長民を中心とする神宮祠官の活動」(『明治維新神道百年史』第五巻、神道文化会、一九六八年）参照。

(40)「明治二年雑件」七『岩倉具視文書』（国立国会図書館憲政資料室所蔵）。

(41) 矢野玄道ら平田派国学者の天皇東幸・東京奠都反対運動については阪本是丸『明治維新と国学者』（大明堂、一九九三年）参照。

(42)『公文録』「戊辰御即位雑記」(国立公文書館所蔵)、『復古記』七、二六三頁、なお、即位式執行における津和野派の役割については、拙稿「近代天皇祭祀形成過程の一考察――明治初年の津和野派の活動を中心に――」参照。
(43)『復古記』七(内外書籍、一九八三年)、二五六頁以下。
(44)「日記抜抄　遷都ニ関スル分」(『大木喬任文書　書類の部』国立国会図書館憲政資料室所蔵)。
(45)三条実美の中山忠能宛書簡の一節。『中山忠能履歴資料』九、二八八頁。
(46)『明治天皇紀』第一、八一〇頁。
(47)前掲註(4)拙稿「近代天皇祭祀形成過程の一考察――明治初年の津和野派の活動を中心に――」参照。
(48)『木戸孝允日記』一、八七頁。
(49)『太政類典』第一編五二巻。
(50)同前。
(51)『山陵取調巡回日記』三(東京大学史料編纂所所蔵)、なお本資料は戸田家家臣小林仙三の手になる日録。
(52)『明治天皇紀』第一、八一五～八一六頁。
(53)『明治天皇紀』第一、七九八～八〇〇頁。
(54)『復古記』七、四一七頁。なお、孝明天皇正辰日の決定は九月二日にも再達され、「一段恭敬至重ニ御祭典可被為遊候旨」が指示された。

(55)「大木民平建言書草稿」(『大木喬任文書　書類の部』国立国会図書館憲政資料室所蔵)。大木は二月朔日上京、十一日本建白を三条に提出していた。なお大木は閏四月四日徴士参与・外国事務局判事に任ぜられている。

(56)『太政類典』第一編五二巻。

(57)『中山忠能履歴資料』九(日本史籍協会、一九三四年)、四四七頁。

(58)『諸陵御祭典略抄』(宮内庁書陵部所蔵)。

(59)同前。

(60)「弁事五辻安仲朝臣手記」二(『岩倉具視文書』国立国会図書館憲政資料室所蔵)。

(61)『諸陵御祭典略抄』(宮内庁書陵部所蔵)。

(62)『山陵取調巡回日記』四(東京大学史料編纂所所蔵)。

(63)「弁事五辻安仲朝臣手記」二(『岩倉具視文書』国立国会図書館憲政資料室所蔵)。

(64)「泉涌寺文書」『大日本維新史料稿本』明治元年一二月二五日条(東京大学史料編纂所所蔵)。

(65)いずれも『大日本維新史料稿本』明治元年一二月二五日条(東京大学史料編纂所所蔵)。

(66)前掲註(3)拙稿。

(67)前掲註(1)拙稿。

(68)これ以降の皇室祭祀形成過程については拙稿「明治神祇官の改革問題」(『國學院雜誌』八

八巻三号)、本書第六章収録、「明治初年の神祇官改革と宮中神殿創祀」(『國學院雑誌』九〇巻八号)、本書第七章収録参照。

第六章　明治神祇官の改革問題

はじめに

明治二年七月八日、職員令の制定によって太政官外に特立した神祇官は、同四年八月八日、太政官三院制の成立に伴って神祇省に改組された。さらに九月三十日、同省に鎮祭されていた皇霊も宮中に遷座され（翌年四月二日、続いて八神・天神地祇も遷座）、ここにおいて従来の神祇官祭祀は、明らかに宮中における天皇親祭体制へと転換したのである。

太政官外に特立していた神祇官が、太政官管下の一省へと改組され、国家祭祀の中心が宮中へと転換した理由について、これまでの研究史は、神祇官を拠点とした復古神道派による時代錯誤的・非現実的な神道国教化政策が、明治四年の反政府運動弾圧に伴う彼らの一斉排除によって否定されたためであるとして評価してきた[1]。

しかしこのような評価は、既に別稿[2]で指摘したように、明治神祇官が一貫して長州系官僚と密接なつながりのあった亀井茲監・福羽美静をはじめとする津和野藩出身者の主導下にあり、彼らが当初から令制神祇官とは異なる祭政一致構想を所有し、その改革を志向していた基本的な事実を看過している。明治神祇官の改革は、その主導者である津和野派の動向と役割を抜きにしては理解することができない[3]。

このような観点からすれば、明治神祇官の改革問題は、福羽ら津和野派が、維新政府首脳との連携に拠りつつ、どのようにして神祇官改革・宮中祭祀形成を実現していったのか、という観点から再検討されなければならないであろう。さらにここに至る過程において、津和野派と並んで神祇官改革に積極的役割を果たしたのは、橋本実梁・浦田長民を中心とする度会府（県）関係者と、飯田年平・門脇重綾を中心とする鳥取藩出身者であった。

以下、本章の課題は、従来あまり注目されてこなかった当時の関係資料に即しながら、明治神祇官の改革問題をあらためて再検討することである。

一　神祇官の特立と津和野派

本節では、津和野派が当初から令制神祇官制とは異なる宮中・太政官を中心とした祭政一致政策を構想していた事実を跡付け、既に神祇官特立直後の段階において、彼らが宮中の賢所・皇霊祭祀（皇祖皇宗祭祀）を機軸とする、国家祭祀・教化制度の再編成を志向していたことを明らかにする。

維新政府成立時以来、神祇官の主導権は、幕末以来長州勢力と深いつながりのあった津和野藩主従——亀井茲監・福羽美静——が掌握していた。津和野派の改革構想は、彼らが明治元年に作成した改革案の冒頭に「御国体ニ基キ祭政教一致天道御興隆之事」(4)とあるように、「神武創業」および「祭政教一致」というタームに集約されるものであった。そしてこうした政策は、維新政府指導者が志向する天皇親政（「政」の課題）を、「祭」「教」の側面から補完しようとするところから構想されたものだったのである。

次に、祭・政・教三者の関連と役割とを見てみよう。まず「祭」と「政」の関連から触れる。天皇の親政＝「政」を根拠付けるのは、天皇に統治権を授与した皇祖神・歴代天皇への天皇自らによる親祭＝「祭」である。いいかえれば日本の最高統治者たる天皇の親政は、統治権の授与者・継受者としての皇祖神・歴代天皇への親祭を通してその根拠が明らかにされるのである。ここに天皇親祭と天皇親政が、すなわち「祭」と「政」が、表裏一体の関連にあることは明らかであろう。

さらにこのような天皇の祭政は、同時に「教」＝国民教化の原点とならなければならなかった。つまり天皇が親祭によって皇祖皇宗に示す「孝敬」は、天皇の親政に服すべき億兆の忠孝実践の範型として、対キリスト教政策を射程に入れた国民教化運動の軸芯とならなければならないとされるのである。これこそが明治初年の段階で津和野派が抱懐していた祭政教一致政策の概要である。祭・政・教の三者は、維新政府が志向する天皇親政の課題に応じて、新たに建設されるべき国家体制のなかに明確に組みこまれなければならなかった。

明治二年一月から二月にかけて、東京奠都を前提として作成された二つの資料によって、このことを検討してみよう。二年一月十日の神祇官伺は、「祭」＝天皇親祭の核心に置かれるべき皇祖神・歴代天皇祭祀の具体的な様式について、次のように建議している。(5)

一　御代々ノ御神霊皇居ノ御内へ御合祀被為遊候様仕度奉存候事

右ハ諸国御散在ノ山陵悉御参拝被為在度御事ニ御坐候へ共百ヶ所ニモ近ク候へハ一々御参拝御宮御造営等ハ実以不容易御事ト奉存候篤ト相考候処京都ニハ内侍所ノ御傍ニ当時御不用ノ御仮宮有之候右ハ御十分ノ御造営ニハ無御坐候へトモ先ツ不取敢右ノ御仮宮へ御合祀被為遊候ハ、急速ノ御新造ニハ被為及間敷奉存候尤東京ニ於テハ紅葉山ニ清地何程モ可有之候間是又御歴代御合祀ノ御宮御造営被遊時々御参拝被為遊候ハ、山陵無残御参拝不被遊候トモ乍恐御孝道モ御十分ニ被為立候御事ト奉存候

但皇居御狭窄ニ付テハ御取弘メ可被為在候上ノ御義ニハ御坐候へトモ御評議伺定置度

神祇官はここで、宮中に「御代々ノ御神霊」＝山陵奉祀の歴代天皇の神霊を合祀する殿舎を設けるべきことを建議している。しかもそれは、「内侍所ノ御傍」の「仮宮」に、つまり皇祖神を奉祀する賢所と相並んで併設されなければならないとしているのである。ここにおいて、神祇官が、歴代天皇への祭祀を賢所・皇祖神との関連において把えていたこと、さらに、賢所（皇祖神）―皇霊（歴代天皇）への親祭が相俟ってはじめて天皇の「御

孝道」が十全なものとなると考えていたことが、明確に示されていよう。そしてこのことは同時に、維新政府の正統性の根拠――皇祖神の神勅を根拠とする万世一系の天皇統治――を、「祭」の対象として設定することをも意味していたのである。これこそが、天皇による「祭」の具体的な様式として神祇官が提起した構想であり、それはのちの宮中三殿（賢所・皇霊殿の皇祖皇宗祭祀を根幹とする）成立によって具体化される近代天皇祭祀の原型であった。かくして神祇官・津和野派は、当初から宮中における皇祖・皇霊の天皇親祭体制を構想・提起していたのである。

次に以上のような天皇の「祭」を根拠として行なわれるべき「教」＝教化政策の構想を見てみよう。以下に引用するのは二年二月、亀井茲監・福羽美静および江藤新平の原案[6]をもとに作成されたと推測される『政体未定稿』[7]と題された官制案である。この資料は、天皇の「政教の権」のもと、神祇官によって行なわれるべき教化政策の概要、および同官の職制について、次のように記している。

……且又彼等（西洋諸国）之国情ヲ察スルニ政教両分シ教ノ権ハ全有宗門而不在君丶
只政事ノ長官タリ固《ママ》テ政教ノ争ヒ数起ル是ヲ戦争ニ譬レハ是即我以彼ヲ衝ント欲スル
所ノ虚ナリ我
皇国ハ政教ノ権皆在
皇室宜シク一官ノ盛《ママ》ニシテ万民益君臣ノ大倫ヲ明シ天下ノ人彌敬如天日彌親ムヿ又如

天日ナラシメ加之前ノ二省ノ功ヲ大ニ立シメハ教助政、助教政教一途終ニ皇化皇成ヲ
シテ地球上ニ及サンヿ是
先皇ノ志也是
皇国ノ規模也因テ茲ニ興国ノ官制ヲ立ント欲ス且大宝令所定ノ官制ハ数千年来延上用
天下皆耳ニ熟シ因テ彼是ヲ潤色シ試ニ官制草案所認如左
神祇官
大副二人 与大臣同シ親王公卿諸侯ヲ以充之
少副二人 諸侯大夫士庶人ヲ以充之 大小祐 小小《ママ》史 官掌使部直丁
謹テ考ルニ神祇官置伯猶太政官置太政大臣
至尊自事神祇何用伯因不置伯
学校
小学校
諸陵司
諸儀司 即位朝参冠昏（ママ）喪祭等之事ヲ掌
右教化ノ権ナリ

『政体未定稿』は、政権と教権が常に両分・対立する西洋諸国の宗教事情に対比して、わが国の特長が、天皇のもとに政権と教権が帰一しているところにあるとする。故に、こ

のような天皇の「政教ノ権」に依拠しつつ、国民教化にあたる官衙が建てられなければならない。津和野派の原案では、この官衙を「神教官」と称しているが、『政体未定稿』では大宝令に依拠、「天下皆耳ニ熟シ」た神祇官の名称を踏襲している。

神祇官は、天皇の親祭（「至尊自ら神祇を事とする」というのはこの意味であろう）に発する祭教の権を具現するため、伯（長官）を置かず、天皇直属の官衙とならなければならない。それはあたかも、天皇親政を明確化するため太政官に太政大臣を置かないことと同様である。なぜなら、太政官が天皇親政によって主宰される天皇直属機構であるのと同様、神祇官もまた天皇親祭によって主宰さるべき天皇親臨の官衙でなければならないからである。

以上、東京奠都を前にして作成された祭政教一致政策にかかわる二つの資料を検討した。これらの資料を総合する時、そこには天皇の皇祖・皇霊への祭祀を機軸として制定されるべき祭政一致の政治制度と、そのもとでの教化体制形成の構想を明確に見てとることができよう。東京奠都によって建設されるべき新国家体制は、このような祭・政・教から成る天皇の大権を不可分一体のものとしてその中に定置するものでなければならなかった。

それでは、東京奠都後に新定された国家体制——二官八省の太政官政府——は叙上のような祭政教一致の構想を十分に具現するものであったろうか。まず、このことを「祭」の側面から見てみよう。結論的にいえば、神祇官の当初の構想、賢所と皇霊の宮中合祀は実現しなかった。別稿で明らかにしたように、神祇官は神祇官神殿内に皇霊を鎮祭するにとどまり、賢所の皇祖神祭祀と歴代皇霊祭祀を一体化するには至らなかったのである。かくして「祭」の対象は、神祇官神殿と宮中に分裂した。

さらに、令制に従って神祇官が太政官外に特立されたことによって、天皇大権のもとで結合すべき「祭」と「政」も分離された。二年九月、神祇官特立直後提出された神祇少史加部厳夫（津和野藩出身者）の建白（神祇官本官宛）は、津和野派の右のような「祭政分離」の状況に対する現状把握をよく示している。(8)

乍恐奉言上候今般

祭政一致之御趣意ニ而職制被為在御定以神祇官被為置太政官ノ上候事深ク奉感歎候然ル処只今之儘ニ而モ全ク其名ニ適ヒ候儀与ハ乍恐不被存候左様候而ハ自然　御趣意ニ悖リ候様可相成仍而全祭政一致之御趣意与申候得ハ日々政ニ関ラサルヲ得ス候而ハ有名無実ニ相成候義ニ候得ハ少副以上ニ而一人宛日々太政官へ出仕被為在其事ニ参与シ而後被為行其事候様相成且其事件ニ因リ候而ハ少祐以上ノ議事ニモ縣サセラレ候様相成候ハ、実ニ

祭政一致以神祇官被為置太政官上候御趣意貫徹可仕候是即　神祇ヲ重スルノ道ニ而其譯邦内ニ溢レ自然愚夫愚婦ニ至ル迄道ヲ知ルノ大基本カト奉存候事

加部はここで祭政一致の名目のもとに太政官外に特立した神祇官が、かえって祭政を分

離する結果となった実情を指摘、こうした現状を克服するために、「少副以上ニ而一人」(神祇少副福羽美静を指すであろう)が毎日太政官に出仕(事柄によっては少祐以上も出仕)、太政官の評議に参画すべきことを提唱している。この加部建白に対する神祇官本官の回答は、加部の現状把握とその改革への志向が、同時に神祇官幹部のものでもあったことを如実に物語る(9)。

祭政一致之儀追々被　御出候得共未タ其実不被行自然口実而已ニ相流レ可申歟与兼而於官中モ痛心罷在候事ニ而然カ相成候而ハ
天神地祇ヲ欺キ奉リ候筋ニ相当リ可申候間建言之趣至当之義与存候間篤ク御評議之上少副以上参与被　仰出候様只管相願度候事

すなわち、本官による回答もまた加部同様の現状把握に立脚、神祇官特立がもたらした祭政分離の弊害を、神祇少副以上の太政官行政参与によって補完しようとする意向を明らかにしている。すなわち神祇官は、神祇官と太政官を人的側面から一体化することによって、神祇官の「祭」を、太政官の「政」の中に組みこむことを志向したということができよう。

ここに見られるように、神祇官自身、自らの太政官外特立を決して肯定的に評価してはいなかった。このような現状認識の背景には、本来の祭政一致は、神祇官によってではなく、太政官によって実現されるべきであるとする志向が存在しているのは明らかであろう(10)。

こうした神祇官の志向のうちに、太政官への祭政の権の集中を主題として展開される明治四年の大改革の基調が既に伏在していることもまた明らかである。

同様の事情を示すものとして、二年九月三日付で福羽が参議副島種臣に宛てた書簡を引用しよう。(11)

○官禄之事此程御話ニテ其筋ヲ窺益杞憂ヲ生シ候　神祇　宮内　学校等ヲ以政務ニ不預トシテ分流ニ致候時ハ譬ニ申候一ハ臓腑ト手足ト軽重ヲ不別理ニテ世人俗務ヲ重貴ト為シ候旧弊ニ陥リ可申旧幕府此弊ヲ以識者モ年月ニ離申候神、皇、道、共ニ臓腑ニ可此不可軽之物ヲ分流とスル時ハ正名ノ議政府外ニ起候事ハ眼前也昔日旧幕之新政其力アリテ其事ヲ為シ候ニ付一時ハ堪へ候得共終ニ是ゟ破し申候況今日之御新政清々明々ハ海内奉仰候へども澆乱力治之訳トモ被為違申候此条能々被為弁候様仕度前候ノ一義モ此条ヲ御勘合可然奉存候左様無之而者永図之御良策ニ有之間敷ト奉存候

福羽は、神祇官特立下の現状を、「神祇」「宮内」「学校」が、すなわち神（神祇官）、皇（天皇）、道（教学政策）が、相互の有機的な関連を欠き、かつそれぞれが実際の政務——「政」から排除されている状態と把握する。つまり職員令による体制は、祭・政・教の三者を、天皇の大権のもとに統合的に編成し得ていない。このことは、いいかえれば、祭政一致を国是とする維新政権の国家的正統性の制度化が、依然として未確立の状態にあるということにほかならない。それはとりもなおさず、維新政府が、自己の政権の正統性を具

現するものとしてのあるべき天皇像を、未だ政治体制の中に組み込み得ていないということでもあった。このような現状では「正名ノ議政府外ニ起リ候事ハ眼前也」維新政府が旧幕の覆轍を踏んで、日本における唯一の正統政権としての地位を失うのは眼に見えている。いわば福羽にとって、祭政一致の未確立は、維新政権の存亡如何にかかわる切実な問題にほかならなかった。

福羽は、副島に対して、このような現状を克服すべき「永図之御良策」が必須であることを述べている。では、福羽はじめ神祇官指導者が「永図之御良策」＝本来の祭政一致の実現のために設定した基本方針とはどのようなものであったろうか。

それは第一に、既に加部建白およびその回答を通して検討したように、太政官中心の祭政一致を志向することであり、第二に、神祇官祭祀を宮中祭祀に転換し、宮中での皇祖・皇霊の天皇親祭体制を実現することであった。以下に引用するのは、二年十一月、太政官制度局において福羽（制度局御用掛を兼勤）を中心に作成されたと推測される『年中祭儀節会大略』（明治三年六月諸陵助谷森善臣書写）の一節である[12]。

一　年中祭礼ノ儀ハ　朝廷ノ大典ニシテ一モ闕ヘキニアラ子ハ今悉ク旧儀ヲ起サセタマフヘシ且方今祭政一致共ニ親ク行ハセタマフ御事ナレハ宮中ノ地ヲ択ヒ新ニ大斎場ヲ設ケタマヒ神嘉殿ヲ正殿トシテ新嘗ノ大祀ハサラナリ祈年月次ノ諸祭伊勢例幣発遣等従前神祇官ニテ行ヒ来シ神事ヲ総テ宮中ニテ　御親祭アラハ祭政唯一ノ基本

正ク立ヘシ但シ未タ大斎場御取立ニ相成サル間ハ仮ニ神祇官ニテ行ハルヘキナリ

この資料では、宮中に天皇親祭のための「大斎場」を設け、「従前神祇官ニテ行ヒ来シ神事ヲ総テ宮中ニテ御親祭」、祭政一致を名実共に実現しなければならないとされている。神祇官祭祀は、このような宮中における天皇親祭体制が確立するまで「仮ニ神祇官ニテ」便宜的に行なわれるものに過ぎない。

この構想が、先に引用した二年一月の神祇官伺の延長線上にあることは明らかであろう。祭祀を宮中に移行するということは、具体的には神祇官鎮祭の皇霊を、宮中賢所の皇祖神祭祀へ向けて再編成することである。それこそは、皇祖・歴代天皇による万世一系の天皇統治を根拠として成立した維新政府の国家的正統性を制度化する上で、不可欠の手続きでもあった。

以上、明治二年段階における神祇官の基本的な志向が、当初から(1)太政官による祭政一致、(2)宮中の天皇親祭体制の確立にあることを検討してきた。津和野派の構想からすれば、東京奠都後新定された国家体制は、本来天皇のもとに一体であるべき「祭政」を分離するものにほかならなかった。ここにおいて、彼らは再び(1)(2)の課題達成へ向けて神祇官の改革を志向し始めるのである。

神祇官のこのような志向は、維新政府指導者の「宸断ヲ以テ天下ヲ統御ス」[13]べき天皇親政実現の課題と、「政府諸省手足ノ如ク一身ノ如ク合体」[14]すべき太政官への権力集中の課題に、しっかりと照応するものであった。神祇官の改革への志向が、このような太政官首脳の政府強化構想と呼応する時、そこには既に明治四年の大改革遂行が、明確に展望されていたということができよう。

二　度会府・鳥取派の改革構想

前節では、明治二年段階における津和野派の改革構想のうちに、宮中・太政官を中心とする祭政一致実現の明確なプランを見いだすことができることを指摘した。このような神祇官改革の志向に、いわば両側面から働きかけ、神祇官改革の早急な着手を要請し続けたのが、橋本実梁・浦田長民・元田直等の度会府（県）関係者⑮であり、飯田年平・門脇重綾等の鳥取藩出身者⑯であった。四年の改革において、この両グループは、津和野派と共に、神祇官・神宮改革の中心的な担い手となって活動してゆくのである。

以下、度会府権判府事浦田長民⑰と行政官弁事門脇重綾⑱の建白によって、彼らの改革構想を見ていきたい。

(1)浦田長民　　二年三月

神人同一ノ皇道ヲ明ニセント欲セハ朝廷ト神宮ト些モ区別無之様不相成ハ乍恐不都合ト奉存候。今ヨリ府藩県知事判事拝命ノ節藩主家督相続ノ時又府藩県其他観スルモノハ其節必ス神宮ニ参拝スヘキニ御確定御布告有之度奉存候……

(2)門脇重綾　　　　二年六月二十九日　輔相右府宛

祭政一致之義者天祖三種之神器及五部神を天孫江被為授各其職掌を伝へさせられ候ゟ天兒屋根以下　天孫を奉輔佐、各家之子孫天祖ノ教を奉し君臣合体不教而治自然ノ本教万古不抜ノ根本ニ有之候処　崇神天皇以来祭政区別与相成候より末世澆季ノ運終ニ今日ニ至リ候……何分今般ノ御趣意　天祖ノ幽契深ク御考量被為在度儀ニ奉存候因而ハ祭政ノ御政体　廟堂上ゟ速ニ御改革被為在輔相公親神祇知事御兼帯ニ相成万機是ニ準シ候御体裁相立度奉存候……

(1)で浦田は「朝廷ト神宮ト些モ区別無之様」に、つまり維新政府と皇祖奉斎の神宮が、名実共に一体化されなければならないと主張する。これは、政治体制の中心に皇祖神奉祀を位置付ける、文字通りの祭政一致構想であろう。これに対して(2)の門脇建白は太政官中心の祭政一致を提起するところに特色がある。彼によれば、令制による神祇官・太政官の分立は、本来天皇のもとで一体であった祭政を分離する制度に過ぎない。本来の祭政一致実現のためには、太政官の最高指導者（輔相）が神祇官の長官（知事）をも兼帯、もって太政官の「政」と神祇官の「祭」の一体化が図られなければならないとする。

浦田建白が、宮中における皇祖・皇霊親祭体制を志向していた神祇官の改革構想に、門脇建白が、太政官中心の祭政一致を志向していた神祇官の構想に、それぞれ呼応するものであることは明らかであろう。神祇官指導者が彼らの建白に、いわば自らの構想の同調者を見い出したことは推測に難くない。この意味において、三年五月二十五日の門脇の神祇大祐拝命、四年八月五日の浦田の神祇省出仕拝命の前提は、二年段階における彼らの建白にこそあったといえるのである。実際、四年の改革遂行にあたって、門脇は神祇官改革に、浦田は賢所・神宮改革に、それぞれ中心的な役割を果たしていくことになる。このように考えれば、彼らの二年段階における神祇官への働きかけは、人的にも理念的にも、既に四年の改革を積極的に準備するものであったということができる。とりわけ三年五月、弾正大忠から転任した門脇重綾の神祇官加入とその「祭政一致建白」は、神祇官が四年の改革へ向けて始動する決定的な契機となった。次節ではこの門脇建白を出発点としつつ、三年後半段階の神祇官が、四年の改革へ向けて提起した祭政一致構想の全容を検討してみたい。

三　神祇官改革の着手

明治三年八月、大納言岩倉具視は天皇親政による中央集権国家確立のための総合的な改革構想を『建国策』（または国体昭明政体確立意見書）と題して政府に提出した。(19)『建国策』提出は政府全体が中央集権体制の確立へ向けて動き出す画期となった。これに呼応して、神祇官もまた「祭政一致」のスローガンのもと、太政官への権力集中の課題に応じた国家祭祀・国民教化体制形成の課題へ向けて積極的な活動を開始する。

三年九月三日、神祇官幹部連署のもとに提出された神祇大祐門脇重綾建白は、現状を「祭政之体裁区別之姿」、すなわち祭・政分離の姿と把えた上で、対キリスト教政策を射程に入れて確立されるべき「祭政一致」の体制について、次のように述べる。[20]

……抑皇道ヲ興起シ国体ヲ維持候者大政之枢機最至尊之義ニ有之候処、方今邪教之義ニ於而者末禁遏ノ厳制モ不相立、唯説論一端而已ニ御座候……然ニ当時之如太政区別ニ有之前件之大事ニ当候者、実ニ一髪千鈞ヲ挽カ如ク所詮万一ヲ期候見込更ニ無之前途痛案至極之事ニ御座候何分　国家之御大事方今邪教之一事ニ有之候ニ付而者、祭政一致之御趣意各実合体　神州之大体確定不抜之実迹相顕候様一段之廟議有之度就而者先般御沙汰ニ出候御委任条之件ニ先一箇之本根御確定之上夫是本官見込ヲモ御任用被為在度、当今之急務実以不容易、須更モ難被閣義ト奉存候……

門脇は、目下最大の国家的課題が、予想されるキリスト教侵入に対して、早急な教化体制を確立することにあるとする。しかしこのような教化政策展開のためには、その前提として、まず廟堂（太政官）において、確乎たる祭政一致の制度が形成されなければならない。ここに、「教」化の根本として「祭政」の確立を位置付ける元年以来の神祇官の基本方針が反映しているのはいうまでもない。ここに言う「祭政一致」の全体構造を具体的に示すものが、門脇建白に伴って神祇官で作成されたと推測される次の二つの資料である。[21]

(1)昨年来祭政一致ノ旧義ニ被為復義ニハ御座候へ共全名実難相貫位置太政官ノ上ニ在而其制ヲ受ル所ハ諸省ニ同シ仍之祭典ノ事件ト雖当官専断スル事ヲ不得是名実相反ス名実不全候而ハ祭政一致ノ重事天下信仰スルニ不至歟復古御更張ノ基本如斯候而ハ如何可有之候哉大宝ノ旧令ニ於而ハ当時御変革

孝徳天智ノ両朝ゟ百事漢唐ノ政体ニ被擬候ニ付固有ノ国風ヲ被廃候カ為殊更ニ神祇官太政官ト被序候事ニ候へ共其実ハ是ヨリ祭政区別致候義ニ而却而古道ニ不叶義ニ可有之候御一新ノ　御趣意専

神武ノ創業ヲ被為体候儀ニ御座候へ共古今ノ沿革能々御取捨被為在純粋ノ古儀ヲ標準ニ而方今ノ時勢ニ相応仕候様被為在度一時ノ権宜等ニ出候儀ニ而ハ決テ永世ノ御基本とは難申冥々ニ於而モ如何可有之候哉復古ノ　御大業成敗ニ被為係候大事と奉存候ニ付此段深御熟慮被為在度奉存候事

一　内侍所祭政一致ノ本根タル名義深御体認被為在度此儀不容易御義ニ付猥ニ以書面
　難申述候事

一　当時本官職務ノ件ニ祭典与事務与区別致シ祭典ハ政府ニ而真ニ祭政一致ニ相成事務ハ官中ニ於而執行致シ尚本官省号ニ改め諸省同等ニ為奉都而政府ノ制ヲ受候へ
　者御政体相整本官半上落下ハ不相成
　朝廷上ニ於而ハ祭政名実相行レ候義ニ御坐候事

一　宣教ハ天下ノ教法ニ而是又祭政一致ノ根本ゟ出不申而ハ億兆ノ信仰甚薄く候ニ付教使ハ政府ニ属可申候事
但宣教任撰教道施行ノ手段可有之候事

(2)
一　内侍所　畏所ト御為改候事
一　重大事件有之節議事ノ趣ヲ以神宮江勅使派遣
主上　畏所御参拝　勅任以上陪従被仰付候事
一　畏所御用一切神祇官へ御委任候事
但内侍供奉ノ御用従前ノ通尤神祇官所務区別可然候事
一　諸祭典一切於政府行之祭政一致顕然たるべく大小奉幣等　勅使之廉弁官以上ニ而相勤節朔及御祭典欠怠無之厳重可行之尤モ右ハ参向拝礼ノ事件而已ニ取極都而之事務及祭典向取扱一切神祇官引受可申事
一　神祇官民部以下諸省同等ニ降事務一方沙汰すべく就而は御委任ノ件々取調政府神祇官区別可有之事
一　宣教使当分政府ニ合シ惣裁親王ニ被任華族名望之人体副之差当邪徒説諭ノ手配実効ヲ試可申此一策融動ノ模様ニゟ尚教道之大体政教一致之規模相立可申事

一　府藩県所轄ノ神社式内及崇敬之社柄祭典ノ義ハ知事以下少参事以上参向可執行将
　又祈年月並《ママ》ニ季祓神嘗祭政庁ニ於而執行都而
　朝廷ニ準拠シ祭政一致虚文ニ不相成様可致旨御達有之幷昨年来御革復古之　御趣意
　ヲ遵奉致彌以来ヽニ至迄敬神ノ政教ハ大切ニ相心得候様掲示御布令可有ノ事
一　一郷一邑産土神御祭典之義は其社司任職ノ節所轄地方官より祭政一致ノ　御趣意
　ニ準シ社司委任たるへき旨兼而申達候様規則相立可申事

資料(1)は、まず神祇官の太政官外特立による祭と政の分立が、本来の祭政一致の原則に反するものであることを指摘する。「孝徳天智ノ両朝」によって採用された令制は、この意味において、祭と政が天皇のもとで不可分であるべき「固有ノ国風」に背馳するものであった。そうである以上、現在の令制神祇官は、ありうべき本来の祭政一致に向けて改正されなければならない。

右のような意味での「祭政一致之根本」は、内侍所（「畏所」）・神宮における天皇の皇祖神への親祭に置かれる。資料(2)では「畏所御用一切神祇官へ御任候事」として賢所改革が神祇官に一任されるべきことを述べている。神祇官の構想する賢所改革とは、皇祖神の依代たる神器の同殿に、神祇官鎮祭の皇霊を遷座することによって、万世一系の天皇統治を国家祭祀の上から具現することにあったことは既述した。

こうした一連の改革の主体たるべきは、あくまでも天皇親臨による「政」の最高機関としての太政官でなければならない。太政官による祭政一致を明確化するために「諸祭典一切於政府之祭政一致顕然たるべく大小奉幣等　勅使之廉弁官以上ニ而相勤」諸祭典の執行もまた太政官官員によって補弼されなければならないとされる。(22)

このように神祇官の「祭」が太政官・宮中賢所に向けて転換され、「祭典ハ政府ニ而真ニ祭政一致ニ相成」「朝廷上ニ於而ハ祭政名実相行レ」るようになるのと対応して、神祇官は「本官省号ニ改め諸省同等ニ為」し、太政官管下の一省たる神祇省に改組され、その任務は、太政官・宮中での祭政一致を前提とする「本官職務ノ件」、すなわち宣教政策・国民教化政策を担当していくことに向けられる。(23) (1)神祇官の神祇省への改組、(2)祭祀の宮中への移行によって、はじめて天皇を主体とする祭政一致が確立されるのであるから、これを「本官半上落下ハ不相成」官から省への降格と見ることはできない。むしろこの措置によって「御政体相整」「朝廷上ニ於而ハ祭政名実相行レ」、確立した祭政制度下での、国民「教」化政策への本格的な着手が可能となるのである。

中央政府において確立した祭政一致は、さらに府藩県を通して全国家・社会的規模に拡大されなければならない。具体的には「府藩県所轄ノ神社式内崇敬之社」をはじめとして、「一郷一邑産土神」にまで至る全国の神社において、「祭政一致ノ根本たる宮中祭祀を機軸とする、統一的な国家祭祀が執行されることであった。ここにおいて、府藩県三治一定による地方行政組織に即応した、一元的な国家祭祀制度・神社制度の制定が課題となる。このようにして形成されるべき全国的祭政一致体制は、同時に国民教化政策の全国的展開のための重要な拠点ともなりうる。ここにおいて天皇の「崇祖」は、国民道徳の規範として全社会的規模にまで拡大され、国家的次元において拡大再生産されてゆくであろう。

以上、(1)(2)の資料を素材として神祇官における祭政一致政策の全体構造を検討した。これによって、四年の大改革における神祇官の改組、祭祀の宮中移行とそれを前提とした教化体制構築が、まさに(1)(2)の資料に示された神祇官自身の改革構想を直接の前提として導き出されたことが明らかにされたといえよう。こうした改革構想の原型は、既に見たように、明治二年段階で津和野派が抱懐していた太政官・宮中中心の祭政一致構想の裡に、明瞭に先取りされていたのである。

神祇官のこのような祭政一致構想は、太政官による中央集権体制確立の課題を、「祭」「教」の側面から補完しようとするところに構想されたものであったが、それはまた同時に、『建国策』冒頭にいう「建国ノ体ヲ明ラカニスベキ事」、つまり皇祖皇宗祭祀を国家体制の中枢に設定することによって、維新政府の国家的正統性の根幹を制度化することを意味していたのである。このように考える時、明治四年の神祇官改革・宮中祭祀形成における神祇官の動向と役割は、明治国家形成史上、積極的な意義を担うものとして、あらためて再評価されなければならないであろう。

おわりに

本章では、明治二年前半から三年後半にかけて、神祇官およびその周辺で作成された関係資料を素材として、神祇官自身が、当初から形式的な律令二官制をこえた実質的な祭政一致――天皇・太政官への祭政の集中――を志向していたことを明らかにした。このような神祇官・津和野派の立場からすれば、奠都後新定された律令二官制による国家体制は、祭と政の有機的な関連を欠いた過渡的・暫定的なものに過ぎなかった。福羽はこのような現状を「正名」――維新政府の正統性の根幹の未確立として把え、その克服を真剣に模策していたのである。

このような現状把握を背景として、彼らは新国家の中枢に祭政一致を具現すべく全力を傾注していく。このためには、第一に神祇官において成立した皇霊祭祀を「太政官中の天皇」に向けて再編成し、賢所（皇祖神）皇霊（皇宗）という連関を祭祀体系の中心に位置付けることが必須の課題とならなければならなかった。こうして確立された天皇・太政官の「祭政の権」を背景として、神祇官は太政官管下の一省に改組され、その職掌を「教」＝国民教化に向けることが可能になる。福羽・門脇はこのような構想のもと、維新政府指導者との連携（とりわけ太政官制度分局における大弁坊城俊政・中弁江藤新平との協力関係は重視されなければならない）[24]によって、明治三年後半から四年にかけての政策転換を遂行していくのである。

このように考える時、神祇官の再興からその廃止に至る三年間は、従来評価されてきたような国学者勢力の没落とその祭政一致政策の挫折に至る過程ではありえなかったことは明らかであろう。福羽・門脇ら神祇官首脳にとって、ここに至る過程は、祭政一致の実質的意義を国家体制の上に確立していく過程にほかならず、ここにおいて型式的な律令神祇官制は克服され、国家祭祀の機軸は、太政官に親臨する政治君主としての、天皇の親祭に置かれることになったのである。

ここに至って明治初年以来の維新政府・神祇官の課題であった祭政一致が制度的に確立され、天皇の「祭政の権」は、不可分一体のものとして国家構造の中枢に定置されたということができる。そしてこのことは同時に、国家がいかに神道・仏教・キリスト教等の諸宗教を、天皇の「祭政の権」の枠内に包摂していくかという、新たな段階における課題を提起することになったのである。このような展望において、近代日本の天皇祭祀・宗教制度の根幹を形成した明治四年の神祇・宗教政策を再検討することを今後の課題としたい。

註

(1) 藤井貞文「神祇官再興と其の機能」(上)(中)(下)『歴史地理』(六五巻二・三・五号)、安丸良夫『神々の明治維新――神仏分離と廃仏毀釈――』(岩波書店、一九七九年)、羽賀洋

祥二「明治神祇官制の成立と国家祭祀の再編」（上）（下）（『人文学報』四九・五一）、同「神道国教制の形成――宣教使と天皇教権――」（『日本史研究』二六四）。羽賀祥二論文はのち『明治維新と宗教』（筑摩書房、一九九四年）に収録。

（2）拙稿「近代天皇祭祀形成過程の一考察――明治初年における津和野派の活動を中心に――」（井上順孝・阪本是丸編『日本型政教関係の誕生』第一書房、一九八七年）。

（3）阪本健一『明治神道史の研究』（国書刊行会、一九八三年）参照。

（4）『勤斎公奉務要書残篇』（宮内庁書陵部所蔵）、前掲拙稿一〇七頁参照。

（5）『公文録』己巳神祇官伺（国立公文書館所蔵）。

（6）江藤の原案（二年二月三日付）の一節を次に紹介する。

一　内乱ハ已難と雖富国強兵之事西洋諸国ニ比スレハ未タ甚不及いつれの法方《ママ》を以速鄂《ママ》英仏
　亜ノ右ニ出候哉

此処ニ而神祇官ノ職掌を高大にし学校を建明教法道藝二途ノ学を講明ニし殊に神聖ノ道を儘昭スルノ見込……

「明治二年雑件」第四冊『岩倉具視文書』（国立国会図書館憲政資料室所蔵）

のちに江藤が福羽と共に教部省設置を主導、その教化政策の推進者となることはよく知られている。なお、津和野派の原案は前掲拙稿一〇七頁以下参照。

（7）『大久保利通文書』（国立国会図書館憲政資料室所蔵）。

（8）『大日本維新史料稿本』明治二年是歳の条（東京大学史料編纂所所蔵）。

（9）同前、なお加部建白は拙稿「明治二年九月の加部厳夫建白について」（『神道宗教』一五七）で全文を紹介した。
（10）津和野派の神祇官に対する消極的評価と、太政官による祭政一致への志向は次の資料によく示されている。
……敬神ノ大道漸ク衰ヘ終ニ祭政二途ニ分レ神祇官ヲ置カセラレタリ……今ヤ祭政一致ノ詔アリト云ヘドモ万様多端、太政官ニテ摂行ハルヘキニアラス。是神祇官ヲ廃スヘカラサル所以ト存候（『勤斎公奉務要書残篇』）。
（11）「明治二年雑件」四『岩倉具視文書』（国立国会図書館憲政資料室所蔵）。副島は、二年五月から福羽と共に制度局において制度取調の任に当たっていた。
（12）『年中祭儀節会大略』（宮内庁書陵部所蔵）、拙稿「四時祭典定則成立過程の一考察」（『神道学』一三六）にて全文を紹介。
（13）『大久保利通文書』三（日本史籍協会、一九二八年）、四〇六頁。
（14）同前。
（15）『橋本実梁渡会府県知事在勤中日記』一～七参照（宮内庁書陵部所蔵）。
（16）『鳥取藩史』第一（鳥取県立図書館、一九六九年）二五六～二六二頁、三二九～三三二頁。
（17）『勤斎公奉務要書残篇』。
（18）『門脇重綾遺稿史料』九（東京大学史料編纂所所蔵）。門脇の国学上の師、飯田年平（神祇大史）も、二年の建白で「神祇官太政官ヲ一館ニ建立ス可シ然ル上ニ神祇伯太政官ノ大臣ヲ兼ヌ可シ」と神祇官・太政官の一体化による祭政一致を提唱していた。門脇・飯田両者の建白が連携していることは推測に難くない（『大日本維新史料稿本』明治二年是歳条）。宣教少主典田中知邦もまた、門脇・飯田と同様の理念を「大教ハ固ヨリ祭政之外ニ無之」として把え、「神祇伯ヨリ大臣ヲ兼任シ参議ヨリ神祇大少副ヲ兼任」する太政官の祭政一致実現を、教化政策展開のための不可欠の前提として位置付けていた。（『田中知邦手記及雑記』國學院大學図書館所蔵）。

(19) 『岩倉公実記』中（原書房、昭和四三年）八二五頁以下参照。

(20) 『三条家文書』第八〇冊（国立国会図書館憲政資料室所蔵）。

(21) (1)『門脇重綾建白書』（東京大学史料編纂所所蔵）、(2)『門脇重綾遺稿史料』九（東京大学史料編纂所所蔵）。

(22) これは太政官式部寮（当初は局）の設置によって具体化されるが、太政官による祭政一致の提唱者であった橋本実梁・飯田年平らがそこにおいて天皇祭祀輔翼の使命を担うことになる。

(23) 宣教使から教部省に転じた田中知邦は、神祇官・神祇省から教部省に至る推移を「……爰ニ凡四ヶ年荏苒トシテ月日ヲ空費ス漸ク今春ニ至リテ教導ノ官職ヲ改置セラレ一層盛大ニ御施行ノ御主意ニ付テハ弥身命ヲ抛テ勉強セズンバ何レノ時哉アラント愚考仕……」と述べている（明治六年七月四日付太政大臣宛建白）。従来の研究には「四ヶ年荏苒トシテ月日ヲ空費」したに過ぎない神祇官の教化体制＝宣教使制度に対する過大評価が見受けられるように思われる。この点については後考で検討したい（『公文別録』五三、諸建白書自明治二年至六年、国立公文書館所蔵）。

(24) 制度分局は、太政官の中央集権政策に即応、太政官弁官官員・神祇官首脳を中心的な担い手として、近世的宗教体制の解体と再編成をその課題とした。制度分局の宗教処分政策と神祇官の祭政一致政策が相俟って、近代日本の神祇・宗教制度の基礎が形成されていったと考えることができる。同局が四年の改革において果たした役割については阪本是丸「日本型政教関係の形成過程」（井上順孝・阪本是丸編『日本型政教関係の誕生』）一一頁以下参照、またこれ以降の神祇・宗教制度の形成過程については、羽賀祥二『明治維新と宗教』（筑摩書房、一九九四年）、阪本是丸『国家神道形成過程の研究』（岩波書店、一九九四年）、拙稿「明治維新と神祇制度」（『悠久』六三）等参照。

第七章　明治初年の神祇官改革と宮中神殿創祀

はじめに

明治初年の神祇官改革の過程は、同時に宮中祭祀確立の過程でもあった。賢所・皇霊・天神地祇を中核とする宮中神殿（宮中三殿の原型）は、いわば神祇官自身がそこに向けて自己変革することによって形成されていったのである。このようにして確立された近代の宮中祭祀は、祭政一致の理念を存立の根拠とする近代天皇制度の中枢部分を構成するものであった。

筆者は以上のような観点から、明治初年の神祇官改革と宮中祭祀形成を考察するに当たって、その前提をなすべきいくつかの論稿を発表してきた。(1) しかし基礎資料の蓄積に乏しい分野であるため、この問題については、なお一層の資料の発掘と検討の積み重ねが必要であろう。そこで本章では前章を承けて、新たに若干の資料を呈示し、いささかこの問題について補足したい。

本論の前に、近世思想における祭政一致論の代表作とされる会沢安の『新論』を瞥見しておきたい。そこで注目されるのは、会沢が必ずしも律令制神祇官の再興を祭政一致の必要条件とはしていない点である。会沢の政治思想の根幹に、祭政一致の理念があったことはよく知られている。しかし会沢は、律令制神祇官を、祭政二途に分かれた制度であるとして、必ずしも積極的に評価していなかった(2)。会沢の祭政一致論は、近世社会の現実の要請から生まれた高度に政治的な理論であった。そこにおける祭政一致は、古代律令制の祭政一致とは、もはや決して同じものではありえなかったのである。維新変革における祭政一致理念もまた、天皇親政による新たな国家統治の型式に即応して、天皇親祭による新たな国家祭祀の型式を創出するという、これまた高度に政治的な要請から生まれたものであった。かくして天皇のもとにおける祭政一致制度は、神祇官制の改革・宮中神殿の創祀を経て、基本的に実現してゆくこととなったのである。

一　東京奠都と「祭政教一致」

維新政府は、その成立にあたって、神武創業の理念のもとに旧弊を一洗、天下の公議に基づいて政治を行なうという大方針を打ち出した。そのためには、明治天皇御自身が、神武天皇の創業に習いつつ、その革新政治遂行の強力な主体たらなければならないというのが、大久保利通をはじめとする維新政府指導者の信念であった(3)。

維新政府の一画にあって、国家祭祀形成と国民教化を自己の担当領域とした津和野派の構想が、「神武創業」および「祭政教一致」というタームに要約されるものであったことは、既に別稿で指摘した。[4]「祭政教一致」政策は、革新政治の主体としての天皇を、同時に国家祭祀・国民教化の主体たらしめようとするところに構想されたものであった。政体書官制施行の前後、岩倉具視に提出されたと推測される津和野派の改革案は、天皇の「親祭」「親政」による「祭政教一致」を具現した神教官構想と、公議輿論による議会政治を、二本の柱とするものだったのである。

明治二年段階の維新政府の基本構想は、神武天皇の東征に習って東京奠都を断行、そこで版籍奉還を行なった後、天下の公議をもとに、新しい国家体制を「創業」するということにあった。そして、そこにおいて新たに制定されるべき天皇制度・祭祀制度・教学政策の大綱は、かねて津和野派の改革案が提起していた「祭政教一致」の理念に集約されていったと推測することができるように思われる。この事情を示すものとして、以下、明治二年三月四日の日付を有する森金之丞（有礼）の岩倉具視宛書簡を紹介したい。[5]

謹而奉呈寸書候後弥御加養追々御復常之御事と奉恐察候随而私事も御懇示之通中仙道通行一昨夜迄都合六日目之道中を経当府帰着仕候乍恐少茂御垂念被成下間鋪候此節は浪花を出シヨリ道中日々専ら彼祭政教一致之事のミニ工夫を費し反覆熟考仕候得共元来此一条は誠ニ不容易事ニ而若シ誤而仕損候時は却而今後之大害を引出しまた能仕済候時は我皇国一区之美事のミならす是よりして宇内全州之開運ニも響及致し義ニ而誠

ニ至重至大無此上事ニ候得は何れ確乎不抜之心力を以一時之紛擾ハ勿論第一小成ニ不安して全功を奏し候迄ハ全ク他事を不顧勉勵不致候而は決し而六ケ敷殊ニ追々西洋之流毒弥盛莚之時節ニ候得は宜敷其緩急順序を詳ニ看定し緩ニすべきは飽迄堪忍し急にすべきは断然之を火急ニ果シ遂ニ皇政ノ実事を挙て祭政教一致之大基を確定し専ら皇光之聖旨ニ基キ天人合一内外同視彼我之別を不立宇内卓絶之美政を挙行ひ其　皇徳之四達するに従ひ海外万国終に其余沢を以大ニ開運之時を得申べく是則皇政之皇政たる義にして今日人々大ニ心を労すべき處歟と奉存候是を施すに至り其趣法之如キハ頗ル定算も愚ハ愚なりにして抱き居候得共元ヨリ是ハ余リ枝葉ニ渉リ候ニ付態と差控申候何分右ニ申上候内外同視即世界一般同視天人合一之處ニ根本を据て皇政之実事を挙候義最重之事返す〴〵も此一条ニ御熟考之程伏而奉懇願候若し今此ニ着目せず政治を修する時は大ニ事を誤り假令十分出来候而茂西洋之驥尾ニつきまた十分出来されは西洋之性と相成将また偶西洋匹敵程ニ至リ候而もわつかに彼と抗衡するのミニて皇道ハ弥廃絶し誠ニ大嘆息之至ニ候是等之義深ク可慮は今日ニ有之候得ハ先余事ハ都而御打捨被為成兼而御決意之通閑静之地江至急ニ御引籠被遊是非大最重之事件御挙ニ相成候様只管奉懇禱候右一条申上度きは踰越不敬を不顧萬死を冒し謹而奉言上候間御懇恕ニ預候得は伏謝千萬奉存候恐々敬白

三月四日　　森　金之丞

有禮謹呈

岩倉公閣下

伏而追啓

前文之義ニ候得は名和之義も是非至急ニ出府仕候様有之度奉存候必す不遠内ニは出府可有之とは存し候得共彼藩より或ハ何歟之役目等を申付自然出府も遅延に相成候義も難斗候ニ付甚恐多至極奉存候得共至急ニ御手書にても御遣ニ相成是非急々出府至シ候様被仰越候得は必ず此儀相調イ可申と奉存候此段恐縮千萬なから奉伏願候謹言

森は、元年六月、欧米留学から帰国の後、岩倉具視の知偶を得て、徴士外国官権判事、議事体裁取調御用掛を歴任、十一月四日には学校取調兼勤に任ぜられ、ついで十二月四日、東京勤務を命ぜられていた。

ここで森は、自身が近来「祭政教一致」政策のことのみを「反覆熟考」していることを伝え、その成否に皇国のみならず「宇内之開運」がかかっていることを訴える。「西洋之流毒弥盛莚」の折柄、国家の独立を確保するためには、予想される数々の困難を克服して、「祭政教一致之大基」を確定しなければならないというのである。ここには後年本格化する森の教学政策へのコミットメントの原点が示されているといえよう。

ここで森が用いている祭政教一致の用語が、ただちに津和野派の国家祭祀を前提とした祭政教一致理念と重なるものであるかは疑問の余地もあろう。しかし、ここで彼が祭政教一致を、東京奠都後形成されるべき、天皇を中心とした教学政策にかかわる基本理念としてとらえていることは明らかである。この当時、岩倉は、国漢の紛争で混迷を続けていた京都皇学所・大学校に見切りをつけ、長谷川昭道らに、東京奠都後行なわれるべき教学・教育政策の取調を内命していた[6]。帰国後の森が岩倉の知遇を得ていたこと、さらに森が元年十一月以降、学校取調兼勤・東京勤務を命ぜられていたことを思えば、この書翰は、その下問に、洋行帰りの森もまたあずかっていたことを示唆するものといえる[7]。あるいは森が「祭政教一致」を謳う津和野派の神教官案を、岩倉から披見していた、ということがあったのかもしれない。いずれにせよ祭政教一致の理念は、東京奠都後形成されるべき新国家体制の基本構想として幅広く共有されていたのである。

津和野派の課題は、既に述べたように、ここで形成されてゆく国家体制に、祭政教一致の制度をしっかりと組み込むことにあった。こうした津和野派構想からすれば、東京奠都後制定された職員令による律令二官制の国家制度は、本来の祭政一致の理念とは、大きな隔たりを示すものであった。祭政一致が未だ実現していない以上、祭政教一致の実現もまた有り得ないことは明らかである[8]。ここにおいて、東京奠都後の神祇官の課題は、本来の祭政一致の確立に絞られてゆく。

次節では、津和野派のこのような祭政一致構想を共有する資料として、明治二年段階の飯田年平と小中村清矩の建白を紹介、それが制度局作成『年中祭儀節会大略』の祭政一致構想に継承されつつ、どのようにして明治四年の神祇官改革・宮中神殿創祀を準備していったかという点について検討してゆきたい。

二　小中村清矩の祭政官・宮中神殿構想

東京奠都後、公議諮詢に基づく新国家体制の形成が開始された。明治二年六月十七日の版籍奉還の聴許に続いて、六月二十三日、六官知事・上局議員等に官位相当表・職員令が下問され、十二分に公議諮詢を尽したという型式を踏みつつ、七月八日、律令の旧制によって神祇官・太政官以下二官六省が設置された。

しかし令制再興が、あくまでも暫定的な措置にほかならなかったという点は重視されなければならない。維新政府の方針は、とりあえず「旧官の名」を用いて律令制を再興、それを土台にして、「名実相適」う新しい制度を模索してゆくというものだったのである。すなわち職員令諮詢の下問書（六月二十三日）は次のようにいう。(9)

大宝令以降官名沿襲ノ久キ有名無実ノモノ不少……今般旧官ノ名ニ拠テ更始ノ実ヲ取リ斟酌潤飾別紙之通被相定更ニ衆議ヲモ被　聞食職制一定名実相適候様被為遊度　思食ニ付銘々熟考意見無忌憚可申出事

ここにあるように、令制再興は、実は「旧官ノ名ニ拠」った暫定的な措置であった。それは当初から「更始ノ実」を取った新しい制度に転換しうる可能性を留保するものだったのである。そしてこのような方針は、当然に、太政官外に特立した神祇官を例外とするものではなかった。

事実、二年九月十七日の神祇官内への諸陵寮設置（戸田忠至任諸陵頭）、十月十九日の宣教使の神祇官付属、十二月十七日の仮神殿鎮座（「八神」「天神地祇」「皇霊」鎮祭）等の一連の措置によって、一見神祇官を中心とした国家祭祀・国民教化体制構築が進展していくかのように見えるこの時期において、津和野派が既に明確に神祇官改革を構想していたこと、さらにその改革構想を共有していた政治集団に、浦田長民ら度会府（県）関係者、門脇重綾ら鳥取藩出身者グループがあったことについては、前章で検討した通りである(10)。

以下では、明治二年のものと推測される鳥取派国学者飯田年平の建白の一部を引用したい。飯田は当時神祇大史の地位にあり、平田派国学者とは截然と別のグループをなす、紀州藩加納諸平門下の歌文派国学者の重鎮であった。彼は、令制神祇官制を次のように批判する(11)。

一　孝徳天皇ノ頃迄ハ人トシテ敬神尊王ヲ知ラサル無シ同御代百官御取建有テ神祇官ヲ以テ首トス誠ニ可然而然後頗論弁アリ何トナレハ當時迄ハ所謂祭政一致ニシテ他議ナシ鎌足公蘇我氏ヲ亡ホシ玉ヒシ最大功也而シテ儒仏ニ佞セラシハ姑ク措キ代々ノ家職ヲ辞セラレシ事敬神ノ廃スル基従テ尊王ノ廃スル基也依テ神祇官ハ一

箇ノ小官ニテ神皇ノ威他官ノ人威ニ及ハス是皇国ノ大禍ノ初也故ニ古制ヲ改革スル事過グルカ如クナレドモ上件ノ如クナラサレハ皇国ノ大基礎何ノ日ニカ立ン

飯田は令制神祇官を酷評する。そもそも天皇のもとにおける祭政一致は、上古以来の大原則であった。しかし孝徳天皇朝における律令二官制の採用は、天皇の「祭」権を、「一箇ノ小官」に過ぎない神祇官に分割するものであった。これにより、本来天皇のもとで一体であるべき祭・政は分離され、「代々ノ家職」（敬神）としての「祭」は廃絶し、その結果社会の「尊王」も衰退、「皇国ノ大禍」――中世以来の内乱状態を指すであろう――をもたらすに至った。このような根本的欠陥を有する令制神祇官制は、天皇の家職の遂行（親祭）を十全ならしめる、ありうべき祭政一致制度を目指して、速やかに改革されなければならない。それはすなわち「皇国ノ大基礎」を立てる所以である。

一　右祭神（註　八神）ノ宮社ヲ少シク離レテ神祇官太政官ヲ一館ニ建立ス可シ然ル上ハ神祇伯太政官ノ大臣ヲ兼ヌ可シ今ノ如ク神祇官ニシテ太政官ノ布令ヲ受クルヿ有ル可カラス太政官ヨリ天下ヘ布告ノ書ニ必神祇官ノ印ヲ請フ可シ神祇官ノ布告ニ必太政官ノ印ヲ請フ可シ　天皇御参拝華族百官参拝ノ日ヲ定ム可シ如此ナラサレハ今論薄ノ人心加フルニ外誘コレヲ惑ハスコノ故ニ厳ニ目ニ見ユルノ法ヲ立テ紀律ヲ知ラシメテ賞罰ニ及ハサレハ敬神尊王ノ道著ハル丶ノ日無シ史書ヲ以テ天下ヲ導クヿ御政務ニ於テ万々難行御座候

飯田によれば、その「改革」とは、具体的には、「政」の最高機関に、「祭」を統合すること、つまり太政官による祭政一致によって達成されるのである。

こうした神祇官制への批判点を飯田建白と共有しつつ、より洗練された総合的改革案を提起するのが『官制議』と題された二年四月十一日の小中村清矩建議である。小中村清矩は、飯田と同じく歌文派・考証派国学者であり、かねて紀州藩古学館・江戸和学講談所で国典を講じ、この当時は大学設置に備えて東京に滞在していた。

『官制議』で注目されるのは、神祇官改革とともに、宮中神殿創設が明確に提起されていることである。以下その全文を引用する。(12)

行政官ヲ改メテ祭政官ト号シ神祇官ヲ合併スベキ事

謹ミテ按ルニ皇國上世ノ御政體ハ祭祀ノ業ヲ以基本トセサセ玉ヘリ其ハ高天原ニテ　皇祖ノ　大御神ノ　皇孫命ニ宣諭セサセ玉ヒシ　神勅ノ寳訓ヲ歴朝ノ　天皇堅ク御尊奉マシ〱テ敬神ノ道ニ念無キ聖意ヲ輔助奉テ中臣忌部二氏ノ子孫相續テ此道ヲ以政要ヲ統ヘ下萬民ニ至ルマテ祭祀ノ業懈ル事無カリキ然レハ所謂祭政惟一ナルハ上古ノ道ニシテ祭政同訓ノ説モ最古シ然ルニ近江ノ　朝廷ニテ令ノ御書御制作有シ時神祇ヲ祭祀スル官舎ヲ神祇官ト称ヘ天下ノ大政ヲ執行フ官舎ヲ太政官ト称ヘテ分チ置セ玉ヒシヨリ祭政ノ道全ク判レタリ然レトモ猶神祇官ヲ以百官ノ上ニ置セ玉ヒ諸ノ政ヲ執行ハセ玉フニモ神事ヲ先ニシテ他事ヲ後ニセサセ玉ヒシハ猶上古ヨリ

ノ舊儀ヲ堅ク守ラセ玉ヘル故也然ルニ今般神祇官御再興有ラセ玉ヘルハ　御一新ノ後最一ノ御美事ナル事誰カ感仰セサラン然レトモ議政官行政官ノ後ニ此官ヲ次序シ玉ヘル事未タ古儀ニ合ハス敬神ノ道厚カラサルニ似タリ抛テ按ルニ制令ノ時祭政二途トナレル事モ上古ノ道ナラスサレハ方今行政官ノ長官タル輔相二公ヲ以橿原ノ御時ナル天種子《ノ》命天富《ノ》命ノ例ニ准シ祭祀ヲ以専一ノ職掌トシテ天皇ノ御親祭ヲ輔弼シ玉ヒ傍ラ萬機ヲ總判シ玉ハ、祭政唯一ノ古道ニ復シテ敬神ノ御政體正ク立ヘシ然レハ神祇官ヲ此官ニ合併シテ可ナルヘシ然レトモ辨事ノ官タルヤ凡百ヲ糺判スル事大海ノ百川ヲ納ル、カ如シ故ニ頃日内辨事ヲ別ニ置セ玉ヒテ少ク分職セサセ玉ヘリサレハ祭官ノ判官ヲモ別ニ置セ玉ハスハ自ラ敬神ノ道勿諸ナルヘキ恐レ无キニシモ有ラス依テ行政官ノ号ヲ改テ祭政官トシ其官中ニ祭事政事内事ノ三省ヲ設ケテ各分職有ラシメ輔相公之ヲ通摂シ玉ヒ新ニ亜相ノ官ヲ置テ輔相ノ繁務ヲ弼ケシメハ如何依テ官制ヲ建試ル事左ノ如シ

祭政官　祭事省、政事省、内事省、在官内、輔相亜相ハ此三省ヲ通摂ス

輔相二人　議定兼之　一等官

掌補在　天皇、修祭典、奏宣議事、督国内事務、治宮中庶務、總判祭事政事内事三省事、

亜相二人　参与兼之但士庶人不充　二等官
掌同輔相
○辨祭事三人
掌修神祇祭祇、監祝部神戸、知大斎場、糾判祭事省、
権辨祭事　四等官
史官　五等官
筆生　七等官
○辨政事十人　三等官
掌受付内外庶事、糾判政事省、
権辨政事　四等官
史官　五等官
筆生　七等官
○辨内事三人　四等官
掌受付官中庶務、糾判内事省、
権辨内事　五等官
史官　六等官
筆生　八等官

辨内事以下ノ等級ヲ一等ツヽ下シタル所謂ハ唐土ノ古ヘニ元来ハ内官タル中書侍中ノ類ヲ漸ヽ尊重シテ政官トシ終ニ三公ハ空名トナリ尚書ハタヽ虚器ヲ擁シテ権ヲ奪ハレタル覆轍モ有レハ也サレト此官ニハ専ト貴族ヲ以任シ玉ハヽ唐土ニ所謂宦官ノ弊无カルヘシ且宮中ノ庶務ヲ總判シ玉フモ輔相亜相ノ任ナレハ皇朝ノ古ヘ蔵人ノ頭ハ必尊官ヨリ兼帯シタルニ以テ最良法ナリ

重テ見易カラン為ニ圖ヲ制セリ

祭政官

輔相―亜相

- 祭事省　辨祭事、権辨祭事　史官　筆生
- 政事省　辨政事　権辨政事　史官　筆生
- 内事省　辨内事　権辨内事　史官　筆生

右ノ如ク官制定リタラハ神祇ノ大齋場ヲ宮中ニ建玉ヒテ神嘉殿ヲ正殿トシ八神殿ヲモ其内ニ合祀シ　天皇及輔相親ラ神主ト為リ玉ヒテ新嘗会神今食ハ更ナリ祈年月次等ノ年中ノ諸祭モ悉此所ニテ行ハセ玉フヘシ　伊勢例幣使発遣ノ節モ　天皇此所ニ　臨御マシマスヘシ

天下ノ祭祀式ヲ御確定アリテ祭政官ヨリ諸社ヨリ祝部ヘ一定ノ御布告有ルヘシ

以上浅学卑賤ノ身ヲ不顧貴命ニ任セ大事件ヲ建言仕候卒尓ニ愚考仕候率尓ニ愚考仕候儀ニ付上文中ノ新建官号ニ於テハ猶典雅ノ名称モ有之ト奉存候敬白

明治二年四月十一日　小中村清矩

小中村もまた、ありうべき祭政一致の体制を、令制神祇官を改革したところに成立すべきものとする。彼によれば、上世においては、皇祖の遺訓のままに、天皇みずから躬をもって祭政一致を実践していた。しかし律令制導入による神祇官・太政官の分立は、本来天皇のもとで一体であるべき「祭」と「政」を分離する結果をもたらしたのである。ゆえに、令制神祇官は、決して「上古ノ道」にも合致せず、天皇の敬神の実を挙げる制度でもない。令制のままの神祇官再興は、実は、祭政一致の本義に反していたのである。それでは、本来の祭政一致を具現する制度は、どのようにして実現すればよいのか。

そのためには、まず第一に、神祇官制が改革されなければならない。つまり、従来の神祇官の国家祭祀の職掌を、天皇親政による国家統治の最高機関（ここでは政体書の官制に従って「行政官」）に合併、もって祭・政の一致を具現する「祭政官」（但し仮称）が組織されなければならないのである。「祭政官」創設によって、神祇官制はいわば発展的に解消される。

第二に、天皇親祭のための宮中神殿「大斎場」が創祀されなければならない。新たに設けられるべき宮中神殿は、神嘉殿を正殿とし、新嘗祭・祈年祭・月次祭・神嘗祭勅使発遣等の天皇親祭祭祀を斎行する総合神殿である。宮中神殿の創祀とそこでの御親祭によってこそ、天皇は、皇祖神の遺訓を十全に実践されることが可能となるのである。

これを要するに、小中村の祭政一致構想は、（一）神祇官改革による祭政官の創設と、（二）宮中神殿創祀の二点に集約されるものであった。

この建白の約三箇月後、七月十一日、小中村は制度取調兼勤を命ぜられる。『蜷川式胤日記』によれば、二年九月下旬当時の制度取調局メンバーには次の五名がいた(13)。

神祇少副　福羽四位
大学大丞　加藤弘蔵　仙石
中助教　小中村省三《ママ》清矩　紀州
同　横山由清
太政官権大史　正七位　長谷川深美　松代

小中村の制度取調兼勤の背景に、同局創設以来（当初は制度寮、福羽の任命は五月十七日）御用掛を兼勤していた神祇少副福羽美静の推挽があったことは推測に難くない。二年十一月に制度局で作成された『年中祭儀節会大略』は、明らかにこの小中村建議の宮中神殿設立構想を直接に継承するものであった。そのことは以下の部分に示されている。

一　年中祭礼ノ儀ハ　朝廷ノ大典ニシテ一モ闕ヘキニアラ子ハ今悉ク旧儀ヲ起サセタ

マフヘシ且方今祭政一致共ニ親ク行ハセタマフ御事ナレハ宮中ノ地ヲ択ヒ新ニ大斎場ヲ設ケタマヒ神嘉殿ヲ正殿トシテ新嘗ノ大祀ハサラナリ祈年月次ノ諸祭伊勢例幣発遣等従前神祇官ニテ行ヒ来シ神事モ総テ宮中ニテ　御親祭アラハ祭政唯一基本正ク立ヘシ但シ未タ大斎場御取立ニ相成サル間ハ仮ニ神祇官ニテ行ハルヘキナリ

『年中祭儀節会大略』は、祭政一致の基本を正しく建てるため、宮中に「大斎場」を創祀し、国家祭祀の中心を、神祇官から宮中神殿に転換せしめる構想を提起する。神祇官祭祀は、このような宮中「大斎場」が設けられるまで、暫定的に行なわれるに過ぎない。やがて創祀されるべき宮中神殿こそ、ありうべき祭政一致の制度的実現にほかならないとされるのである。先の小中村建議結尾部分の宮中「大斎場」案と、この『年中祭儀節会大略』前文の宮中「大斎場」案を比較するとき、そこにおける神嘉殿を正殿とした宮中神殿創祀の構想はもとより、用いられた章句等にいたるまで、多くの共通点を指摘することができる。

筆者は前稿で、『年中祭儀節会大略』は、小中村清矩・横山由清ら制度局兼勤の国学者が、福羽美静の基本構想を体して作成したものではないかという推測を掲げた(14)。その推測は、小中村建議と『年中祭儀節会大略』の構想・章句の類似によって、一層傍証されるであろう。制度局設置の目的(15)は、令制を用いて暫定的に立てられた国家制度全般の見直しにあった。その職掌上、福羽が祭政一致における「祭」、つまり天皇祭祀・国家祭祀にかかわる領域の取り調べに当たったであろうことは推測に難くない。福羽は、制度局において、自らの改革構想を共有する小中村清矩、さらに小中村と同門の横山由清・伊能頴則といった江戸考証学派の国学者に、宮中祭祀形成に向けての一層詳細な取調書を作成せしめた。それがこの『年中祭儀節会大略』であったと考えることができる。

制度局は、こののち中弁江藤新平の加入によって一層充実し、やがて三年の『建国策』に結実する政府改革のプランを実質的に練り上げていくことになる。設立当初から制度局に関与していた福羽は、二年段階における『年中祭儀節会大略』の作成によって、制度局のいわば「政」にかかわる構想に、ありうべき「祭」の様式を、明確に組み込もうとしたということができよう。

維新政府が中央・地方の大改革にむけて動き出すのは、明治三年後半からであった。神祇官もまたこの動きに呼応して、三年後半から抜本的改革に向けて動き出すが、前稿ではこのことを人事の側面から示すものとして門脇重綾の神祇大祐任命を指摘した。本章ではさらに、大学から転じた小中村清矩（三年十一月神祇権大史任命）・木村正辞（三年七月宣教権中博士任命）ら考証派国学者の加入をあげておきたい。彼らが神祇官で行なった業務は、福羽の下命のもと、宮中祭祀形成に向けて、宮中賢所についての詳細な調査書を作成することであった。それが、四年二月に成稿した『内侍所叢説』[16]全四巻である。次にその奥書を掲げる。

右内侍所叢説三巻附録壱巻以福羽神祇大副《ママ》命所集録也
明治四年辛未二月
宣教権中博士木村正辭
神祇権大史小中村清矩

木村正辞もまた小中村と並ぶ江戸考証派の代表的な国学者であり、両人は四年の改革において、津和野派を補佐、神祇官改革の遂行を、理論・考証の側面から補完する役割を果たしていったものと思われる(17)。

次節では、明治四年段階の神祇官改革にかかわる諸建白を紹介し、それが同年九月以降の宮中神殿創祀をいかに促していったのかということを考察してゆきたい。

三 浦田長民建白と神祇官改革・宮中神殿創設

明治四年には、廃藩置県を頂点とする中央・地方の諸改革が断行され、封建的領有制の解体と急速な社会変革が進展した。とりわけ四年後半から、維新政府の課題は、国家の権力中枢としての天皇制度をいかにして確立するか、という根本問題に向けられた。その課題は、若き明治天皇を、太政官に親臨して万機を親裁する政治君主たらしめることによって実現される、というのが、大久保利通はじめ維新政府首脳の信念であった。そのためには、従来の近世朝廷の枠組を解体し、天皇を取り巻いていた前近代的諸関係を払拭することが不可欠の前提作業となる。これこそが、四年七月以降行なわれていった太政官改革・宮中改革の目的であった。天皇は、宮中改革によって旧来の公家集団・後宮社会から切り離され、太政官改革によって全国の統治権を総覧する政治君主として位置付けられるに至ったのである。[18]

いうまでもなく、初年以来の津和野派の課題は、太政官改革・宮中改革によるこのような天皇の政治君主化《「政」権の天皇への帰一》に呼応して、神祇官改革・宮中神殿創祀を遂行、天皇の最高祭主化《「祭」権の天皇への帰一》を実現することであった。この課題にかかわる改革構想として、前章では、門脇重綾文書からふたつの改革案を紹介したが、ここでは浦田長民にかかわる文書からふたつの改革案を紹介しつつ、右の点を検討してみたい。[19]

(1) 神祇官御改革見込

一 神祇官ヲ被廃政府へ合併被遊務テ祭政教一途ニ出ルノ目途ヲ御立被遊度事

但政府中ニ神祇寮ヲ被置神祇ニ関係ノ雑務ヲ掌ラシムヘキ事

一 太政官廳ニ新ニ大壮麗ノ天祖ノ御宮ヲ造リ奉毎旦聖上出御御聴政ノ前ニハ必御拝被遊大臣以下　勅奏任官凡政府ニ登ル者ハ必先ツ参拝シテ而後其位ニ就クヘシ且大號令大會議等其他事ノ重大ニ渉ル分ハ必是ヲ

神前ニ於テシ務テ祭政途ヲ殊ニセサル様被遊度事

但官廰未タ御新建無之内ハ今ノ政府ニ假ノ　御宮ヲ作リ奉本文ノ通御処置被遊度事

（中略）

一　海内一般

天祖ヲ仰キ奉サル者ナキ様ニ教化スルヲ方今ノ急務トス依テ

神宮大宮司ト諸府縣トニ兼テ御布告被遊府縣管轄ノ戸数ニ照準シ毎年大宮司ヨリ

御玉串ヲ府縣ニ送リ其廳ニテ各管下ニ分賜スヘシ分賜ノ方ハ其廳ノ宣教官是ヲ掌リ府縣社郷社ノ祠官祠掌ヲ使役シ天祖ノ御徳ヲ宣諭シ四民一同ヘ分賜有之度事

右ハ大畧見込ニ御座候小事ニ至リテハ綱ヲ挙テ其目自ラ従フ可ク奉存候尤右之通

御改正相成候テハ神祇官中即今ノ小事瑣務ニ手支候哉ノ説モ可有之候ヘトモ祭政教遠大ノ御処置ハ是ヲ外ニシテ別ニ目途ハ無之様奉存候乍恐何卒

御宸断ヲ以決然被

仰出候様偏ニ奉懇願候以上

辛未

八月七日　　　　　　　　　　　　　　　神祇官出仕浦田長民謹上

(2)　大安殿

神器

皇霊

即位元會《ママ》及国家ノ重事外国交際ノ大事件等アルトキ
天皇大臣諸長官ヲ率テ告之

一　祭典ハ

天皇　神座ニ接シ大臣諸長官ト共ニ祭事ニ臨ミ大臣祝詞ヲ奉シ斎親王掌典以下神部ヲ率テ祭儀ヲ行フ其祭儀ノ事務ハ神祇省之ヲ知ル

一　節朔ニハ

天皇御拝大臣神祇省ヲ率テ待之斎親王以下奉仕

一日ニ御拝斎親王奉仕掌典等従之

神祇省

祈年月次臨時官幣分班幣使発遣等ノ事當省ニ於テス其外神祇ノ事務一切ヲ掌ル但左ノ五課ヲ立ツ

神社

山陵

祭使

中和院代　神嘉殿ノ〓
新嘗祭
天皇臨御祭典ノ体裁大安殿祭典ニ同シ
神宮例幣御拝大安殿前朔ニ同シ
右事務神祇省之ヲ知ル但中和院代當時ハ八神殿ヲ用ヘキカ

浦田は、まず従来の神祇官制の廃止を求める。すなわち太政官外に特立していた神祇官は、太政官管下の神祇寮（省）へと改組され、その発展的解消が図られなければならない。こうして神祇官から切り離された「祭」権は、太政官に親臨する天皇のもとに再編成される。それは、「政」の最高機関である太政官庁に、「神器」「皇霊」を合祀した総合神殿を設置することによって実現される（総合神殿は、資料(2)では「大安殿」と称されている）。創設された神殿においては、天皇が政府官僚を率いて親祭を行なうことによって、祭政一致の実を挙げなければならない。さらに資料(1)では、神殿創祀・皇祖神祭祀を機軸とした、全国神社網による国民教化態勢構築の課題が提起される。

この神祇官改革・宮中神殿創祀のプランは、賢所に皇霊を遷座して神殿を創祀し（九月三十日、翌年三月天神地祇も遷座）、太政官内にそこでの祭祀を掌る式部局（のち式部寮）を設置し（七月二十九日、併せて宮内省に掌典・巫、神祇省に神部を置く）、さらに神祇官を太政官管下の神祇省に改組して（八月八日）、国民教化を主務とする一大官庁（教部省）へと発展させることによって、基本的に実現された。

十月二十九日、神祇省は、宮中神殿で行なわれる祭典の数々を定めた「四時祭典定則」を制定した。そこで、「天皇親祭」の国家祭典とされていたのは、元始祭・皇太神宮御遥拝・神武天皇祭・孝明天皇祭・新嘗祭の諸祭典であった。「四時祭典定則」に付された「祭政一致指図」は、こうして実現された祭政一致の制度の在り方を、次のように図示し

祭政一致指図

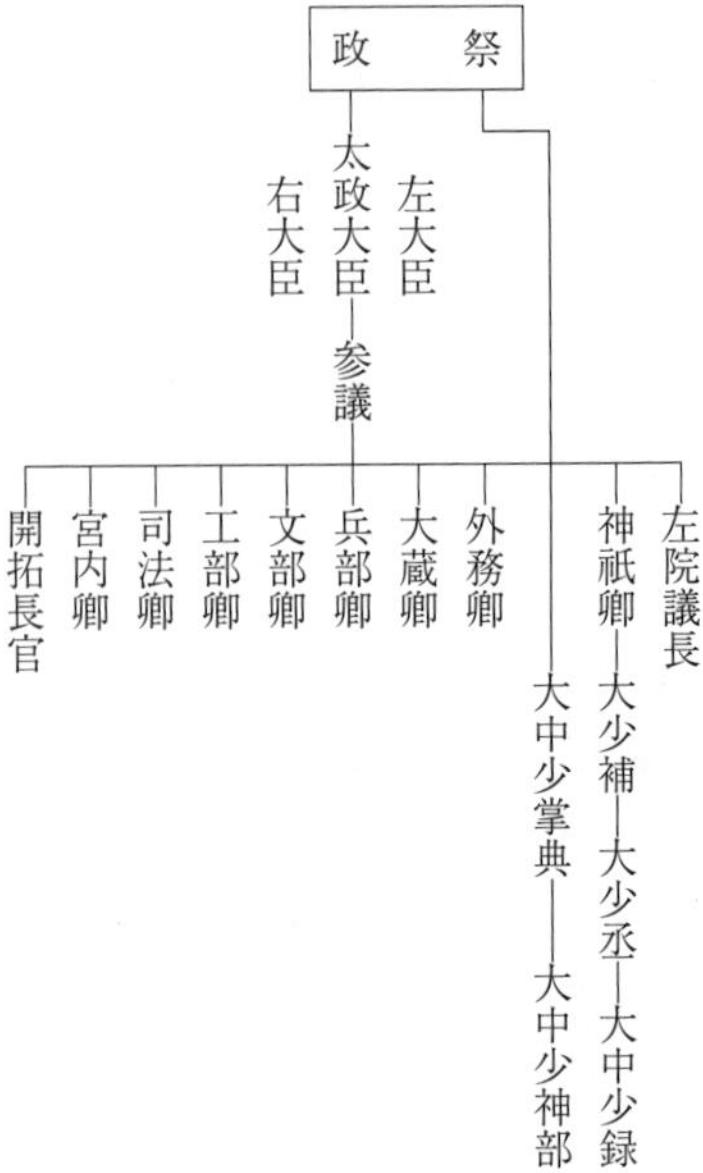

ている[20]。

ここで示されたように、「祭政」の権は、太政官に親臨して全国統治の大権を行使すると共に、宮中神殿に親臨して皇祖皇霊を親祭する天皇のもとに集中される。これを前節で引用した小中村建議の付図と照応するとき、「祭政」の権を天皇に一元化する基本構想の連続性は明らかであろう。

明治四年九月十四日の皇霊遷座詔[21]（遷座祭は同月三十日斎行）は、宮中神殿創祀・祭政一致実現の意義を次のように宣言する。

……朕不肆ヲ以テ復古ノ運ニ際シ忝ク　鴻緒ヲ承ク、(1)新ニ神殿ヲ造リ神器ト　歴聖皇霊トヲココニ奉安シ仰ギテ(2)以テ萬機ノ政ヲ視ント欲ス……

この詔で天皇は、(1)新設された宮中神殿での親祭によって祖先神を祭祀しつつ、(2)親政によって全国を統治する君主として位置付けられた。こうして祭政一致の理念のもと、天皇の「親祭」と「親政」が不可分一体のものとして定位されたのである。廃藩置県を頂点とする国家組織の大改革によって「政」権が天皇に帰一したのと同様、神祇官改革と宮中神殿創祀によって「祭」権もまた天皇に帰一した。天皇は、皇祖神（賢所）・歴代天皇の神霊（皇霊）を親祭して「祭」権を行使、同時に全国統治の親政を行ない躬をもって「政」権を行使する。これこそが、本来の意味における祭政一致の実現にほかならない。ここに明治初年以来練り上げられてきた新しい祭政一致理念の達成があることは明らかであろう。かくして年来の課題であった祭政一致は、神祇官改革の過程を経て、宮中神殿（賢所・皇霊・神殿の三殿に神嘉殿も併立）創祀によって基本的に実現を見たということができる。

以上の経過を経て確立した祭政一致は、廃藩置県前後における維新政府の、宮中・府中一体化への志向を背景として成立したものであった。しかしその後の歴史過程は、国家法が宮務法と国務法に区別され、宮中・府中の区別が確立していく過程であったのはよく知られている。しかし宮中と府中の分離を推進した論理が、実は府中に親臨する天皇による、宮中の側近政治の解体にほかならなかったように、[22]天皇のもとにおける統治大権と祭祀大権の一体化の論理は、一貫して近代日本国家のバックボーンであった。そのことは、大正・昭和初期のもっとも代表的な憲法解釈学であった美濃部達吉の学説に示されている。[23]さらに祭政教一致の「教」に関していえば、明治十年代以降の「教」と「宗教」の区別の確立を経て、祭政の権を一身に体した明治天皇が、宗教性を全面的に払拭した教育勅語を渙発することによって、最終的に確定することとなった。このように考えるとき、天皇を価値の源泉とする明治国家の形成過程は、明治初年に構想された祭政教一致の理念が、一定の転換を遂げながらも、実質的に国民各層に浸透してゆく過程であったということができよう。

おわりに

明治神祇官の改革・解体過程は、実は、宮中神殿創設の過程として積極的に評価されなければならない。なぜなら、その改革こそが、近代の天皇祭祀の在り方を決定したからである。後年の福羽の次の回想は、改革の当事者の立場から、神祇官改革が同時に宮中神殿創祀にほかならなかったという事情を、平明に語ったものといえよう。(24)

延喜式時代の有様は……先当時の神を祭れる有様は、先神祇官といふものあり。此の官の長官が、天子に代りて神祇を敬するなり。此最上の敬神方法なりしなり。維新よりは……天子は御先代を敬する事を吾が事として遊ばさるる事となり。茲に初めて御親祭は起れるなり。御親祭の起れるとたんに神祇の役所は、ひくくなりたり。他の役所に比較を取れるなり。其の事は、神を祭る事は御親祭とて重くなり、而して役所の方は他と同様となりし也。是に於いて神祇官は一変して神祇省とはなれるなり。

神祇官制が、天皇親祭の理念によって相対化されていく筋道がたどられている。このような天皇親祭の理念は、天皇の政治君主化という維新変革の「政」の課題に呼応した、「祭」の様式を創出せんとする要請から生み出されたものであった。その創出過程を主導したのは、神祇官特立を批判、天皇を主体とした新しい祭政一致実現を構想した津和野派をはじめとする一群の人々であった。本節でその建白を紹介した飯田年平・小中村清矩・浦田長民らは、こうした新しい祭政一致制度形成の一翼を担った者たちであったといえよう。
祭政一致は、近代天皇制度成立の核心を集約するキーワードである。しかし従来の研究では、明治神祇官に対する予断から、その形成過程が具体的に検討されることが少なかった。日本における近代国家形成過程との関連において、予見をもたずにその積極的意義を再評価しなければならないであろう。

註

（1）拙稿「近代天皇祭祀形成過程の一考察――明治初年の津和野派の活動を中心に――」（井上順孝・阪本是丸編『日本型政教関係の誕生』第一書房、一九八六年）。
（2）『日本思想大系』53　水戸学（岩波書店、一九七三年）、六五～六六頁。
（3）原口清「明治初年の国家権力」（『大系日本国家史』4　近代Ⅰ、東京大学出版会、一九七五年）参照。
（4）前掲註(1)拙稿参照。
（5）「明治二年雑件」第六冊『岩倉具視文書』（国立国会図書館憲政資料室所蔵）。本資料は『岩倉公実記』編纂のための筆写された冊子資料である。
（6）阪本是丸「国学者と学校問題――皇学所設立をめぐって――」『維新前後に於ける国学の諸問題』（國學院大學日本文化研究所、一九八三年）、「京都皇学所・大学校と国学者の動向」

（『國學院大學日本文化研究所紀要』五八）、のち『明治維新と国学者』（大明堂、一九九三年）所収。

（7）森の伝記については、大久保利謙「森有礼」『大久保利謙歴史著作集』第八巻　明治維新の人物像（吉川弘文館、一九八九年）、大塚孝明『人物叢書　森有礼』（吉川弘文館、一九八六年）参照。

（8）従来の研究では、祭政一致は宣教使制度にのみ結び付けられて解釈されてきたが、これが本来天皇制度全体にかかわる総合的な改革構想であり、とりわけ維新政府の「政」の課題と不可分なものであることを見失ってはならないであろう。

（9）『大日本維新史料稿本』明治二年六月二三日条（東京大学史料編纂所所蔵）。

（10）拙稿「明治神祇官の改革問題」（『國學院雑誌』八八巻三号）、本書第六章に収録。

（11）『大日本維新史料稿本』明治二年是歳条（東京大学史料編纂所所蔵）。

（12）『神祇院資料』（神社本庁所蔵）。小中村の経歴については『国学者伝記集成』（大日本図書、一九〇四年）一六二〇～一六二四頁。

（13）手塚豊「制度局民法会議と蜷川式胤日記」（『法学研究』四二巻八号）。

（14）拙稿「四時祭典定則成立過程の一考察――明治二年『年中祭儀節会大略』の紹介・翻刻を中心に――」（『神道学』一三六）参照。

（15）高橋康昌「明治初年の制度形成と法制担当官庁の機能」（『法学新報』七五巻一二号）。

（16）国立公文書館内閣文庫所蔵。本資料は歴代の古記録から、賢所（近世以前は内侍所と通称されていた）関係の記事を事項別に抄出したものである。
(17) 従来この時期の神祇官人事に関しては、反政府運動の弾圧と連動した平田系官員の「排除」が言及されるが、例えばこの時拘禁された丸山作楽・矢野玄道・角田忠行は神祇官とは基本的に無関係であり、また平田延胤が神祇官を免官されたのは、新たに明治天皇の侍読に就任するためであった。いわゆる「平田系官員の排除」なる通念に視野を限定しては、この時期の神祇官の動向を正確に理解することはできないであろう。この点については前掲阪本是丸『明治維新と国学者』参照。
(18) 前掲原口清論文参照。
(19) (1)は『浦田長民建白書』（宮内庁書陵部所蔵）。(2)は『神祇院資料』（神社本庁所蔵）。当時浦田は度会県より上京、神祇省七等出仕に任ぜられていた。
(20) 『公文録』自辛未八月至壬申三月　神祇官伺（国立公文書館所蔵）。『明治天皇紀』第二、五七〇頁。
(21) 『明治天皇紀』第二、五四〇頁。
(22) 渡辺昭夫「侍補運動と『天皇親政』運動」（『歴史学研究』二五二）。
(23) 美濃部達吉『憲法撮要』第二節三「祭祀大権」（有斐閣、一九二三年、一九二四年訂正再版）二二二頁以下参照。
(24) 「御親祭の事」加藤隆久『神道津和野教学の研究』（国書刊行会、一九八五年）二九三頁以下。

第八章　明治大嘗祭前史の一考察

はじめに

維新変革によって天皇を君主とする国民国家が「創業」されてゆく過程は、それに呼応して、天皇の即位儀礼としての大嘗祭が著しい「成長」（柳田国男『大嘗祭と国民』、本書第九章参照）を遂げてゆく過程であった。本章は、明治大嘗祭斎行に至る「前史」を、神武創業の理念と東京奠都政策を根本動因とする維新政権の確立過程とのかかわりにおいて概観し、明治大嘗祭の国家的・国民的拡大の諸相が、どのような諸段階を経て形成されていったのかを考察することを目的とするものである。

明治元年から四年に至る日本における中央集権国家の形成過程は、同時にその国家の君主である明治天皇の一連の御代替わり儀式――践祚・即位式から大嘗祭に至る即位儀礼が行なわれていった過程であった。ここにおいて天皇が、畿内の地域的存在から、全国を統治する国家君主へと飛躍してゆく過程は、天皇の即位儀礼としての大嘗祭が、限定された朝廷内の儀式から、全国家・国民的規模を有する国家祭典へと拡大してゆく過程にほかならなかった。

このように考える時、明治大嘗祭の前史には、次の三つの局面があるように思われる。すなわち、第一に新帝明治天皇の践祚・即位式から東京奠都・東京における新国家「創業」に至る局面、第二に東京奠都の一環として従来京都で行なわれていた新嘗祭が東京に移行してゆく局面、第三に悠紀・主基両斎国が東京を中心として東西に選定され、大嘗祭の新穀が供納されてゆく局面である。以下、この三つの局面を順次考察し、それらがいかに明治大嘗祭の前提を形成してゆくものであったかという点についていささか検討を加えてゆきたい。

一　践祚・即位式・東京奠都

維新政府の根本政策は、「神武創業」の理念を根拠とした天皇東征・東京奠都によって、旧来の朝廷制度・領有制・身分制を撤廃し、東京における天皇中心・四民平等の新しい国家体制を「創業」してゆくことであった。以下では、(1)明治天皇の践祚儀・即位式から東京奠都に至る旧体制解体・新国家「創業」の政治過程と、(2)その過程において大きな役割を果たした祭祀者としての天皇像が、明治四年の東京大嘗祭斎行をいかに準備するものであったかということについて言及する。

慶応二年十二月二十五日、ペリー来航以来の深刻な国家的危機の只中で孝明天皇が崩御する。新帝明治天皇の践祚儀は、将軍徳川慶喜以下、会桑勢力のもと、摂関制を中核とする朝廷制度の枠内で、摂政によって後見される「童帝」の践祚儀として行なわれた。十二月二十七日、新帝の摂政に内定した関白二条斉敬は、学問所・小御所に諸臣を召して践祚儀治定の旨を宣した(1)。

翌慶応三年一月九日、清涼殿代（小御所）において上卿近衛忠煕（内大臣）・弁坊城俊政の奉仕によって践祚の儀式が行なわれた。内侍による剣璽奉安・神器継承に続いて、明治天皇は二条斉敬の関白任用を改めて摂政に任命する旨を宣し、万機の摂行を命じた。このように、明治天皇践祚儀は、一面において、伝統的な摂関政治を踏襲する儀式として行なわれたのである。

朝廷は、践祚儀に続いて、新帝の即位式挙行に向けて動き出した。慶応三年十一月下旬頃の予定をもって即位式準備（高御座・威儀物調進等）が着手されていたことは、同年九月十七日、内記・外記両局出納が議奏柳原光愛に提出した次の伺に示されている(2)。

御即位調進物出来日数内々御尋ニ付夫々取調候処右日数之儀精々差急高御座者四十五日自余調進物者二十日亦者三十日斗ニ而出来可仕旨各御請申出候併今度御好等有之絵図等伺候而者隙取候故近例弘化度之通ニ出来可仕候尤何レ茂取掛被　仰付候日ゟ之日数御座候間早々被　仰付候様仕度候仍可相成候者来十一月下旬被行候様相願度候右差急候儀故時宜ニ寄候者職方指人武辺江申立候儀茂可有之且夫々職方江前借金相渡不申候而

者自然与日数相延右日数ニ而出来難計甚以心配仕候間何卒取掛被　仰付候者早々夫々
前借相渡候様相願置候……

即位式前日、摂政は、新帝に即位灌頂を伝授する通例となっていた。(3) 践祚に続いて、即位式も、摂政主導の「童帝」を擁した朝廷儀式として行なわれようとしていたのである。それは摂政二条との連携のもとで自らの権力を確保していた権大納言・征夷大将軍徳川慶喜をはじめとする会桑勢力の意向にもかなうものであったと思われる。しかしこのような摂関政治の枠組は、岩倉具視ら改革派公家と薩摩勢力の合作によって断行された王政復古政変によって、根底から覆される。

十二月九日、王政復古の大号令によって、摂関政治・武家政権の伝統は否定され、神武創業を根拠とした新国家建設が宣言された。それまで朝政の実権を掌握していた摂政二条斉敬は、会桑勢力と共に参内停止に処せられる。

そもそも維新の大目的は、神武創業の理念に基付く武家政権打到・個別領有制の撤廃と共に、摂関制度打破による朝廷改革の実行と、神武天皇像に習った天皇像の一新にあった。岩倉のもとで作成されたと推測される次の資料は、長年にわたって朝廷を寡頭支配し、皇権を有名無実化してきた摂関政治の宿弊を次のように指摘する。(4)

……夫レ所謂三大宿弊トハ何ソヤ藤氏専権以来既ニ千有余年　朝廷上ノ権悉ク藤氏ニ
帰シ藤氏ノ出ニ非ル　天子ト云ヘドモ立ヲ得ス后妃必ス藤氏摂関必藤氏御維新ノ始首

トシテ摂関ヲ被廃ト雖モ宿弊ノ深ク蠹スル者依然トシテ　朝廷ヲ梗ス是　朝廷ノ最大弊ニシテ　朝廷ノ虚器ヲ擁スル而已ニ至リシ所以ン縉紳家ノ紈袴子ニ陥ル所以也外戚ノ権漸ク巳ニ衰フ而シテ武門跋扈ス源頼朝ヨリ以来天下兵馬ノ権悉皆武門ノ権ト成リ王綱益解ケ陵夷輓近ニ至テ極ル

……藤氏武門ノ二大弊ヲ合セテ天下ノ政ヲ蠹蝕シ維新ノ盛典ヲ梗拒ス嗚呼是ノ三大弊ヲ以テ西洋各国日々文明ニ趨リ月々ニ道理ヲ講シ征戦攻代ノ間ヨリ実効実着ヲ以富強監大ノ域ニ進ミ強虜ニ何ヲ以能並立スルヲ得ンヤ故ニ真ニ　神武創業ノ昔ニ着目シ……断然更始一新真ニ大創業ヲスルニ非ンハ所謂万世ノ大基礎決シテ立可ラス……

閏四月二十一日、「政体書」制定によって維新政府の官僚組織・行政機構が整備されるに至る。ここで謳われた「官武一途」とは、具体的には公家によって構成される朝廷―「官」に、薩長勢力をはじめとする諸侯・武士階級―「武」が入り込むことを意味していた。ここに、旧来の令制官職を根拠とする「朝廷」公家派と、新定の「政体書」官制を根拠とする「維新官僚」派の、対立抗争が展開してゆく。この過程で、明治天皇の即位式を、旧来の朝廷祭祀の枠内で行なうか、あるいは維新官僚が参画しうる新しい国家祭祀として行なうかということが、重大な課題として浮上してゆくことになる。

維新官僚の課題は、即位式を、旧来の朝廷儀式としてではなく、維新官僚主導の国家祭祀として行ない、しかもそれをもって東京奠都の跳躍台とすることであった。既に維新政府は、元年三月十四日、新政の出発を告げる新しい国家祭祀として、天皇が「官武」の群臣を率いて親祭される五箇条御誓文祭典を実現していた。即位式は、五箇条誓祭に続く維新官僚主導の「官武一途」の国家祭典として行なわれなければならなかった。

即位式を公家主導の朝廷祭祀として行なうか、あるいは維新官僚主導の国家祭祀として行なうか、という対立は、即位式取調の過程で噴出する。議定中御門経之、即位式御用掛勘解由小路資生・正親町実徳等と、同じく即位新式取調御用掛福羽美静の争議がそれであった。公家側の主張は、即位式を公家のみが参列・奉仕する旧来の朝廷祭祀として行なうことであった。それは、新定の「政体書」を根拠とする維新官僚の、即位式からの事実上の排除を意味していた。

これに対して、福羽は、武士階級出身の官員の参列を主張する。福羽は、即位式の新政府官員参列実現を「御大政之御規模」のありかたの根幹にかかわる重大な問題としてとらえ、公家集団と真向から対立したのである。八月二十日、この争議に決着をつけるべく、福羽は、行政官に次の伺を提出した。(5)

此度　御即位御当日之次第此間以来追々御窺申上候処、先昨日迄之処ニテハ十二八九ハ記分ヲ追ヒ、増減之廉ハ一二事而已ニテ、当今被為用候政体中之官ニテモ、弁官幷神祇官知事而已配役有之、其余之官ハ御当日参看之儀ニモ不及御模様、平日何等之御用モ不相勤是迄之官人等取交御次第相立候義ニ御坐候得共、後日取返シ難相成御一度之御大礼ニ前段之訳ニテハ、方今御大政之規模ニモ違、万国へ之聞モ御不都合ニ有之、就テハ上古ニ無之新礼モ中古被為立候テ、漸々　国体ヲ被為固候意味ニ基キ、強テ古之記文ニ拘リ不申、即今之七官幷是迄之旧儀取交、実務ニ渉候様、簡便之法式ヲ被為建候ハ、可然ト奉勘考候、左様無之テハ諸合之諸藩主併中下之大夫士又貢士等ノ参席モ難取究候、併七官ヲ以別法ニ被成置候儀ニ御座候得ハ致方モ無之次第ニ候得共、是等之事件ハ人々之評論有之、御政徳へモ相拘候像ニ御座候得ハ、新式御用掛共心痛仕候……

八月二十七日に行なわれた即位式は、福羽をはじめとする「維新官僚」派の勝利のもとで挙行された。新政府官員参列の実現はいうまでもなく、ここで断行された唐制廃止等（摂政伝授による即位潅頂・服制・旌旗等の廃止）の措置は、こののち推進されてゆく朝廷改革の端緒としての意味も有していた。さらにここで新定された数々の新儀（地球象設置、寿詞奏上等）は、近代国家形成に即応した、近代天皇祭祀形成の課題を先取りする意義を担うものであった。これらの諸改革は、福羽に代表される武士勢力が、公家集団にかわって即位式執行の主導権を掌握したことを如実に示していたのである。

即位式後、九月八日、即位式と一連の新儀として、明治改元が行なわれた。神武創業の理念を根拠としたいわば明治天皇創業元年の開幕である。即位改元による一世一元制は永世の制度とされ、これ以降の御代替わりの規範となってゆく。また即位式を跳躍台として、懸案の東京行幸も実現する。九月二十日、京都を出発した天皇の鳳輦は東海道を東下し、十月十三日、東京に着御、東京城に入城した。このように即位式は、元年初頭以来の懸案であった天皇東幸の実現・東京における新国家建設の着手を告げる祭儀ともなったのである。

東京奠都を推進した維新官僚派の構想は、「神武創業」の理念を根拠として、旧体制の地盤である京都・畿内と天皇の存在を切り離し、東京において、神武天皇の創業に習った天皇親政の革新政治を遂行するということにあった。二年七月八日、職員令制定によって旧制百官は廃止され、公家集団は大名層とともに新設の華族身分へ吸収された。ここに古代以来の令制官職を根拠とした近世朝廷制度は制度上解体し、維新官僚主導の新国家体制が発足したのである。

この両度にわたる東幸・東京奠都の過程は、「神武創業」のもうひとつの側面、すなわち祭祀者としての天皇像を機軸にして推進された。既に元年三月、国是五箇条御誓文の親祭によって、群臣を率いて祭祀を行ないつつ、政治の第一線に立つ天皇像が確定していた。維新政府は、その出発に当たって、天皇親祭・天皇親政による祭政一致の根本原則を、国家的祭儀のかたちで形象化していたのである。

「親政」によって万民統治の政治を総覧する天皇は、同時に「親祭」によって「万民御仁恤」のため親ら祭祀を行なう存在にほかならなかった。両度の東幸の過程における沿道の式内社への奉幣、東国における准勅祭社（十二社）の制定、東京行幸直後の「東国鎮守」氷川神社への親拝、新嘗祭告諭の頒布、東京奠都直前の神宮親謁、東京神祇官への天神地祇・皇霊鎮祭等によって、東国人心慰撫の意味も有しつつ、東京に親臨して祭政を総覧する祭り主としての「天子」像が、全国の士民にアピールされていったのである。

東京奠都後、東幸沿道式内社奉幣の総仕上げとして、神祇官知事亀井茲監が武蔵一宮氷川神社に官幣使として参向した。四月十四日、亀井は神前で次の宣命を捧読した。(6)

……弥生の初旬に　玉敷平安京を御発輦て東海道の路の長手を遥々に同月の二十日あまり八日と云日平かに安らかに東京に着御給ひて食国天下の万機を御自親聞食給ふと為て御前に侍らう人等は更にも言はず四方国諸臣等にも広く事議給ひ思はしめ給ひて万世に堅盤に常盤に動くまじき天津日嗣の基業を起て天下豊饒に民勇みて遂に百千足国浦安国と成給はまく思食す事の由を大前に祈曰すと為て幣帛奉らしめ給はくと……

亀井はこのようにして、天皇の東京親臨と、天皇親政・親祭をモットーとする公議政治の開始を「東国鎮守」に奉告したのである。

さらに関東人心鎮撫のため行なわれた祭祀として、東京奠都直後に行なわれた「祈晴」奉幣を挙げておこう。この奉幣は、氷川神社・芝神明宮・日枝神社という東京及びその近郊の代表的な三社に対して行なわれた。七月、神祇官は、天皇の「御煩慮」によって行なわれる祈晴奉幣の趣旨を各社に次のように通知している。(7)

四五月来頻ニ霜雨気候不順ニ付穀物成熟之程深ク　御煩慮被　思召仍而此度一ノ宮氷川神社並府内神明宮日枝神社於三社一七日ノ間風雨順時五穀成熟之御祈被　仰付御祈央《ママ》奉幣使差立候段被　仰出候事

但シ来ル三日ヨリ執行之事

七月

別紙之通御祈被　仰出候間於其社一社一同抽丹誠祈念可仕此段申達候事

一七日満座之上大麻献上可仕事

但奉幣使第四ケ日ニ被差立候事

七月　　　　神祇官

各社における祈願は、七月三日より七日間に亙って行なわれ、六日、勅使として氷川神社に少将町尻量衡・神祇権判事青山景通が、府内の二社には少将六条有義が参向した。神前で捧読された宣命は、東国人民のために晴天を祈る天皇の叡慮を次のように伝える。(8)

……今年四月の頃より此東の空は凡雨降継て六月に至りて猶晴るゝ日無く植し田も蒔し畠も悉に其時を失ふと聞食て甚く思ほし煩ひ座す是以て神主等に課て……公民等が取作奥津御年を万千秋の長五百秋に八束穂の伊加志穂に成幸へ給ひて……

ここに見られるように、天皇が祭祀によって人心を慰撫、天下泰平・五穀豊饒を祈る最高祭主として東国の民に臨むという方針は、東京において天皇を中心とした全国政権を確立するという維新政府の「創業」構想の、不可欠の一環をなしていたのである。

このようにして明治天皇は、天皇親政による革新政治の主体として、また天皇親祭による祭り主として東京に親臨した。かくて天皇東京親臨による新国家建設を内外に示す国家祭典として、天皇の即位儀礼である大嘗祭を東京において行なうことが、次の段階の最大の課題となってゆく。三年二月の神祇大少副正権祐連署の神祇伯宛願書は、「当年於当地被為行度奉存候」と、年内の東京での大嘗祭斎行を求めるに至ったのである。(9)

二　新嘗祭の問題

明治三年十一月に及んで、史上はじめての東京における新嘗祭が行なわれるに至る。それは、京都中心の近世朝廷の解体、東京中心の新国家体制建設の一環として、翌年の大嘗祭東京斎行、また明治五年以降の新嘗祭東京斎行の前提となったのである。以下では、慶応三年から明治三年に至る新嘗祭の斎行過程を検討してゆきたい。

孝明天皇諒闇中の慶応三年九月二十五日、新嘗祭期日を前にして、吉田家当主吉田良義は、議奏柳原光愛に三通の「差別出書付」を提出した。以下に引用するのはそのうちの二通である。(10)

新嘗祭之事古来於中和院難被為行節者神祇官ニテ諸司参向被遂行候儀諸記録分明ニ候

併御中絶ニ相成漸貞享四年大祀御再興候得共新嘗之儀者未被及御沙汰候ニ付元禄元年摂政冬経公以深思食被称新嘗御祈於吉田家如形執行候様被　仰下其節仰之趣不堪感涙次第候其以来五十箇年余勤仕候儀ニ而全元文五年　新嘗御再興之起源与存候　抑寶暦十二年諒闇之時元文御再興以前之格ヲ以御祈被　仰下尓来度々勤仕罷在候得者当年茂近例之通御祈可被　仰下哉ニ存候然處既祭典復古之儀中立被　聞食候上者被称御祈候而者背古格名分難相立哉ニ存候間例幣幷臨時奉幣之通於神祇官代粗旧例之通被為遂行候様願入度存候前件之次第乍心付不申上候而者所謂因循姑息ニ相成甚以令痛心候条不顧恐令言上候事

九月　良義

新嘗祭之事別紙令言上候處當神祇官代者狭少ニ而所詮右御用難相勤存候間是迄新嘗御祈令執行　候宗源殿當日限被擬神祇官代候者祭式相整可申　候然共上卿以下参向候而者辨備難出来候哉ニ付此儀者被畧之神座神饌調進之所司参向采女代者元禄以来ノ通吉田社社司参勤被　仰下候而者如何可被為在哉此□（虫喰）ニ候得者休息所愚亭ニ而取扱可相成存候間私慮之趣乍卒尓令言上候若御採用相成候者深可畏存候事

九月　良義

吉田家はいうまでもなく、全国の神職支配の実権を掌握するとともに、「卜部」として代々朝廷祭祀に奉仕してきた家筋である。当主吉田良義は、孝明天皇崩御による諒闇に際して、元禄元年以来の先例通り「家職」の既得権を根拠としつつ、朝廷に吉田家斎場宗源殿での新嘗御祈斎行下命を要請、ただし「祭典復古」の折柄、当年は神祇官代（宗源殿を当日限り神祇官代に擬する）における新嘗御祈として斎行すべきことを願い出た。十月十九日、頭弁万里小路博房は吉田家の申出を諒承、十一月七日に至って、朝廷は吉田家に当年の新嘗御祈斎行を命じたのである。(11)

一、新嘗祭諒闇中御近例於吉田家被行御祈之処今度旧儀御再興被付神祇官代候且当日一日限以吉田家宗源殿被擬神祇官代之事

一、右二点戸田へ申遣候

新嘗御祈当日、朝廷より奉行職事として右大弁坊城俊政が参向した。(12)

於神祇官代新嘗祭

参仕　　吉田侍従三位

奉行職事　坊城右大弁宰相

右之通被仰出候事

十一月

このような吉田家の動向の背景には、近世中期以降、神祇行政権掌握を目指して競合を続けてきた神祇伯白川家との対立関係が存在していた。こうした脈絡において、新嘗御祈

斎行下命獲得は、白川家の勢力拡張攻勢に対抗した、吉田家家職の既得権再確認としての意義をも有するものであったと思われる。

十二月九日、このような吉田・白川両家の思惑を遥かに超えて、王政復古政変が断行された。続いて翌年三月十三日の祭政一致布告によって、近世朝廷制度改革の一環として、従来の吉田・白川家の家職の否定が明確となった。神祇事務局・神祇官に拠って天皇祭祀の刷新を図った亀井茲藍・福羽美静ら津和野派の課題は、天皇親政体制形成に呼応した天皇親祭体制を確立するために、旧来の朝廷祭祀の担い手であった吉田・白川両家の家職を解体することであった。

即位式を約一箇月後に控えた七月十七日、吉田家一同は、それまでの家職の伝統を拠り所としつつ、「御一新ニ付吉田家肩入被止之候」という状況の変更を願う伺を提出している。これに対して、同月、神祇官は次の伺を提出した[13]。

吉田ニ於テ神祇官ト称シ候儀本官ニ相紛候ハ勿論第一名義モ不相立候間以後右様不正之儀無之様仕度候事

白川家之神祇伯吉田家之神祇大副等ハ有名無実ニ而本官之御用筋モ不相勤既ニ　内侍所モ本官ニ被附候得共猶右両家ニ而関係之儀ニ付事柄両端ニ相成名義モ不相立候事

白川吉田両家共諸社之執奏ハ被廃候得共猶　稲荷神其外勧迂或ハ霊神勧請抔相唱神霊ヲ願人へ相渡候等之儀差当リ故障ト申訳ニハ無之候得共右辺ヨリ神職共ニ至候而ハ神

祇官ハ数所ニ有之候様心得違之者モ有之候事
右等之儀早々御評決相願度候事

辰七月　日欠

神祇官

弁事

御中

政体書神祇官は、かねてから近世朝廷の皇室祭祀・神祇行政を掌握する吉田・白川家の家職奉仕を否定、皇室祭祀・神祇行政の政体書神祇官への一元化を主張してきた。神祇官の主張する吉田家職の廃止のうちには、当然、従来吉田家が奉仕してきた諒闇中の新嘗御祈斎行も含まれていたのである。

このような状況下、明治元年度・二年度の新嘗祭は、やはり前年度同様、吉田神社斎場の宗源殿を神祇官代として行なわれたが、この両度の祭儀は、いずれも維新政府下の神祇行政を所管する政体書神祇官の、積極的な介入のもとで行なわれたところに大きな特色があった(14)。元年度、十一月十八日に行なわれた新嘗祭では、「御供進作法」は吉田社司が奉仕したものの、「神饌検察」として神祇官権判事の青山稲吉・松尾伯耆が、「新嘗祭参勤」として神祇官知事近衛忠房・判事愛宕通旭が参向、近衛は新嘗祭の「御祈念」を奉仕した。明治二年十一月二十三日行なわれた新嘗祭でも、「神饌検察」として神祇官員の藤木神祇権大史・田中神祇権少史・千葉神祇史生・佐藤神祇史生が、「新嘗祭参勤」として植松神祇大祐・萩原神祇少祐が参向し、植松が「御祈念」を奉仕した。

また下向米についていえば、元年度では四九石、二年度には五四石が吉田家に支給された。さらに神饌の料の新穀も、二年度の際の次の資料に見られるように、新政府の国家財政を担当する官庁・大蔵省から吉田家に交付されていた[15]。

一、大蔵省ヨリ佐竹万五郎今日御米二俵御粟二俵ツ、持参也依之大角弘人面会ノ処先格神饌料一時持参之処同料當度ハ宮内省ヨリ可有持参旨ニ付請取書相渡如佐
但シ為祝酒料　金五拾疋送之

覚
一　御米　貳俵
一　御粟　貳俵
右之通慥ニ落手仕候仍如件
吉田家
松岡仲了
十一月十四日
佐竹万五郎殿

このように両度の新嘗祭は、新しい国家権力として成立した維新政府下、その財政を司る官衙の出納のもと、神祇官の積極的介入・監督下において斎行されたのである。

京都における神祇官代新嘗祭執行と並んで注目すべきは、その当日、東京において東幸

中の天皇の遥拝儀が行なわれたことである。維新政府がこれに先立って「新嘗祭告諭」を頒布し、「公職・諸侯・大夫・士庶人ニ至迄、……共ニ五穀豊熟・天下泰平ヲ神祇ニ祈奉ルヘシ」と令して天皇親祭の趣旨の徹底を図ったことはよく知られている。ここでは、新嘗祭の意義を簡潔に要約する十一月五日の東京町触を引用してみたい[16]。

新嘗祭ト申ハ
天皇自ラ新穀ノミノレルヲ以テ天地ノ　御神ニ供シタマヒヨモスガラ拝シタマフ年中ノ　御大祭ナレバ来ル十八日ハ府下ノ人民末々ニ至ル迄深ク慎ミ火ノ元ハ猶更大切ニ心ヲ用可申事

十一月十八日、東京宮城山里において、政府官僚三等官以上の供奉のもと、天皇遥拝儀が行なわれた。天皇に供奉した大久保利通は、この日の感激を日記に次のように記している[17]。

今晩、新嘗会御神事御遥拝被為在相詰候、御庭ゟ御遥拝所ニ而供奉、冥加至極也

東京奠都後、明治二年度の新嘗祭においても、勅任官以上の供奉のもと、天皇遥拝儀が行なわれ、祭典後、供奉者に酒饌が頒たれた。明治天皇の新嘗祭遥拝は、本来新嘗祭を行なうべき主体が、東京に親臨した天皇にほかならないことを明示する儀式であった。かくて以上の経過を承け、翌明治三年に至って、新嘗祭の祭儀は、京都の吉田社斎場から、東京の維新政府のもとに移行することになる。

三年九月二十八日、弁官は神祇官の伺に対して「当年ハ当地ニ於テ被為行候未タ大嘗会無之候間新嘗御祈ノ事ト存候」と東京における新嘗祭斎行を指令した。以下、これ以降の新嘗祭の東京移行過程を見てみよう(18)。

まず第一に、新嘗祭祭典の祭具・調度が東京に移送される。十一月八日、弁官は留守官にあてて、諸調度・諸調進物の当月二十日までの東京到着を要請している(19)。

新嘗祭ニ付

元行事官調進ノ分

一 御衾（納柳筥二合） 二御単（但大禮ノ節計歟）
一 御櫛 二枚
一 御扇（二包盛柳箱） 二柄
一 錦御沓（盛柳筥二合） 二足
一 神具唐櫃 一合
一 白木御燈籠 四
一 白木床子 四
一 削木 一本
一 竹枝 二本
一 瓫 二

一　采女小袖

元掃部寮分

一　打拂布

納柳筥　一条

元大外記ニテ

神假《ママ》殿敷設ノ図三枚御取寄ノ事

右ノ御品々新嘗御用ニ付夫々へ御下知ノ上来ル廿日マテニ是非到着候様御取計可有之

此段至急申入候也

次に、人的な面からこの過程を見てみよう。十月十二日、神祇官は弁官に「新嘗祭之儀ニ付尋問之旨有之候間相心得候者両人並亀卜取調ノ儀亦有之候ニ付」「都合三人神速東京へ出張」を願い出た。二十四日、吉田家は留守官に「新嘗祭之儀ニ付東京江罷下候人体」として吉田社司元神祇官人正四位鈴鹿熙明・同社末社同従六位山田有年の名を報告している。[20]かねて吉田家家臣として新嘗祭の神事を伝承してきた人々が、東国ではじめての新嘗祭に奉仕すべく、東京に呼び寄せられることとなったのである。また新嘗祭で楽を奏する楽人についていえば、十一月十二日、東儀文均・多忠壽・東儀季熈に対して弁官より東下命令が発せられた。[21]

ついで新穀の東京移送問題を見てみよう。近世朝廷下、新嘗祭の神饌に用いる御用米粟は、山城国宇治郡山科郷音羽村・丹波国山国七箇村から供納されていた。明治三年の新嘗祭に際しては、ここから供納された新穀が、そのまま東京に移送されることになる。閏十月二十五日、用度司は、留守判官に、本年の新嘗祭の米粟上納について掛け合っている。[22]

新嘗祭御用米粟城州宇治郡山科郷音羽村丹波国山国七ケ村等ヨリ従前ノ振合ヲ以昨巳年當司へ相納候ニ付吉田家へ引渡将又相納候村々へハ金貳朱ツツ例ノ通リ被下候ニ相成候所當年ノ儀モ右同様両村ヨリ上納致候付テハ昨年ノ通リ取計可然哉尤モ御祭典御改正ノ折柄若御模様替ニモ可有之或……

十一月四日、弁官は、御用米粟を東京大蔵本省に移送すべきことを指令した。[23]

新嘗祭御用米粟城州音羽村丹波国山村七ケ村ヨリ従前ノ振合ヲ以テ用度司へ相納候ニ付云々御申越ノ趣致承知候右ハ當年當地ニ於テ被為行候故直ニ大蔵本省へ相回シ候様御達可有之依テ御回答申入候也

このように、音羽・山国両村から供出された米粟は、東京の大蔵本省へ回送され、そこから神祇官へ交付されたのである。これに伴い、祭儀の名称も正される。閏十月十二日の神祇官伺は祭典の名称を正式に「新嘗祭」と称すべきことを伺い出た。[24]

新嘗祭御祈之儀過日御報ノ趣致承知候然ルニ一昨年昨己年両年共吉田ニ於テ新嘗祭被行候儀ニ有之左候而者当年御祈与申儀与相達候ニ付今一応御評議給度……

弁官は、「去月新嘗祭御祈与申入候得共新嘗祭与被仰出候間此段更ニ申入候也」としてこの伺を裁可した。このように新嘗祭東京斎行の準備が進行してゆくのに呼応して、東京神祇官の前庭に、新嘗祭斎行のための庁舎——神嘉殿代——の建設が進められてゆく。新嘗祭斎行の太政官布告が出され、勅任官以上の官員が参列すべき旨が指令されたのは十一月十七日のことであった。

かくて十一月二十四日、東京ではじめての新嘗祭が斎行された。太政官・神祇官官員の祭儀への奉仕者・参列者は、以下の通りである。(25)

(1) 官中勤仕交名

中山伯　近衛新正二位　福羽少副　北小路大祐　門脇大祐　平田権大祐
青山少祐　遠藤少祐　大谷権少祐　飯田大史　坂田大史　奥権大史
富島少史　野田少史　田中権少史　日置権少史（以下略）

太政官勤仕交名

三条右大臣　徳大寺大納言　坊城大弁　田中中弁　林少弁　元田大史
北川大史　生田権大史　佐久間権大史（以下略）

(2) 勅任官交名簿

正親町三条大納言　有栖川兵部卿　萬里小路宮内卿　大久保参議　木戸参議
沢外務卿　広沢参議　大隈参議　佐々木参議　野宮皇后大夫　壬生東京府
判事　大木民部大輔　寺島外務大輔　黒田開拓次官　久我兵部少輔　吉井
工部少輔　山口中弁　江藤中弁　山県兵部少輔　宍戸刑部少輔（以下略）

以上の顔触れを一覧しただけでも、このたびの新嘗祭が、神祇官・太政官官員奉仕による維新政府の国家祭祀として行なわれたことが理解されよう。ここに、前年までの吉田社斎場における同社司奉仕による新嘗祭御祈との違いは明らかであろう。かくて明治三年に入って、新嘗祭は、新政府の首都たる東京で、名実ともに新政府主催の国家祭祀として行なわれるに至ったのである。

天皇は、既に東幸・東京奠都によって、東京において新たな国家君主として自己確立を遂げていた。これに呼応して、天皇と不可分の祭儀である新嘗祭もまた、畿内の地域的基盤から分離されつつ、新首都東京に移行したのである。翌年の大嘗祭においては、従前の京都近郊からのそれにかわって、全国的規模で選定された悠紀・主基両斎国からの新穀供納に移行したことは言うまでもない。次節では、明治大嘗祭に新穀を供納すべく定められた悠紀・主基両斎国の選定過程と、その歴史的背景について検討してゆきたい。

三　斎国の問題

明治四年五月二十二日、神祇官で大嘗会国郡卜定の儀が行なわれ、東京を中心として、悠紀に甲斐国巨摩郡、主基に安房国長狭郡が選定された。[26]ここに大嘗祭史上初めて、「東国」が大嘗祭の斎国に選定されるに至ったのである。前節で、東国人心慰撫のための天皇行幸と親祭が、そのまま東京中心の新国家「創業」という維新政府の国家政策と直結していたことを指摘した。このことは、明治大嘗祭における悠紀・主基斎国選定にもあてはまるであろう。元年段階のある意見書は、天皇親らの東幸による東国慰撫の必要性を次のように述べている。[27]

抑

皇国一般西ハ長崎之ハテヨリ東ハ奥蝦夷ノ隅マテ凶夫凶婦ヲ乃是天子ノ赤子ニ非スト云事ナシサラハ敵味方我レ彼レノ差別ナク今ノ通塗炭之苦ニ陥リ人之父ヲ殺シ人之妻ヲ寡ニシ候而ハ実ニ聖慮ニ不被為忍之御趣意天下万民貫徹奉載可為致之御地盤ニテ今般ノ御行幸モ有之度事

翻って考える時、ここでト定された悠紀・主基両国は、いずれもかつての戊辰戦争の激戦地であった。例えば、維新政府成立直後の甲斐地方の状況について、『明治天皇紀』は次のように記す。[28]

東山道先峰総督府参謀板垣退助、旧幕府新撰組近藤勇が其党二百余人を率ゐて将に甲府に拠らんとするを撃ちて之を勝沼に敗る、是れ東征軍の賊と鋒を交へし初なり、

戊辰戦争の結果、関東の旧幕勢力は一掃され、天皇の権威は「東国」に一切の妥協なく貫徹された。ここに政府直轄県甲府県が誕生することとなったのである。このように維新

政府直轄「府県」は、いわば戊辰戦争の戦火の中から誕生した。

同様に、主基国に選定された安房もまた、戊辰戦争の激戦地であった。[29]

……安房・上総両国の間に粛集する者凡そ三千二百人、号して義府軍と称し、所在に分屯し、久留里・一宮等を脅従せんとす、諸藩中之れを援くるもの亦尠からず。……八日、官軍、木更津・真利谷の二巣窟を掃蕩し、十四日、久留里城を収め、十二日、前光大多喜城に至る。藩主大河内正質城を致して罪を待つ、

維新政府直轄県であった悠紀に対して、主基にト定された安房国長狭郡北小町村は、「藩知事」西尾忠篤の治める花房藩領であった。西尾忠篤は、元年九月、遠江横須賀四万三千五百九十石から、安房国・上総国四万三千五百六十石余に転封された旧譜代大名だったのである。二年二月十二日、版籍の奉還を上表する西尾伺は次のように述べている。[30]

一体臣忠篤従前受封之所迚茂王土之一隅且今般代知之御沙汰ヲ蒙リ候共素ヨリ為差御用茂不相勤安住仕候而者偸安之廉ニ相当リ可申与奉恐懼居候処此砌諸藩ヨリ土地人民版籍等返上仕度趣嘆願之儀至当之申上方私儀茂同様返上仕度奉存候

二年六月十七日、諸藩主の版籍奉還上表聴許によって、個別領有制が制度上解体され、全国の王土王民化が達成された。版籍奉還に伴う一連の藩政改革、すなわち藩知事（非世襲）の任命、禄制改革の急進的遂行等によって、旧来の藩の実質は、全国一律の地方行政単位としての「藩」へと、大きく転換していったのである。

明治大嘗祭における悠紀・主基両斎国が、このような戊辰戦争・版籍奉還による個別領有権統合に伴って設定された、府藩県三治の全国的地方制度に依拠して選定されたことはいうまでもない。このことは、前近代の個別領有制下、斎国が、近江・丹波の幕領・禁裏御料に限定されていた近世大嘗祭との対比において、明治大嘗祭の「全国化」を如実に示すものであった。これら一連の地方制度形成の根本動因こそは、東京奠都・天皇の東京親臨による東京中心の中央集権国家形成という事態にほかならなかった。まさに大嘗祭東京斎行を決定し、斎国を東京を中心として卜定すること自体、全国への東京奠都確定の明示にほかならなかったのである。

以上のような維新政府の根本政策を前提として、甲斐・安房両国の斎田選定の過程を見てみよう。まず悠紀について言えば、民部省による斎国決定が甲府県に通知されたのは四月のことであった(31)。民部省地理司官員出張による現地調査のもと、五月朔日付で斎田候補の取調書上書が作成され、県から民部省官員に提出された。五月二日、民部省はこの取調書に拠り、斎田が選定されるべき郡の候補として、巨摩郡・山梨郡を弁官に上申した。五月二十二日、国郡卜定の儀によって巨摩郡が正式に卜定されたが、これより先、再び地理司官員が来県、甲府県官員とともに巨摩郡の村々を巡回、この結果、上石田村の上田を斎田とすることが決定し、六月六日の県知事の巡視の後、正式に神祇官に上申されたのである。

一方、主基については資料が乏しいが、まず五月二日、安房国長尾藩支配地平郡・花房藩支配地長狭郡が斎田の候補として挙げられ、ついで五月二十二日、国郡卜定の儀によって長狭郡が卜定、民部省より花房藩へ通知された。こののち上田が選定され、北小町村百姓浅野長兵衛・松本与左衛門・前田小左衛門・石井八左衛門・佐久間庄助所有地の内から、六段一区を斎田とすることが定められた(32)。

かくて悠紀・主基両国において、地域住民の奉耕によって水稲が成育してゆくこととなるが、抜穂の儀の直前、七月十四日、かの廃藩置県が断行される。既に直轄県であった悠紀はいうまでもなく、これに伴って主基も一律に「県」化する。花房県の誕生である（のち木更津県に合併）。またこれより先四月五日、民部省によってかねて立案されていた戸籍法が制定に至ったことも重視されなければならない。旧幕以来の宗門人別帳にかわり、「臣民一般」の原則のもとに立案された戸籍法の制定によって、全国の人民は封建的身分制から解放され、「自由の権」を賦与された「臣民」として位置付けられるに至ったのである。かくて抜穂の儀までには、名実ともに全国的中央集権機構を有する「国家」と、その担い手としての「国民」形成の基礎が据えられるに至っていた。

九月九日、抜穂使として発遣された大掌典白川資訓・神祇権大録尾形厳彦以下は、十二日、悠紀斎田において抜穂儀を奉仕、十九日一旦帰京して悠紀の新穀を納めた後、今度は主基斎田に参向、二十五日、抜穂儀を奉仕し、主基の新穀を奉持しつつ帰京した(33)。このようにして、全国府県を代表するものとして収穫された悠紀・主基の神饌を用いつつ、全国統治の大権を掌握する国家君主の即位儀礼として、史上初の東国における大嘗祭が行なわれてゆくことになるのである。

最後に、明治大嘗祭における「新儀」として新設された、庭積机代物の成立過程について見ておきたい。庭積の机代物が、広汎な国民奉賛によって特徴付けられる近代大嘗祭の象徴的献上物であることはよく知られているが、重要な事は、これらが専ら悠紀の地域住民の、いわば下からの要請にもとづいて設けられたものであったことである。

四年六月、都留郡中惣代小俣五郎右衛門以下六名の惣代・名主が、谷村役所に提出した土地産物絹布類の献上願いは、次のように述べている(34)。

……當国ノ儀悠紀トカ申御供米地巨摩郡ノ内清地御撰挙相成候段及承永世無窮ノ国光冥加至極難有御事奉存右ニ付奉願上候ハ前御大祀　御備物ノ内絹布御用途御座候由遥ニ拝承仕誠ニ以幸ノ儀當郡ノ儀元来蠶機専務ノ土地ニ御座候間為冥加右　御祭祀　御用途ノ絹類奉献上度挙テ懇願仕卑賤ノ志願　御法則如何可有御座哉ノ儀ハ不奉弁候へ共質朴一途ノ情實ニ任セ不顧忌憚總代共ヨリ有体出願仕候……

これに呼応して七月、山梨・八代・巨摩郡の一一名の惣代が「大祀ニ付……土地出産果物ノ内搗栗白柿書面ノ通リ奉納度何卒以御仁恕志願ノ趣御採用相成候」と甲府県に地域名産の栗・白柿献上を願い出た。このふたつの、期を同じくして提出された請願書は、斎米献上のみならず、地域名物・特産の献上によって、いわば地域全体を挙げた大嘗祭への奉賛を願うものであったということができよう。七月、甲府県は、この二つの上書を添えて神祇省に伺を提出、八月十八日、神祇省は彼らの「至誠」を嘉納し、この願を採用すべきことを上申した。翌日、正院はこの伺を裁可したのである。

十一月十二日の神祇省伺は、このたびの大嘗祭の新儀としての「庭積ミ《ママ》机物」新設について、次のように述べている[35]。

一　大祀神饌色目ノ儀御在舊例ノ通リ聊増減無之候処百事御改正供膳始臣下ノ饗膳ニ至ル迄時勢ノ変事ニ被為準候儀ニ候へハ神饌ノ各別ニ庭積ミ机物右ノ通新式加増被為在可然被存候ニ付此段相伺候也

かくて大嘗祭当日、神饌供進儀に先立ち、悠紀・主基から献上された特産物が悠紀殿・主基殿の庭上に献備されることとなった。ここに大嘗祭において、臣民奉納の各地特産を献備する新例が開かれたのである。もとより明治大嘗祭における庭積机代物は斎国の特産物のみの献備にとどまるものであった。しかしこれ以降の近代史の展開による国民意識の深化・拡大に伴って、庭積机代物が大嘗祭への全国的奉賛を集約する象徴的献上物として国民的「成長」を遂げていったのは、きわめて自然なことであったといえよう。

おわりに

以上、本章では、明治元年から四年前半に至る明治大嘗祭斎行前史を検討し、それがいかに近代最初の大嘗祭としての、明治大嘗祭の前提を準備するものであったかということを考察してきた。

そもそも維新変革の課題は、万国対峙の目標のもと、旧来の個別領有制・封建的身分制を均質化することによって、天皇を総覧者とする公的・普遍的「国家」と、その担い手としての平等の「臣民」を生み出すことにあった。明治大嘗祭は、このようにして生成した「国家」と「国民」を統治する国家君主の即位儀礼として、悠紀・主基の地域住民が「国民」を代表するものとして耕作した新穀を神饌とすることによって行なわれたのである。

註

（1）『明治天皇紀』第一、四五六頁。

（2）『押小路家文書』第二七冊（国立公文書館内閣文庫所蔵）。なお、この問題については阪本是丸「明治の即位礼と大嘗祭」（『別冊歴史読本　図説天皇の即位礼と大嘗祭』新人物往来社、一九九〇年）参照。

（3）『孝明天皇紀』第一、四一四頁～四一六頁。

（4）「明治二年版籍奉還処置ノ件」『岩倉具視文書』（国立国会図書館憲政資料室所蔵）。
（5）『公文録』「戊辰御即位雑記」（国立公文書館所蔵）。
（6）『埼玉県史料』一二（国立公文書館所蔵）。なお、東京奠都と大嘗祭執行の関連については高木博志「明治維新と大嘗祭」（岩井忠熊・岡田精司編『天皇代替り儀式の歴史的展開』柏書房、一九九〇年）参照。
（7）『公文録』庚午二月神祇官之部（国立公文書館所蔵）。
（8）同右。
（9）同右。
（10）『新嘗祭一件留』第二冊（宮内庁書陵部所蔵）。
（11）「非蔵人日記」『大日本維新史料稿本』慶応三年一一月一八日条（東京大学史料編纂所所蔵）。
（12）「慶応丁卯筆記」同右。
（13）『雑種公文』（国立公文書館所蔵）。
（14）以下の記述は『新嘗祭一件留』第二冊（宮内庁書陵部所蔵）による。
（15）同右。
（16）『公文録』明治元年東京府之部（国立公文書館所蔵）。
（17）『大久保利通日記』一（日本史籍協会、一九二七年）、四九三頁。
（18）以下の記述は『太政類典』第一編一二六巻（国立公文書館所蔵）による。なお、明治初年の新嘗祭については岩本徳一「神祇官代新嘗祭考」（『國學院雑誌』六七巻六号）、鎌田純一「明治初期に於ける新嘗祭」（『続大嘗祭の研究』皇学館大学出版部、一九八九年）参照。

(19)『太政類典』第一編一二六巻（国立公文書館所蔵）。

(20)『新嘗祭一件留』第三冊。

(21)同右。

(22)『太政類典』第一編一二六巻。

(23)同右。

(24)同右。

(25)(1)は『祭典録』第六冊（宮内庁書陵部所蔵）、(2)は『新嘗祭　明治三年』（宮内庁書陵部所蔵）。

(26)『太政類典』第一編一二六巻。

(27)「御東幸前聖意下情ニ相達度云々ヲ掲ケシ意見書」『大木喬任文書　書類の部』（国立国会図書館憲政資料室所蔵）。

(28)『明治天皇紀』第一、六三九頁。

(29)『明治天皇紀』第一、六八八～六八九頁。

(30)『西尾忠篤家記』（国立公文書館所蔵）。

(31)以下の叙述は『山梨県史』、第二巻（山梨県立図書館、一九五九年）、五八七～六一八頁、『明治天皇大嘗祭悠紀斎田記事』（貢川村役場、一九二二年）、『大日本維新史料稿本』明治四年五月二二日条参照。

(32) 以下の叙述は『千葉県史料』四八　花房県歴史（国立公文書館所蔵）による。

(33) 註(30)、(31)に同じ。

(34) 『明治天皇大嘗祭悠紀斎田記事』一四〜一六頁。

(35) 『太政類典』第一編一二六巻。

第九章　明治大嘗祭の一考察

はじめに

明治大嘗祭は、日本における中央集権国家形成直後の大嘗祭として、前代のそれに比して、著しい国家的・国民的広がりを有するに至った。柳田国男は、昭和大礼に際して、近代最初の大嘗祭であった明治大嘗祭の意義を次のように回顧した(1)。

明治四年の大嘗祭は、遷都僅かに終り、維新の大業の漸く緒についた際で、まだ完全なる典儀を設定せらるるに至らなかったけれども、始めて甲斐、安房の両國に斎田を點定なされたことは、實に復古以上の躍進であった。獨りその地方の住民のみといはず、いやしくも歴史を學ぶ者の古今を引比べて、均しく感激して止まざる所であった。然るに大帝御一代の偉績として、郡県の制は夙に立ち、令式はすべて備はって、龜卜は自在に四国九州の果てまでを指定し得るようになったのである。

柳田は、明治大嘗祭の斎田が、版籍奉還・廃藩置県による新たな国家体制の成立によって、全国的規模で選定されたことを「復古以上の躍進」として評価する。すなわち柳田が示唆するように、このような天皇中心の統一国家の形成は、同時にその主体的な担い手としての「国民」の形成を意味していた。

……新しい御代に入っては、全國各地進んでその榮譽の一部に參與せんことを競うて止まぬようになったのである。いわゆる庭積机代物は明治以降の新制であると承るが、その三十二器の國産の中には、弘く海山の収獲をも網羅し、更にまた臺湾の文旦、小笠原島のバナ、の如き、曾て大昔の農業の夢にも想像せざりしもの、もしくは全く忘れてしまってゐたものまでを包含してゐる。しかもこの進展は至って自然であって、少しでも國民の理想の神秘と、調和しない點はないのである。

近代の大嘗祭の著しい特色は、それが、国民各層の広汎な奉賛・参画欲求を喚起するようになったことである。明治大嘗祭は、節会の拡大・庭積机代物の新設に代表されるような国民奉賛の拡大によって、このような大嘗祭への国民参画の端緒を開いたのであった。古代以来の「古儀」を守りつつも、国家の発展、国民の形成と共に「成長」を遂げてきた大嘗祭の特質について、柳田は、「國が大きくなるとともに、この大嘗祭の御祭がだん〲と成長して来たことは、何人の眼にも極めて明らかに感ぜられる。」と評し、さらに次のように指摘する。

……この時勢の大なる進化を比べて見たら、どんな堅苦しい尚古派でも、單なる舊制の遵由と、活きて成長する國の式との、差別を認めずにはゐられない筈である。

柳田のこのような観点には、明治大嘗祭へのもっとも透徹した洞察が示されているように思われる。こうした観点からすれば、明治大嘗祭は、「國が大きくなる」過程で、それが「活きて成長する國の式」として、いかに「旧制の遵由」の制約を打破しつつ、国家的・国民的規模へと「成長」を遂げたか、という視角から検討される必要があろう。

そもそも近世の天皇は、摂関・両役制を枠組とする朝廷制度のもと、行幸禁止等の幕府の統制によって、その権威の社会的浸透は周到に防止されていた。したがって近世の大嘗祭もまた、朝廷社会内の儀式にとどまり、その広がりはたかだか京都近郊の範囲内に限定されていた(2)。しかし維新変革によって、天皇が東京に親臨する近代国民国家の君主へと飛躍するに伴って、天皇の即位儀礼としての大嘗祭も、新たに設定された近代国家の首都における、国家的・国民的祭典へと、大きな成長・発展を遂げるに至る。まさに柳田の言うように、維新変革によって「國が大きくなる」過程は、その中で大嘗祭の祭りが大きく「成長」してゆく過程であった。

翻って従来の研究史を顧れば(3)、明治大嘗祭の特色として諸家が等しく指摘するのは節会の著しい拡大という点である。このような節会の拡大こそは、身分制の解体による「国民」の登場に対応した大嘗祭の「国民化」、日本の国際社会への出発に対応した大嘗祭の「国際化」を端的に示すものにほかならなかった。そしてこの節会の国民的・国際的拡大は、天皇親祭と節会を一体のものとして構想した神祇省両首脳、すなわち福羽美静・門脇重綾の大嘗祭観に明確な理論的根拠を有し、彼らはこのような大嘗祭観を根拠として明治大嘗祭儀を構想・立案していったのである。このことは、大嘗祭取調に際して、とりわけ門脇重綾が作成した案文を検討することで明らかになると思われる。

本章は、右のような観点から、維新変革における近代国家形成との関連において、皇位継承儀礼としての明治大嘗祭を位置付けようとするものである。まず次節では、維新変革によって、「國が大きく」なり、国家とその担い手としての国民が成長してゆく過程を跡付けつつ、その過程がいかにして明治四年の大嘗祭を準備するものであったかという点について検討してゆきたい。

一　前　史――東京奠都と大嘗祭

1　維新変革と東京奠都

そもそも維新変革の課題は、万国対峙の目標のもと、旧来の個別領有制・身分制を均質化することによって、天皇を総覧者とする公的・普遍的「国家」と、その担い手としての平等の「臣民」を生み出すことにあった。この課題を達成するため、維新政府の採用した根本政策は、神武創業の理念を根拠として「東京奠都」を断行することであった。すなわちそれは、明治天皇親ら東京という新天地に親臨し、神武天皇の創業に習って、新しい国民国家を「創業」してゆくことを意味していたのである。

この過程は、「旧来の陋習」――幕藩体制・個別領有制・身分制――の解体過程であると同時に、天皇を長きにわたって枠付けていた摂関制に代表される朝廷制度の解体過程であった。王政復古直前に行なわれた明治天皇践祚儀が、一会桑政権下、摂政主導の完全な朝廷儀式として行なわれたのと対照的に、翌明治元年八月、東幸直前に行なわれた明治天皇即位式は「御即位新式取調御用掛」福羽美静らによる改革のもと、新政府官僚参列のもとで行なわれた(4)。即位式を跳躍台として、福羽等の維新官僚は、明治改元・一世一元制の施行を実現、天皇東幸・東京奠都による東国中心の新国家形成に向けて政治過程を主導してゆく。

東京奠都後、職員令制定によって、近世朝廷の存立基盤であった令制百官が最終的に廃止され、東京における維新官僚主導の新国家体制が発足する。東幸・東京奠都に向けた政治過程で重要な役割を果たしたのは、「神武創業」のもうひとつの側面、すなわち国家の最高祭主として、万民の「御仁恤」のため親ら祭祀を行なう天皇像であった。明治元年、維新政府の出発を告げた五箇条御誓文親祭を端緒として、東幸沿道の式内社への奉幣、東京行幸直後の「東国鎮守」氷川神社親拝、新嘗祭告諭の頒布、東国における准勅祭社制定、東京神祇官への天神地祇・皇霊鎮祭等によって、東国人心慰撫の意味も有しつつ、東京に親臨して祭政を総覧する祭り主としての「天子」像が、全国の士民にアピールされていったのである(5)。

このようにして明治天皇は、天皇親政による革新政治の主体として、また天皇親祭による祭り主として東京に親臨した。かくて東京親臨による新国家出発を内外に示す国家祭典として、天皇の皇位継承儀礼としての大嘗祭を東京で行なうことが、次の段階の最大の課題となってゆく。三年二月には、早くも東京での大嘗祭斎行を求める神祇官官員連署の伺が神祇伯に提出されている。[6] 同年十一月二十四日には、神祇官において、東京ではじめての新嘗祭が行なわれた。[7] この東国初の新嘗祭が、翌年の大嘗祭東京斎行のいわば予行演習的な意味を有していたことは推測に難くない。明治四年三月二十五日、三藩献兵・御親兵設置の直後、維新政府は、大嘗祭東京斎行を公示するに至る。[8]

2　斎国選定

四年五月二十二日、神祇官で卜定された斎国――悠紀・主基は、版籍奉還後の行政単位である全国の藩・県から、東京を中心として東西に選定された（悠紀は甲斐国甲府県巨摩郡、主基は安房国花房藩領長狭郡）。[9] この悠紀・主基の全国的選定が、個別領有権の天皇への統合にともなって設定された、府藩県三治の全国的地方制度を回路として行なわれたことはいうまでもない。このことは、個別領有制下、斎田が、近江・丹波の幕領・禁裏御料に固定していた近世の大嘗祭との対比において、まさに柳田のいう明治大嘗祭の「全国化」を如実に示すものであった。さらにこれらの斎国は、いずれもかつての天領・譜代大名領であり、また戊辰戦争の激戦地でもあったところから、その選定には、東国人心慰撫としての側面があったことも考えられよう。

これらの斎国は、四年七月の維新政府の地方制度形成の総仕上げともいうべき廃藩置県によって、一元的地方行政単位としての「県」に「成長」した。これより先四月、戸籍法の公布によって、全国の人民は「自由の権」を賦与された「臣民」として位置付けられるに至っていた。このような「国民」の生成に即応した新儀として、悠紀・主基住民の自発的な願によって、新しい大嘗祭国民奉賛の様式ともいうべき庭積机代物が新設される(10)。

かくて、大嘗祭斎行直前までに、東京に親臨した天皇を機軸として、前近代の封建的階層構造を均質化する課題がほぼ緒に就いていた。この過程で、悠紀・主基の地域住民もまた、新しい「国家」の担い手としての「国民」へと成長を遂げて行ったのである。

明治大嘗祭は、このようにして生成した「国家」と「国民」を統合する国家君主の即位儀礼として、悠紀・主基の地域住民が「国民」を代表するものとして奉耕した新穀を神饌とすることによって行なわれたのである。

二　明治大嘗祭儀の特質

明治四年七月以来、版籍奉還・廃藩置県を経て整備されつつあった地方統治機構の形成に呼応して、国家の中央機構形成・近代天皇制度確立の課題が本格的に着手されるに至った。[11] 同年七月の太政官三院制の制定によって、天皇のもとにおける維新官僚の権力中枢独占が確定し、同時に行なわれた宮中改革によって、近世朝廷の最終的解体が実現した。神祇省においても、それまで一定の地位を占めていた中山忠能(ただしのち御代拝御手代を拝命)・近衛忠房といった公家勢力が実質的に退場し、維新官僚の一画を担う神祇大輔福羽美静(津和野藩出身)・神祇少輔門脇重綾(鳥取藩出身)が名実ともに省務の頂点に立ったのである。

すでに五月十九日、大嘗会御用掛に任ぜられていた福羽・門脇は、九月に入って、その本格的準備に着手すべく、祭儀の全権委任を求める伺を正院に提出している。[12]

一 大祀一会卯辰両日之御用度建物以下一切本省へ引受可申候一会御委任之旨御書付ニテ被仰出候事

但宮内省関係ノ御用度等ハ別段之事

一 政府ニテ大祀御用懸ノ官員当分神祇省出仕被仰申付凡テ省中ニ而一切取扱為致候様有之度事

右之件至急御差図希候也

辛未九月四日

神祇少輔 門脇重綾

大輔 福羽美静

正院御中

この前後より、明治大嘗祭の祭儀は、福羽・門脇の主導のもとで急速な立案が進められていったものと推測される。それでは、ここで立案されていった明治大嘗祭の祭儀は、いったいどのような特質を有するものであったろうか。以下、大嘗宮行幸から殿内の天皇親察に至る祭儀の展開過程に沿って、順次検討を加えてゆきたい。

1　大嘗宮供奉・参列

大嘗祭当日、明治天皇の悠紀殿・主基殿行幸に供奉する行列の人員構成自体、この直前の太政官改革・宮中改革の成果を如実に示すものであった。すなわち、神祇省の全権を掌握した神祇大輔福羽美静・神祇少輔門脇重綾の前行のもと、太政大臣三条実美が続き、天皇の前後には、宮中改革によって新任された宮内卿兼侍従長徳大寺実則・侍従長河瀬真孝が剣璽を奉じて従った。続いて太政官改革によって確定した維新政府権力中枢の構成員、参議西郷隆盛・大隈重信・板垣退助、文部卿大木喬任、左院副議長江藤新平、外務大輔寺島宗則、大蔵大輔井上馨、兵部大輔山県有朋、司法大輔宍戸璣らが扈従したのである(13)。三条・徳大寺等の公家出身者を除き、天皇の供奉者はいずれも下級武士出身の「復古の功臣」であり、彼らはいずれも、維新変革の急進的な政治過程を経て、維新政府の頂点まで登りつめた実力者であった。彼らの供奉のもとで行なわれた明治大嘗祭が、旧制公家百官の供奉・奉仕のもとに行なわれた前例の孝明天皇大嘗祭と、大きな隔たりを示すものであることはいうまでもないであろう[14]。

同様の事情を示すものとして、次に悠紀殿・主基殿幄舎への参列者についてみてみよう。天皇悠紀殿着御ののち、大嘗宮の諸門が開け放たれ、勅任官・奏任官・判任官から構成される政府官僚が参進、前庭・中庭の幄舎に着座した。この悠紀殿・主基殿参列者の範囲決定をめぐる興味深い資料として、『大嘗会卯日次第[15]』（大嘗祭式次第の取調書として神祇官で作成された案）に付された、中山忠能[16]と小中村清矩[17]の付箋を紹介してみたい。まず中山忠能の付箋から引用する。

卯ノ日群官ハタ、此時入テ拍手スルノミノコトニテ酒饌ノ賜物モナケレハ判任ハ除クヘキカ　中山

すなわち中山は、判任官以下の参列を不要とすることによって、祭典への官僚参列をできるだけ制限しようとしたのである。次の小中村の意見は、この中山見解に対する異見の表明であろう。

右ノ如クニテハアマリ群官ノ所作ナキ故ニ開門ノ後群官参入シテ歌笛ヲ拝聴シサテ拍手スヘキカ但シ是ニテハ中門内ヘモ親王以下ノ幌ヲ設ザルコトヲ得ズ　小中村

小中村は、歌笛拝聴・拍手によって、「群官」が儀式に参加すべきことを主張する。群官の祭儀への積極的参画を主張する小中村と、大嘗祭の「秘儀」的性格に固執して群官参

列の制限を主張する中山の競合には、いわば近世の新興学問たる国学の担い手としての小中村と、近世朝廷の伝統を代表する中山の対立が鮮やかに示されているといえよう。結局、決定された「大祀次第」は、判任官総代までの参列を規定し、かくて明治大嘗祭では、国政の第一線に立つ維新政府の閣僚・官僚の全面的参列が実現した。彼らは、国栖古風、悠紀国風奏上ののち、中庭・前庭の版位に列立し、一斉に八開手を拍ったのである。

明治元年、東京行幸直前に京都御所で行なわれた即位式の準備過程で、新式御用掛の福羽は、公家のみの参列を固執する勢力の抵抗を排除しつつ、朝廷百官と並んで、「復古の功臣」である維新政府官僚九等官の参列を実現した[18]。即位式から三年後、東京宮城で行なわれた大嘗祭において、太政官改革による維新政府の全面的確立、宮中改革による旧朝廷勢力の解体という事態を背景に、大嘗祭への「復古の功臣」の全面的供奉・参列が実現されたのである。

このような供奉者・参列者の検討からも、明治大嘗祭が、近世封建制下、特殊身分としての公家集団を担い手とする朝廷祭祀としてのそれから、国家統治の実権を掌握する維新官僚主導の国家祭祀へと転換した事情を窺うことができる。それこそは、近代官僚国家形成に即応した、大嘗祭の「成長」の一側面であったといえよう。

2　神饌御供進

以下では、大嘗祭当日、最高責任者として悠紀殿・主基殿内の神事に奉仕した門脇重綾の手記を紹介しつつ、夕刻より翌日未明にかけて斎行された殿内の神事のありさまを窺ってみたい。まず、手記の前半部分を引用する。(19)

　明治四年辛未十一月十七日仲の卯日大嘗の神業仕ひ奉りて宵暁　上の御前に立御祭のほとは殿の簀子に御侍ふ采女の供ひ奉る御物とも御手づから奉り給ひる御けはひ御衣のさやめく音もれ聞ゆるもいと畏こし神座は八重畳を敷き衾《フスマ》をおほひ其の上に単の御衣を置き奉り坂枕といふものゝかたに寝具の物をとり供ひ御跡の方に繒服《ニギタイ》麁服《アラタイ》を籠に盛りて按の上に置き榊に垂《シデ》を付けて按の四角に立つ神座の御枕方に御食薦《ミスゴモ》を敷き其の前に　上の御帖を設けたり此の御まかなひはおのれ等司《ツカサ》々をゐてものしたるなれは　上の座し給ひてその御気色思ひやり奉るにまさに　天祖にまのあたり親しく仕ひ奉り給ひるにやとそゞろ畏く髪の毛もたつはかりになむありし

大嘗祭当日、門脇は福羽とともに、神祇省官員を指揮して悠紀殿・主基殿の御衾・神服敷設を行なった。夕刻に入って、神饌行立ののち、天皇は内陣の御座に着御される。内陣で天皇親供（御手代中山忠能）を介添えする陪膳の采女は鴨脚克子が、後取の采女は壬生廣子が奉仕した。(20)門脇は、内陣から漏れ聞こえる衣ずれの音で、天皇が「天祖にまのあたり親しく仕ひ奉」る親祭の模様を窺うことができた。それは彼を渾身から戦慄せしめる神秘的経験であった。

3　太政大臣祝詞奏上

天皇の神饌供進儀の後、太政大臣三条実美が祝詞を奏上した。この太政大臣祝詞奏上もまた、明治大嘗祭の新儀であった。この意義について触れる門脇手記の後半部分を引用したい。

太政大臣廂の幌の本に侍ひて御物奉りおはり給ひるほとにや太説詞を稱ひ奉りたりかよふの業は後の世の御例しには宮主とか言ふものあやしき祝詞めく事申よしなるを今度はさりぬへき物知り等に作らせて太政大臣祭政一致の任にたかわす八省の卿輔を率ゐて神に仕ひ奉るよしを謹み畏こまり仕ひ奉るなとすへては師木の瑞垣の宮御宇《シキミヅガキミヤニアメノシタシロシメス》崇神天皇御世の頃に立かへりたるここちす是よりさき　上の大嘗宮に出座して國栖國風なと奏しおはれるほとに太政大臣以下の百官版位に就て八開手をうつ音いと目出度し

詠歌

萬世に千代をかさねて八開手をうつや雲井の庭も轟に
天の下八十隈おちすしろしめす我大君の大嘗そこれ
萬代と御世はしめつる高千穂の神代なからの今日にあへるかも　重綾

門脇が記すように、前例の孝明天皇大嘗祭では、天皇神饌供進ののち、吉田家当主が、宮主として御祈請の祝詞を奏上していた[21]。この近世朝廷の慣例を承けて、神祇官の『大嘗会卯日次第』案の段階でも、未だ宮主の祈申があった。しかし『明治四年大嘗会式』では、宮主の祝詞奏上を廃し、新たに太政大臣祝詞奏上を規定したのである。門脇が記しているように、この太政大臣祝詞は、明治大嘗祭が「八省の卿輔」・国家官僚を率いる太政大臣の補弼によって、国家の祭祀として行なわれたことを端的に示す新儀であった。

顧みれば、維新政府成立以来、祭政一致の原則は、天皇の御拝と、その最高補弼者たる輔相・太政大臣の祝詞奏上によって具体化されてきた。例えば、元年三月、維新政府の出発を告げた五箇条御誓文の祭儀では、天皇御拝に先立ち、副総裁三条実美の祝詞が奏上された。近代天皇祭祀の確立を告げた四年九月の皇霊遷座祭においても、天皇御拝に先立ち、太政大臣三条実美が祝詞を奏上していた。十月に制定された「四時祭典定則」「大祭」条における天皇親祭・太政大臣祝詞奏上規定もまた、以上のような五箇条御誓文以来の、天皇祭祀の輔相・太政大臣補弼の脈絡において制定されたものであったことは多言を要しない。

門脇が述べているように、このような祭政一致は、神器との同床共殿のもとで国家統治の大権を行使したと伝えられる、崇神天皇以前の祭政一致の姿を根拠とするものであった。このような祭政一致の制度化が、太政官改革による天皇親政体制実現に呼応した、神祇官改革による宮中神殿創祀・天皇親祭体制の実現であったことについて、筆者は既に何度も指摘してきた[22]。翻って考える時、まさに大嘗祭自体、天祖と天皇が同殿で悠紀・主基の神饌の「大嘗」を行なう、文字通りの同床共殿の祭典にほかならなかったのである。

4 御直会

太政大臣祝詞奏上ののち、天皇の共食儀「御直会」が行なわれた。小中村清矩は、『大嘗会卯日次第』に添付された付箋で、この時、天皇が召し上がる大嘗祭の神饌について、次のように記している[23]。

> 卯日神饌ノ魚菜ハ用度司ヨリ調進シテ本日早旦斎場所ニ入ヘシソレヲ米酒トモニ膳屋ニ運ヒ料理ハ内膳司執リ行フヘシコレ神饌皇饌一致ナル故也　小中村

小中村が言うように、ここで共食される御饌は、神に供進する「神饌」であるとともに、天皇が召し上がる「皇饌」でもあった。ここにおいて共食される御饌は、版籍奉還・廃藩置県により天皇統治の全国的行政単位として確立した悠紀甲府県・主基花房県の「臣民」が耕作・献納したものであることは繰り返すまでもない。この悠紀・主基の神饌を召し上がることによって、「相饗の古法則に遵うて神皇一體の微妙なる境地[24]」（柳田国男）に至ることが、皇位継承儀礼としての大嘗祭の核心であった。

ところで、天皇の共食儀礼を「御直会」と公式に称したこともまた、明治大嘗祭の特色であった。前例の孝明天皇大嘗祭における『大嘗会卯日次第』は、「御供進　宮主祈申撤神饌行列如初[25]」として、天皇の飲食儀を、決して明確には規定していなかったのである（ただし中世までの神今食では、公式に「直会」と称していた）。明治大嘗祭が、天皇の共食儀を明確に「御直会」と規定したことは、悠紀殿・主基殿親祭の意義を天皇の「御直会」――嘗の共食儀礼に集約することを意味していた。そして、それは同時に、「御直会」の共食儀礼の脈絡において、翌日からの節会・賜饌を位置付け、その脈絡から、改めて大嘗祭全体の意義を促え直すことをも意味していたのである。

明治大嘗祭における「御直会」規定の意義、またその延長線上に位置付けられる明治大嘗祭の「節会」拡大の意義を理解するためには、近世の大嘗祭観の展開を一瞥し、それを前提としつつ、明治大嘗祭の立案者である福羽・門脇の大嘗祭観・節会観を検討しなければならない。

三　大嘗祭への国民参画

1　近世の大嘗祭観

そもそも元文三年の大嘗会復興に際して国学者荷田在満が著した『大嘗会儀式具釈』の冒頭には、「大嘗会ト云ハ、其年ノ新穀ヲ、天子ミツカラ、天神地祇へ供シ、天子モ亦、キコシメシタマフ儀ナリ」として、神饌供進儀とともに、天皇の共食儀礼が明確に言及されていた。下って本居宣長は、「此《ココ》ノ大嘗《オオニヘ》をたゞ神に供奉《マツリ》たまふことにのみ説《トキ》なすは、古の意にたかへり」「後ノ世にはもはら神に祭る事とのみ思フめれど、然《サ》にあらず。神にも奉り、人にも饗《アヘ》、自《ミヅカ》らも食《クフ》わざなり。」（『古事記伝』）と指摘、ここにおいて神人の共食・共饗は、大嘗祭のみならず、祭祀一般に通有の原則として語られるようになったのである。(26)

　このような近世の大嘗祭観の展開の上で画期的な意義を有するのは、水戸学の思想家、会沢安の大嘗祭観である。会沢は天保期の『草偃和言』で、大嘗祭について、次のように述べる。(27)

　十一月に至て諸国より供進《グシン》の物も備《ソナハ》りぬれば、主上みづから天神に供《クウ》ぜられ、次に天下の諸神をも祭らせられ、さて其後に主上も新穀をきこしめし、群臣にも賜《タマハ》るなり。……諸国の人民も、各《オノオノ》作《ツク》る所の米穀・諸物を京師《ケイシ》に送り、天神に供じ奉らん事こそ本意なるべけれ。……かたじけなくも至尊《シイソン》これを受取《ウケトラ》せ給ひて、御飯《ミケ》・御酒《ミキ》となし、親《ミツカ》ら天神に供《クウ》じ給ふ。是万民の天神に報《ムク》い奉らんとする誠心《セイシン》を、玉體《ギヨクタイ》に負《オ》はせ給ひて、これを天神に通《ツウ》じ給ふ御事なれば、天下の臣民《シンミン》も此儀を知りて、此日には祝《イハ》ひ喜《ヨロコ》びて、天恩を仰《アフ》ぎ奉るべきなり。

　会沢は、大嘗祭の不可欠の基盤として、国民の主体的な奉賛・奉祝活動の意義を強調する。彼は、即位した天皇が全国的な国民奉賛を得つつ皇祖神を祭るところに、大嘗祭の国家統合上の意義を見いだしたのである。これによれば、国民奉賛―献上―供進―賜饌こそ、大嘗祭の本質的過程にほかならない。このように、皇祖神と天皇の共食儀礼の脈絡に、国民奉賛・群臣賜饌が体系的に結合されたところに、会沢の大嘗祭観の特色があった。それは、皇祖神・天皇・国民の三者の結合を必須とする、新しい大嘗祭観の提起にほかならなかった。このような会沢の大嘗祭観は、近世思想の大嘗祭観の展開上に位置付けられるものであると同時に、ロシア船接近等による対外的危機の進展、尊皇思想の広汎な浸透等により、幕末社会において天皇の価値が上昇してゆく状況に対応する、大嘗祭観の新展開であったといえよう。

かくて近世を通じて培われ、会沢によって体系化された大嘗祭観は、明治四年の大嘗祭の基本的な前提を用意するものであったように思われる。明治三年一月、おそらくは福羽の要請によって作成されたと思われる伊能頴則『大嘗祭儀通覧』冒頭の次の大嘗祭観は、宣長・会沢を経て定式化された、親祭—共食—群臣賜饌を核心とする大嘗祭理解を前提とするものであった(28)。

大嘗祭は當年の新穀を以て酒饌を作り　天照天神を始奉り普く天神地祇に饗を供へ天皇御自も聞食し諸臣にも給はる儀なり

伊能の『大嘗祭儀通覧』作成は、明治大嘗祭に向けて、近世大嘗祭観の展開を総括する意義を有していたものと思われる。

2 神祇省首脳の大嘗祭観・節会観

四年三月、大嘗祭東京斎行決定に際し、神祇官は太政官に対して、大嘗祭の「真義」を説明した上表文を提出したが、この原案の作成・総括に当たったのは神祇少輔門脇重綾であった。以下、門脇の案文を紹介したい。[29]

大嘗ノ権輿

皇祖瓊瓊杵尊即位高千穂宮天降元年ニ起ル爾来歴朝即位元年ヨリ始メ毎歳新穀ヲ以テ新嘗ノ儀アリ故ニ上古大嘗新嘗ノ別無シ而シテ践祚ノ大祀ヲ大嘗ト称シ毎歳ノ新嘗ト区別アル事ハ天武天皇前後ヨリ然ル歟是故ニ上古ノ新嘗ハ全ク後世ノ大祀ニシテ毎歳春夏ヨリ仲冬ニ竟ルノ例タリ当時漸ク毎歳ノ大儀省キ全クノ式ハ践祚ノ大祀トスルヲ以テ制トス　天祖三種神器ヲ授ケ又斎庭之穂ヲ授ケ賜フ於是寶祚之隆無窮ノ詔アリ天皇即位寶祚ヲ保ツニ其斎庭ノ穂ヲ所聞食ヲ以テシ賜フ是天職ノ本原タリ古語ニ食国之政ト称ス此故ニ上古ハ毎歳孟春ヨリ仲冬ニ至テ新嘗ノ事ヲ行ヒ以テ周歳ノ政務トス其儀仲冬卯日　天皇天神地祇ヲ親祭シ玉ヒ辰巳ノ日悠紀主基ノ帳ニ御シテ両国ノ新穀ヲ所聞食シ即宴ヲ群臣ニ賜フ卯辰巳三日ノ儀全ク行ハル、是ヲ大嘗トス世謂ヒラク卯日両嘗宮ノ親祭ヲ以テ大祀トス是神事也辰日以下豊楽院ノ儀ハ大祀ノ賽ニシテ節会ノ公事也ト此説甚誤レリ豊楽院両国ノ饗宴即大嘗ノ真儀ニシテ　天皇践祚ノ初大八州国中ノ新穀ヲ以　皇天皇祖ヲ祀リ又饗ヲ郡臣ニ賜フ則　君臣天下ト共ニ　天職ヲ奉シ玉フ所三日ノ大儀祭政惟一ナルヲヤ　今上千載ノ回運正ニ八洲ヲ掌握シ玉フ宜シク衰頽修飾ノ虚礼ヲ削リ隆盛純粋ニ本儀ニ復シ実ニ　皇天感格ノ　天職ヲ盡シ玉フ可シ更始ノ重事一ニ此典ニ在リ

重綾

門脇は、大嘗祭を、天皇・臣民ともどもに天祖からの賜りものとしての酒饌を飲食し、君臣ともに天職を奉ずる自覚を喚起する国家的規模の祭典であると位置付ける。彼は、このような観点から、殿内の親祭のみを大嘗祭の本義とする解釈を明確に否定、卯の日の天皇親祭のみならず、それに続く辰巳の節会が相俟ってこそ、大嘗祭の真義が十全のものたり得ると主張するのである。

このような門脇の主張の意図は、大嘗祭を宮中内の閉ざされた「秘儀」から解放、直会・節会を回路としつつ、この一世一度の皇位継承儀礼を、いわば君臣共饗の儀礼として「国民化」しようとするところにあったように思われる。それは、卯の日、大八洲国から供納された新穀をもって皇祖神を祀った天皇が、翌日から高御座に座して、群臣とともにその酒饌を飲食、以って天皇・群臣ともども、「皇天皇祖」から負託された「天職」を再確認する祭典にほかならない。ここにこそ、天皇が臣民と飯食を共にする、いわば一大共饗儀礼としての大嘗祭の意義があった。

ここにおいて、皇祖神と天皇の共食儀礼としての殿内神事が、天皇と国民の饗宴である辰巳の節会と一体のものとして行なわれることによって、はじめてその「真義」が明らかとなる。ここから、廃藩置県による天皇の全国統治権掌握に即応して、「群臣」のみならず、国民一般が広く賜饌にあずかるべきであるとする論理が生まれる。後年福羽が記した次の大嘗祭観・節会観は、以上のような門脇の大嘗祭観の脈絡において注目に価する。(30)

此大嘗会ノ儀ハ固ヨリ日本太古ヨリノ式ニシテ可成的ニハ古例ヲ以テ行ハセラル、コトナカラ右大嘗會翌日ノ豊明節會ハ其時代々々ノ宜シキヲ以テ之ヲ行フコト、ナサヾレバ叶ハズ尚今般ハ東京城ヲ以テ行ヒタマヒシ所ノコトナレバ此處ニ於テ古代ノ例ヲ用ヰルコト為シガタキコトモアリ尚諸官員ヲ召サル、時ハ即チ近例外國公使ヲモ招カセラル、コト、ナリタレバ今日ノ例ハ何事モ外國公使ヲ加ヘラル、コト、ナリ其他之ニ準シテ新ラシキコトモ數々アリシモノナリ……

〇前ニ述ベシ如ク悠紀主基ノ御神事ハ全ク古例ノ如シ豊明節會ハ聖上ハ皇居中ノ御帳内ノ御椅子ノ例ニヨリ椅子ニカ、ラセタマヘリ臣下百官之モ亦椅子ニカ、ルコト、定メラレタリ之ハ維新後ノ定メヲ以テ改メラレタリ

福羽は、明治大嘗祭の節会が、椅子を用いた洋式で行なわれたことを述べつつ、大嘗宮内の神事があくまでも古儀を守るべきであるのに対し、節会は、時代の進展に対応して変化・拡大してゆくことにこそ、その本来の趣旨があるとするのである。神祇省両首脳のこのような大嘗祭観・節会観によって、明治大嘗祭における節会拡大の、いわば理論的根拠

が与えられたといえよう。

三月、大嘗祭東京斎行決定にともなって神祇官が太政官に提出した上表文[31]、さらに十一月十日、神祇省が、君臣共食・国民奉祝の祭典としての大嘗祭の本旨を天下に公示した『大嘗会告諭書』[32]は、いずれも、右のような神祇省首脳の大嘗祭観に基付くものであった。

このような直会―節会観を背景として、神祇官・神祇省は、悠紀殿・主基殿の親祭と二日間に及ぶ豊明節会を一連の儀式とする『明治四年大嘗会式』を立案した。これを承けて十一月七日、太政官は、卯の日の天皇親祭当日のみならず、豊明節会の行なわれる辰・巳の両日も休暇とし、三日間にわたって大嘗祭を奉祝すべきことを令したのである。このような明治大嘗祭における節会の国家的・国民的拡大にこそ、明治三年の「新嘗祭」に対して、明治四年の大嘗祭が「大嘗会」と称された積極的理由があったものと思われる。

3　大嘗祭の国家的・国民的拡大

十一月七日、大蔵省は、神祇省告諭を承け、豊明節会の挙行方につき、正院に伺を提出した[33]。

大嘗会ニ付神祇省告諭中　高御座ニ　御シテ新穀ノ饗饌ヲ聞食シ即チ酒饌ヲ百官群臣ニ賜フト有之候處右賜方手續ハ如何様ノ御次第ニ相成候哉……

本来三日に及ぶそれを二日に短縮して行なわれた節会各日の参列者は、維新変革によって「成長」した中央・地方の国家の担い手の諸階層を網羅するものであった。

十一月十八日、正院で行なわれた豊明節会第一日目には、天皇親臨のもと、太政大臣・参議・諸官省奏任官以上の官僚、在京の各府県・開拓使の勅任官が参列した。すなわち、節会第一日目には、東京奠都後に誕生し、廃藩置県前後の中央政府改革によって全面的に確立した中央政府閣僚・官僚が主として参列し、悠紀・主基の賜饌にあずかったのである。同日、各省の判任官以下の官吏、東京府下の学寮・東南両校・中小学校入舎寄宿の生徒にも賜饌が行なわれた。

十一月十九日の節会二日目は、麝香の間祗候および非役華族が参列した。いうまでもなく華族は、東京奠都後、旧来の公家・諸侯身分を廃することによって誕生した新しい身分階層である。明治四年に至って、華族は、「四民ノ上ニ立衆人ノ標的」たるべき使命を担うものとして、政府官僚とならぶ皇室の藩塀として積極的に位置付けられるに至っていた。このように、二日間に及ぶ節会には、官僚と華族という、新しい国家の支柱たるべきふたつの身分階層が参列したのである。

両日、日比谷御門外の桜田練兵場では御親兵砲隊による祝砲が轟き、府下では、大嘗祭を奉祝する行事が繰り広げられていった。既に十一月十五日、東京府は管内に次の達を出していた(34)。

士族卒頭

区々年寄中

一　大嘗会ノ儀ハ格別ノ御大祭ニ付重キ御趣意ヲ奉戴致シ当日士民休業各其地方産神ヲ参拝シ賑々敷祝ヒ奉ルヘク且十六日晩ヨリ三夜ノ間毎戸提灯ヲ相照シ候様可致此旨更ニ相達候条不漏様懇々可申諭候事

豊明節会の両日、府下には山車が繰り出し、市中は非常な活況を呈したと伝えられる。『武江年表』はその模様を次のように記している[35]。

○十八日朝、雨、後曇る。豊明節会により世上一統賑ひ、市中には角々に斎竹を立て、軒に桃灯を掲げたり。又、各産土神社へ詣す。日本橋の辺殊に賑ひて、俄に車楽を曳く。妓踊台は日本橋南に多し。声妓は裁付袴と云ふを着て男子の姿に出たち、鉄棒を曳く。十九日、晴天にて朝より曳渡す。新橋迄の町々も是に同じく、其の外東京中の賑ひなれど、何れも急卒の催しなれば詳なる事を知らず。十九日は非役華族の御方々、二十日より二十九日迄は、日割を以て市民等紅葉山神殿御補理《ママ》の御斎場、参拝に出る。竹橋御門を入り半蔵御門へ出る。（二十九日は吉原町遊女男女の芸者参拝に出る。数艘の船に乗し旗を立てはやしつれて至る。諸人見物す。此の如き衆庶挙げて斎場を拝し奉る事、誠に有難き御事なり）。

東京府民にとって、このたびの大嘗祭は、事実上、東京が御一新後の首都として確定したことを示す祭儀であった。東京府民の奉祝には、大嘗祭東京斎行による東京奠都確定の歓喜がこめられていたものと思われる。さらに十一月二十日から二十九日にかけては、東京府下人民の大嘗宮参拝が許可された。

節会は東京だけでなく地方でもそれなりに徹底的に行なわれた。まず豊明節会一日目、全国の地方庁で、奏任官以上の参列のもと、一斉に賜饌が行なわれた。この節会で賜饌をうけたのは、廃藩置県によって一元的地方統治の担い手として確立した「地方官」であった。さらに各官轄庁で神宮・官国幣社神職に対する賜饌が行なわれた(36)。

このような大嘗祭の国家的・国民的拡大は、一般国民レベルに及んだ。既に十月十五日、政府は、五月に制定された神宮以下官国幣社制度を回路として、神宮・同別宮・皇霊・神祇省神殿以下官国幣社への班幣(官幣社三十五社、国幣社六十二社)を行なっていたが、十月二十日には、大嘗祭当日、全国の官国幣社は勿論、「全国一般の神社」においても「相応ノ神事」を執行し、「衆庶一同」「相祝う」べきことを令した。

この指令は、地方官の指導と地域住民の自発性のもと、全国で積極的に励行されていったように思われる。このことを示すものとして、山形市愛宕神社所蔵の『大嘗祭神事式』(37)という資料を見てみたい。これは羽前国村山郡第九区壹番小白川村愛宕神社神職、栄城喜平が「山形県御役所」へ提出したものの控である。栄城は、明治二年、別当から復飾して愛宕神社神職に転じていた。大嘗祭当日、彼が愛宕神社の神前に奏上した祝詞は次のようなものであった。

……現御神止大八洲國所知食倭根子　天皇我大御代乃始乃大嘗乃神事奉仕止今日乃生日乃足日尓大神乃御前尓栄城喜平玉政惶美参来弖持斎波里持清万里弖……稱辭竟奉久止白須……
肇國所知看聖代止奉稱留　天皇我大玉體乎五百秋千秋堅盤尓常盤尓令大座天日嗣乃御位波天地乃共無窮尓令御栄座賜比又親王諸王公卿等百官人等天下四方乃國乃公民尓至万氏尓筏志八桑枝乃如久令立栄賜比他国波八十綱打懸氏引寄留事乃如久　天皇我朝廷尓服従令奉仕賜倍弖豊明尓明良比麻佐矣止明治四年十一月十七日栄城喜平玉政鹿自物膝折伏鵜自物頸根突抜氏恐惶美母白須

当日祭祝詞は、肇国《はつくに》しろしめす創業者としての明治天皇の新政を、「百官」と「天下四方乃國乃公民」がともに翼賛しつつ、天皇の御稜威が世界に光被することによって、世界万国が「豊明に明らいまさん」ことを祈願する。ここに当時の一般国民が、明治天皇即位に期待したものが何であったかを窺うことができよう。神事ののち、「庭火」を焚いた境内において、参列者による「歓宴」も行なわれた。このような産土社を回路とした近代の大嘗祭の「国民化」について、柳田国男は次のように語っている(38)。

今ひとつの著るしい成長は式と國民生活の關係である。古い個人の記録類には、先ごろ京都では大嘗祭が行はれたさうなといふやうな記事が多い。交通不便の止むなき結果ではあるが、しば〳〵後に知りまたは知らずして過ぎる者も多かったのである。今回はそれがどうであるか。如何なる山の隅にも離れ小島にも、兼てその期日と時刻とを聞知って、遠くその夜の神々しい御祭の光景を、胸にゑがかざる者は一人もない。以前は單に京近くの大社のみに、奉告の御使を発せられて、式の完成を祈請せられたのであるが、この度は全国数萬の鎮守に、それ〴〵の祭祀が営まれ、先つ住民をして同心にこの日の御祭に奉仕せしめられた功績を謝した、へられるのである。

柳田がここで描写する情景は、いうまでもなく昭和大礼の際のものであるが、そこにおける産土社を通じた地域住民と大嘗祭の関わりの原点は、疑いもなく明治大嘗祭にあったのである。

いずれにせよ、以上に見てきたような大嘗祭の国家的・国民的拡大には、神祇省首脳が描いた大嘗祭観の全面的な実現があることは明らかであろう。それはまさに、新帝即位と維新変革達成を祝賀して全国的規模で行なわれた国家的・国民的祝宴であった。それこそは、「国民」の登場に呼応する、大嘗祭の国民的拡大にほかならなかった。このような明治大嘗祭の直会・節会規定は、「登極令」に継承され、近代大嘗祭における饗宴の国家的・国民的拡大の基本となったのである。

明治大嘗祭における節会の拡大は、さらに国際的規模に及んだ。すなわち各国大使館公使・書記官を招いて行なわれた外国公使賜饌、各省で行なわれた御雇教師賜饌は、ほぼ時を同じくして行なわれた岩倉遣欧使節の派遣と相俟って、日本の国際社会への参画を象徴する意義を有していた。それは、日本の国際社会への出発に対応する、大嘗祭の国際化の実現にほかならなかったのである。次節では、この外国人賜饌の意義について検討したい。

四　大嘗祭の国際化

明治大嘗祭の各国公使賜饌は、十一月十八日、延遼館において、外務卿副島種臣・外務大輔寺島宗則、神祇大輔福羽美静・神祇少輔門脇重綾の列席のもとで行なわれた。また御雇教師賜饌は同月十九日、管轄各省において、各省卿出席のもとで行なわれた。[39]外国公使賜饌に際して、外務省より各国公使へ発せられた招待状は次のようなものであった。

以手紙致啓上候然ハ本月十七日 西暦十二月二十八日 我　天皇陛下大嘗祭ヲ執リ行ハレ同十八日 西暦二十九日 　高御座ニ御シテ新穀ノ饗饌ヲ聞食シ候茲ノ禮典ハ　天皇陛下即位禮典中最重大ナルモノニシ一世一回ノ成挙ニ有之候因テ右十八日夕第六字右酒饌差進度候間延遼館へ御来臨可被下候右可得御意如此御座候以上

明治四年辛未十一月十三日　外務卿輔

英仏蘭米西伊公使　閣下

尚以本文ノ式禮ハ我邦上古ヨリノ典古ニテ其趣意御分解被成兼候儀モ可有之哉ト存候間便誼ヲ図リ別紙人民ヘノ告諭書一通御心得迄ニ相添差進候大意ハ右ニテ御承知可被下候　以上

以下、外国公使・御雇教師賜饌当日の演説・祝辞を紹介しつつ、明治大嘗祭における新儀としての、外国人賜饌の意義を考えてみたい。

まず延遼館における外国公使賜饌当日、外務卿副島種臣が行なった演説を見てみよう。ここで副島は、列席の各国公使に向けて、維新変革の目的と、その総仕上げとしての大嘗祭の意義について、自らの所信をきわめて率直に語った(40)。

昨日大嘗祭首尾能済テ愛タキ事極無シ此祝ハ　天皇一代ニ一度必無テ叶ハサルノ大祀ナリ然リト雖モ此度ノ如ク日本全国ニテ祀リタルハ久ク年序ヲ経タリ我国民生シテヨリ以来君主有テ数千歳ヲ経人民数千万蕃殖セルヲ今日ニ至テモ猶其昔ノ君主ノ系統変スル事無シ如是例ハ外国ニモ亦珍シキ事ナル可シ……

副島は、四年前より天皇を戴く統一国家の建設に邁進してきた経緯を語り、本年に至ってようやくその事業が一段落し、天皇の即位儀礼として欠くべからざる大嘗祭を、全国的規模で斎行するに至った事情を述べる。

然ルニ其中種々ノ弊発テ民臣権ヲ擅ニシ将軍ト云ヒ或ハ大名ト云フ者出来テ私ニ土地ヲ擁シ一向君主ノ権世ニ行ハレサリシカ聞知セラル、カ如ク四年前ヨリ盡力シテ大改革ノ事件漸ク整ヒ此大嘗祭ヲ行フニ到レリ

維新変革の課題は、封建的身分制・個別領有制を廃棄し、「全国一主ノ統御ニ帰」せしめ、天皇を君主とした統一国家を「創業」することであった。それは、中古以降の封建制

の跋扈、私地私民の横行によって衰微した天皇の統治権を、再び回復する意義を有していた。かくてこのような天皇への政権帰一を背景としつつ、天皇の即位儀礼としての大嘗祭は、再び全国的規模で行なわれるに至ったのである。

其権今日ニ興リ全国一主ノ統御ニ帰シテ我民ノ幸ヲ更ニ重スル事ハ云ニ及ハス我ト交ル外国人ノ幸トナル事疑有ル可カラス

このような日本の天皇を君主とする国家統一は、世界の平和秩序実現の一翼を担う意義を有することは疑いない。ここにおいて大嘗祭は、日本国内のみの祭典にとどまらず、日本がそこに参画した国際社会全体の平和を祈念する祭典としての意義をも担うであろう。

此祭ノ功徳貴国ニ迄及フ者ナラバ即チ貴国君主幷ニ大統領ノ幸トナル可シ今貴国ト我ト両国君主大統領並ニ其人民ノ為ニ之ヲ祝シテ一杯ヲ侑ムル事ナリ

このように副島は、改革の当事者としての立場から、自らの手によって維新変革を成し遂げ、統一国家形成に至ったものの自負と誇りを率直に披瀝し、国家君主としての地位を回復した天皇が行なう即位儀礼の意義を、確信をもって語ったのである

次に、副島演説を承けて行なわれた各国公使の祝辞を見てみよう。オランダ弁理公使エスペー・ファン・ドルフーヘンの祝辞は、いわば国際的な観点から維新変革の意義を評価し、それを西洋諸国の封建制廃止・国民国家の成立と相呼応するものとして位置付けている点が注目に価する。

夫往古日本万機ノ政権ハ　天皇陛下ノ掌握ニアリシニ時運ニ乗シテ武士等封建ノ政ヲ成シ莫大ノ威ヲ逞ス是ニ依テ風俗頽敗シ全国ノ大患ニ至ラントセシニ現今改革推移シテ封建ノ制度全ク廃タレ百事新推シテ今日ノ形勢ニ至レル由本日　天皇陛下ノ節会ニ於テ外務卿閣下ノ博識簡易ナル祝辞ヲ聞テ我欧州ノ形勢ト其節符号同一ナルヲ知ル予カ感尤モ深シ……往時仏蘭西ニ於テ貴国ト同ク数名ノ輔将ナル者アッテ数世権ヲ擅ニセシ後ニ干戈ヲ動カシ君権ノ政生シ政権帰一ノ世トナリ開化ノ風之ヨリ起リ以テ大ニ国政ノ進歩ヲ促セリ今述ル処ノ政権帰一ノ事ハ欧州ヲシテ現今斯ノ如キノ形勢ニ至ラシムル功有リ……

これによれば、現在日本が推進しつつある封建制打破・近代国家形成の道筋は、かつて西洋諸国もまた歩んだ道であった。それは、東西の違いはあれ、共に「文明」を目指すという普遍的課題を共有していたのである。オランダ公使は、このように日本の維新変革と西洋諸国の近代国家形成の共時性を指摘、大嘗祭直前に出発した岩倉使節派遣に触れつつ、文明開化への道を歩む日本の進路を祝福した。

……爰ニ先般欧州米州へ大使ヲ発遣セラレシハ其目的確立シテ開化ニ駆走セラル、ヲ知ル是予ニ於テモ欣幸ナリトス遥ニ知ル此般ノ大使深ク開化ノ源ヲ汲ミ其帰ルヤ海外ノ善美ヲ齎ラシ開化ヲ進メン事予其疑ヒヲ容レス日本ノ国事皆今述ル處ノ如ク善ニ登リ美ニ至ラントス……

これと同様に、イタリア特派全権公使コント・アレクサントロフェの祝辞も、大嘗祭を維新政府の国家的課題であった文明開化の脈絡に位置付け、普遍的な観点から大嘗祭の意義を論じている点が注目に価する。

今般大嘗祭ニ付　天皇陛下親ラ斎戒ヲ取リ玉ヒ世界人民ノ生命維持スル米ヲ賜ハリタル神祖並ニ其国土人民ヲ保護シ玉フ　天神ヲ祭リ玉フハ長久人民ノ安楽ヲ祈リ玉フノミナラズ文物開化ノ進歩ヲ増サムコトヲ懇禱シ玉フ御仁心ヨリノ御祭典ナラン今日吾等モ亦　天皇陛下幷貴国人民ノ悠久幸福ナラム事ヲ祈リ敬テ祝酒ヲ拝嘗セン

大嘗祭において天皇が皇祖に供進する新穀は、世界人民が生命を維持する根源である。それ故、大嘗祭によって稲作の豊熟・人民の安楽を「懇祈」する大御心は、同時に文明開化による人民の幸福増進を祈願する「御仁心」にほかならないであろうとするのである。

同様に、大嘗祭の意義について語っているものとして、十九日、文部省で行なわれた御雇教師賜饌で、御雇教師を代表して祝辞を述べたドイツ人一等教師ミュルレルの語るところを聞いてみよう。ミュルレルは、大嘗祭の祭典の意義を自己の職分の「教育」と関連させて次のように語っている。

抑大嘗祭ノ式タル一年耕耘ノ功ヲ畢テ貢献セシ所ノ新穀ヲ以テ辱クモ　至尊自ラ天神地祇ヲ祭ラセ賜フノ大禮ト聞ク……夫歳ノ豊熟ハ人命ノ係ル所宜ナル哉如此重セラル然レドモ年ノ豊熟ハ期スル所一年ニ在リ人材ノ成熟ハ其餘慶極ナシサハ人才ノ耕耘亦

関係甚大ナリ……今ヤ学術ノ種子ヲ下スノ任ヲ受レハ如何ニモ振興ノ耒耜ヲ執テ荒蕪ヲ開拓シ培養ノ術ヲ盡シテ蒙士ヲ努力セシメ春耕夏耘時序ヲ忒ラス遂ニ秋成ノ實才ヲ豊饒ナラシメン事皇帝陛下無疆ノ聖算中無盡ノ洪福ヲ受サセ玉フ基本ト申ス可ク是則外臣等ノ専務ニシテ旦暮ニ祈請スル所ナリ

ミュルレルは、稲作と教育の共通性を指摘する。稲作が、播種から始まる一年間の耕作・成育によって豊かな稔りと収穫を齎すように、人間の成長・育成もまた、指導者の不断の丹精によって成就する。この意味で、天皇が大嘗祭で年穀の豊饒を祈る「聖算」は、同時に「人材ノ成熟」を期すわれわれ御雇教師一同の祈りにほかならない。かくてミュルレルは、天皇の万物育成の祈りを体して、不断に人材の育成に励むべき御雇教師一同の決意を語るのである。

以上に見たように、外国公使・御雇教師賜饌において、天皇を軸芯として推進された維新変革は、日本の国際社会参画の出発点として明確に位置付けられ、天皇の即位儀礼としての大嘗祭は、国際社会の中で日本文明の独自性を端的に示す祭儀として明示された。ここにおいて、明治維新とこれに伴う此度の大嘗祭は、いわば外側の視線から、国際的・普遍的な脈絡に位置付けられることとなったのである。

もとより明治大嘗祭の外国人賜饌は、その後「登極令」大饗規定による大正・昭和度のそれに比べれば、小人数のささやかな賜饌に過ぎなかったと言うべきである。しかしそれにもかかわらず、そこには、日本の国際社会への出発に対応した、大嘗祭の国際化の実現があったということができる。それは、国際社会のなかで終始「名誉ある地位」を占めることを国家目標とした近代日本の民族的悲願達成に向けての、ささやかな歩みを示すものであったと言えるのではないだろうか。

おわりに

本章は、柳田国男の明治大嘗祭観に導かれつつ、近代国家形成によって「國が大きくなる」過程と、天皇の即位儀礼である大嘗祭の「成長」過程を相呼応する現象としてとらえ、東京奠都を動因とする近代国民国家形成の課題との関連において、明治大嘗祭の意義を検討してきた。

維新政府は神武創業の理念を根拠として、当初から東京における国家の「創業」を志向した。東京奠都を動因として、「官僚」と「国民」が成長してゆく過程は、同時に天皇が「朝廷」から分離され、国民国家形成の機軸に位置付けられてゆく過程であった。かくて破砕された旧体制にかわって、天皇中心・一君万民の中央集権国家が建設されてゆき、これに伴って、それまで身分制の枠の中に閉じ込められていた四民は、新国家の担い手たる「臣民」として積極的な活動を開始することになる。

このようにして、東京中心の統一国家形成によって「國が大きく」なってゆく過程に伴って、その「國」の君主の即位儀礼も、前代のそれに比して、著しい成長を遂げてゆく。全国的地方制度の形成を背景とした東京中心の斎国卜定、国家の担い手としての国民の生成に即応した節会の「国民化」、日本の国際社会への出発に即応した節会の「国際化」等々、大嘗祭の「成長」の諸相は、日本における近代国民国家形成に即応した、大嘗祭の国民化・国際化の実現にほかならなかった。

このような特質を有する明治大嘗祭は、大嘗祭史上において、どのように位置付けられるのだろうか。そもそも古代の大嘗祭は、律令国家形成・天皇統治確立にともなって、国家「公民」の全面的奉仕によって行なわれる皇位継承儀礼として成立した[41]。このような本質を有する大嘗祭が、中古以来の個別領有権の天皇への統合・近代国民国家の建設にともなって、再び天皇全国統治の確立を示す国家祭祀としての本質を再獲得して行なわれたのが、明治大嘗祭であったと考えることができる。古代国家の形成過程においてそうであったように、近代国家の形成過程においても、大嘗祭は、個別領有制・身分制を払拭した天皇の公的・普遍的統治を祭儀の上から確定する国家祭祀として行なわれた。斎国が全国的規模で選定され、節会が国民的拡大を遂げたことのうちに、明治天皇大嘗祭の歴史的意義が集約されていると考えることができるのである。

註

（1）「大嘗祭と國民」『定本柳田国男集』第三一巻（筑摩書房、一九六四年）、三七三〜三七五頁。初出は昭和三年十一月十二日付「大阪朝日新聞」。柳田国男の大嘗祭観としては、大正天皇大礼に際しての草稿「大嘗祭ニ関スル所感」が知られているが、ここではさしあたり昭和大礼における柳田の大嘗祭観にも注目する必要があることを指摘しておきたい。この点については、佐伯有清「柳田国男と大嘗祭」（『柳田国男と古代史』吉川弘文館、一九八八年）参照。

（2）近世の大嘗祭については、武部敏夫「貞享大嘗会の再興について」（『書陵部紀要』四）、同「元文度大嘗会の再興について」（岩井忠熊・岡田精司編『天皇代替り儀式の歴史的展開』柏書房、一九八九年）、高埜利彦「近世における即位儀礼」（『「即位の礼」と大嘗祭』青木書店、一九九〇年）参照。

（3）従来の研究としては西川順土「近代に於ける大嘗祭」（『大嘗祭の研究』皇学館大学出版部、一九七八年）、福羽美静関係の資料を紹介した加藤隆久「明治大嘗祭と福羽美静」（『神道津和野教学の研究』国書刊行会、一九八五年）、明治大嘗祭における畿内の地域的基盤解体の問題を詳細に検討した高木博志「明治維新と大嘗祭」（前掲『天皇代替り儀式の歴史的展開』）がある。

（4）拙稿「近代天皇祭祀形成過程の一考察——明治初年における津和野派の活動を中心に——」（井上順孝・阪本是丸編『日本型政教関係の誕生』第一書房、一九八七年）参照。また神武創業論の根拠となった幕末の神武天皇祭の形成については「文久・元治期における神武天皇祭の成立」（『神道宗教』一三七・一三八）、本書第二章収録参照。

（5）拙稿「明治大嘗祭前史の一考察」（『神道宗教』四一〇）、本書第八章収録参照。

（6）『公文録』庚午二月神祇官之部（国立公文書館所蔵）。

（7）岩本徳一「神祇官代新嘗祭考」（『國學院雑誌』六七巻六号）、鎌田純一「明治初期に於ける新嘗祭」（『続大嘗祭の研究』皇学館大学出版部、一九八九年）参照。

（8）従来、大嘗祭東京斎行決定は、反政府運動弾圧開始による「国学者の没落」との関連において把えられてきた。しかしこのような通説的理解は実証的な再検討が必要であるように思われる。この点については後考を待ちたい。

（9）悠紀斎田（甲府県巨摩郡）については『山梨県史』第二巻（山梨県立図書館、一九五九年）、『明治天皇大嘗祭悠紀斎田記事』（貢川村役場・一九二二年）参照。主基斎田（花房県長狭郡、四年十一月木更津県に合併）についてはさしあたり『西尾忠篤家記』（国立公文書館所蔵）参照。

（10）『太政類典』第一編一三〇巻。

（11）原口清「明治初年の国家権力」（『大系日本国家史』4　近代I、東京大学出版会、一九七五年）。

（12）『官符原案』一（国立公文書館所蔵）。なお明治大嘗祭における斎戒期間の短縮、皇后の御拝規定（ただし実際には行なわれなかった）等、数々の前近代的禁忌払拭等の問題については後考を待ちたい。

(13)『明治天皇紀』第二、五八七頁、なお、列外に御手代中山忠能が随行した。

(14)孝明天皇大嘗祭の奉仕者については、『孝明天皇紀』第一、七一七〜七二八頁。

(15)『明治大祀次第手扣及付録』(津和野郷土館所蔵)。

(16)中山忠能は明治二年五月神祇官知事、七月神祇伯に任じ、四年六月に本官を免ぜられた後も、大嘗会御用掛・明治天皇「御代拝御手代」として皇室祭祀に関与していた。

(17)小中村清矩は考証派国学者であり、三年十一月大学より神祇官に転じ、神祇権大史を拝命していた。近代天皇祭祀形成過程において小中村が果たした役割については、拙稿「明治初年の神祇官改革と宮中神殿創祀――小中村清矩・浦田長民建白をめぐって――」(『國學院雑誌』九〇巻八号)、本書第七章収録参照。

(18)前掲註(4)拙稿参照。

(19)『明治天皇大嘗祭御式』(鳥取県境港市門脇幸夫氏所蔵)。ただし引用資料は重綾の子息重雄が筆写したもの。

(20)陪膳女官の鴨脚《いちょう》克子は、賀茂社司鴨脚元陳の女で、天保五年女蔵人、万延元年命婦、文久元年和宮付を命ぜられ江戸に下向、慶応三年九月帰京するが、明治四年二月東上を命ぜられ、八月の宮中改革に伴って命婦に任ぜられていた。(『明治維新人名辞典』吉川弘文館、一九八一年)。後取女官の壬生廣子は、左大史中務少輔壬生輔世の女、やはり八月の宮中改革に伴って新任されたものと思われる。

(21) 『孝明天皇紀』第一、七一〇頁。
(22) 拙稿「明治神祇官の改革問題」(『國學院雜誌』八八巻三号)、本章第六章収録。
(23) 内膳司は天皇の日常の食事を調理する部署であり、新嘗祭・大嘗祭の神饌も内膳司が調進するのが古制であった。三年三月三十日、維新政府は宮内省に内膳司を置き、宮内権大丞鷹取保が内膳正を兼務した。『明治天皇紀』第一、二八七頁。
(24) 「大嘗宮の御儀」『定本柳田国男集』別巻二、一八八頁。
(25) 前掲註(21)に同じ。
(26) 『神道大系』朝儀祭祀編五・践祚大嘗祭(神道大系編纂会、一九八五年)、四一四頁。『本居宣長全集』第九巻(筑摩書房、一九六八年)、三四四〜三四五頁。
(27) 『神道大系』論説編十五　水戸学(神道大系編纂会、一九八六年)、三〇九〜三一〇頁。
(28) 『香取群書集成』第四巻(香取神宮、一九八四年)、一一七頁。伊能頴則は下総出身の考証派国学者で、元年十二月神祇官筆生、二年三月府県学校取調御用掛、十月権中宣教使に任ぜられていた。
(29) 前掲註(19)に同じ。
(30) 『明治大祀次第手扣及付録』(津和野郷土館所蔵)。
(31) 『太政類典』第一編一三〇巻より、三月、神祇官が太政官に提出した上表文を以下に紹介しておく。辞句の変更と若干の削除があるものの、ほぼ門脇の案文を踏襲していることがわかる。

大嘗ノ権輿　天孫瓊々杵即位高千穂宮天降元年ニ起ル爾来歴朝即位元年ヨリ始メ毎歳新穀ヲ以テ新嘗ノ儀有リ故ニ上古大嘗新嘗ノ稱格別無シ而テ踐祚ノ大祀ヲ特ニ大嘗トシ毎歳ノ新嘗ト区別有ル事ハ　天武天皇前後ヨリ然ル歟是故ニ上古ノ新嘗ハ後世ノ大祀ニシテ毎歳春夏ヨリ仲冬ニ竟ルノ例タリ當時漸ク毎歳ノ大儀ヲ省キ全ノ式ハ踐祚ノ大祀ヲ以テス抑　天孫降臨ノ期　天祖三種ノ神器ヲ授ケ又忌庭ノ穂ヲ依シ給フ於是宝祚ノ隆天壌無窮ノ詔有リ　天皇即チ實祚ヲ保ツニ其忌庭ノ穂ヲ所聞食ヲ以テシ給フ是天職ノ本源タリ古語ニ食國ノ政ト稱ス此ノ故ニ毎歳孟春ヨリ仲冬ニ至テ新嘗ノ事ヲ行ヒ以テ周歳ノ政務トス其儀仲冬卯日　天皇天神地祇ヲ親祭シ給ヒ辰巳ノ日悠紀主基ノ両帳ニ御シテ両國ノ新穀ヲ所聞食シ即チ宴ヲ群臣ニ賜フ卯辰巳三日ノ儀全ク行ハル、是大嘗ノ真儀ニシテ君臣天下ト共ニ天職ヲ奉シ給フ所三日ノ大儀祭政惟一ナル者也　今上千載ノ回運正ニ八洲ヲ掌握シ給ヒ衰穎修飾ノ虚禮ヲ改メ隆盛純粋ノ本儀ニ復シ　皇天眞ニ感格ノ天職ヲ盡シ給フ更始ノ重事此ニ在歟謹而以聞

明治四年三月

(32)　『太政類典』第一編一三〇巻。
(33)　同前。
(34)　『公文録』明治四年東京府伺（国立公文書館所蔵）。
(35)　斎藤月岑『増訂武江年表』2（平凡社、一九六八年）、二四三頁。
(36)　『明治天皇紀』第二、五九一〜五九四頁。『太政類典』第一編一三〇巻。
(37)　山形市栄城彰徳氏所蔵。

（38）前掲註（1）に同じ。
（39）『太政類典』第一編一三〇巻。
（40）『太政類典』第一編一三〇巻、以下外国公使・御雇教師の祝辞はすべて『太政類典』による。
（41）高森明勅『天皇と民の大嘗祭』（展転社、一九九〇年）、同「大嘗祭の成立についての管見――「養老神祇令」大嘗条の溯及年代を通路として――」（『國學院雑誌』八九巻一〇号）参照。

あとがき

本書は、私が昭和六十二年から平成五年までの七年間に発表した論文から、幕末維新期の天皇祭祀・皇霊祭祀にかかわる論稿九篇を一書に纏めたものである。

もとより近代の天皇制度形成・日本における近代国家形成というきわめて巨大なテーマに比して、本書のごときは、まことにささやかな内容の一書に過ぎない。各論稿は、いずれも限られた能力と時間的制約の中で作成したものであり、到底疎漏のそしりを免がれ得るものでないことは私自身もよく承知している。今はただ、この不完全な考察で明らかにしえたものの輪郭を、大方の適切な批判に委ねるのみである。願わくば本書が、今後のこの領域の研究進展のための、いささかの捨石ともなることを念じてやまない。

顧みれば、私の研究は、まず何よりも國學院大學で学び得たということに多くを負っている。今なお国学塾的気風を多分に遺す母校の学舎において、多くの方々の親身な薫陶に育まれつつ、マイペースで自らの問題意識を培うことができたのは、まことに幸いというほかなかった。

私の初めての論文「近代天皇祭祀形成過程の一考察——明治初年の津和野派の活動を中

心に――」（井上順孝・阪本是丸編『日本型政教関係の誕生』第一書房、昭和六二年二月）は、思えばこうした恵まれた環境で育み得たものの総括であった。明治神祇官の担い手たる津和野派の動向を検討したこの論稿こそ、本書に収録することはできなかったものの、私のその後の研究の出発点であったことを、いまさらながら痛感せざるをえない。

学窓を出たのちは、まず神社新報社に入社、ついで神社本庁に奉職した。本書所収の論文は、在学中に発表した一篇を除き、すべて神社本庁勤務の余暇に執筆したものである。この間、曰く言い難い事情から、ともすれば屈託の思いに沈む日々も少なくなかった。こうした中で、曲りなりにも初志を見失うことなく歩むことができたのは、ひとえに多くの方々の御導きと御支援があったからにほかならない。こうした方々の御支援なしに、性鈍根な私が研究の道に入るのはもちろんのこと、人として世に立つことすらもままならなかったであろう。

とりわけ在職中公私の御世話をいただいた神社新報社、神社本庁の役職員各位、私の未熟な講義を傾聴してくれている國學院大學の学生諸君、東京暮らしの私に支援を惜しまなかった両親はじめ郷里秋田の方々、これらの方々に、まずもって深甚の感謝を捧げたい。また本書刊行を御援助いただいた財団法人神道文化会の御厚意、大明堂近藤達也氏の献身的な御尽力にも衷心より謝意を表する次第である。

國學院大學の上田賢治学長、阪本是丸教授の学恩に対しては、いまさらながら御礼の言葉もない。両先生は、私が学窓を出たのちも常に懇篤なる御示教を賜り、本書刊行に際しても一方ならぬ御高配をいただいた。先生方の海岳の学恩に、貧しい本書がいささかなりとも報いるところがあることを祈るのみである。

本年四月より、私は母校國學院大學の教壇に立つこととなった。教職に在る者の当然の責務として、微力を尽くして次代の学びの道の発展に寄与してゆきたいと念願している。今後とも大方の御教導を賜ることができれば幸甚である。

平成八年十月十五日

武田秀章

初出一覧

第一章　「安政五年の三社奉幣」（上）（下）（『明治聖徳記念学会紀要』復刊第六号・七号、平成四年五月・一一月）

第二章　「文久・元治期における神武天皇祭の成立」（上）（下）（『神道宗教』一三七・一三八号、平成元年一二月・平成二年三月）

第三章　「神武天皇陵修補過程の一考察」（『皇学館大学神道研究所紀要』七輯、平成三年二月）

第四章　「孝明天皇大喪儀・山陵造営の一考察」（上）（下）（『神道宗教』一四九号・一五〇号、平成四年一二月・平成五年三月）

第五章　「明治元年における先帝祭の成立」（『國學院大學日本文化研究所紀要』七二輯、平成五年九月）

第六章　「明治神祇官の改革問題」（『國學院雜誌』八八巻三号、昭和六二年三月）

第七章　「明治初年の神祇官改革と宮中神殿創祀――小中村清矩・浦田長民の建白をめぐって――」（『國學院雜誌』九〇巻八号、平成元年八月）

第八章　「明治大嘗祭前史の一考察」（『神道宗教』一四〇号、平成二年一〇月）

第九章　「明治大嘗祭の一考察」（『國學院雜誌』九一巻七号、平成二年七月）

文庫版のためのあとがき

宮中祭祀は、天皇陛下が皇居の宮中三殿・神嘉殿で行われる年中行事である。古代以来の代表的な宮中祭祀として、新嘗祭と神嘗祭が挙げられる。新嘗祭は神嘉殿で行われ、毎年秋、その年の新穀を以て皇祖神はじめ神々を饗応し、陛下自らもお召し上りになる祭儀である。この祭典は、古代大和朝廷で行われてきた神人共食儀礼「ニヒナヘ」神事に淵源し、農業国家（水穂の国）として形成されてきたわが国の国柄に由来する、もっとも根元的な祭儀と言えよう。神嘗祭賢所の儀は、伊勢の神宮で行われる神嘗祭奉幣の当日、宮中賢所で行われる祭典であり、共に皇祖神の神鏡を奉斎する神宮・賢所の一体性を如実に示す祭儀である。

歴代天皇・皇后・皇族の神霊（皇霊）を祭る「崇祖」の祭祀が、神武天皇祭、先帝祭、春秋皇霊祭、歴代天皇式年祭等、皇霊殿で行われる一連の皇霊祭祀である。幕末に際して孝明天皇は荒廃していた山陵を復興、維新を迎えて明治天皇は皇室の「みたまや」として宮中に皇霊殿を興した。崩御された天皇は山陵に埋葬され、その霊代は一周年祭を経て、皇霊殿に奉遷される。先々代に当たる昭和天皇の神霊も、平成二年一月、皇霊殿に合祀された。

このように、新嘗祭や神嘗祭等、古代国家の成立過程と不可分の「皇祖神祭祀」および「天神地祇祭祀」が、幕末維新の国家建設に伴って形成された「皇霊祭祀」と響き合い、自ずから統合されたところに、近現代の宮中祭祀の基本型が成立したと言えよう。

こうした維新の変革、そこにおける祭祀制の再編は、もとよりその「前史」を抜きにして理解することはできない。その淵源は、やはりわが国の古代国家の確立期に求められよう。そもそもわが国における古代国家形成は、体系的な公的祭祀・国家祭祀の形成過程でもあった。

すなわち、皇位継承に際して悠紀・主基を定め、国家公民を挙げて行う大嘗祭。二十年に一度、伊勢神宮の内外の宮を官営造替して行う式年遷宮。

恒例祭祀としては、二月の祈年祭、六月・十二月の月次祭、九月の神嘗祭、十一月の新嘗祭（神祇令では大嘗祭と呼称）等が、農事暦に伴う四季折々の季節祭として行われた。こうした祭祀においては、全国の代表的な神社に幣帛が頒布された。とりわけ春の祈年祭においては、全国二千八百六十一社（祭神は三千百三十二座）に及ぶ津々浦々の式内社に幣帛が頒たれた。また山陵については「荷前の制」が定められ、歳末、すべての陵墓に幣物が奉られることとなっていた（常幣）。

こうした一連の祭祀と神々の謂れ、さらには皇位のルーツ・国家の由来を伝えるのが、漢文体の正史『日本書紀』、和文脈の古伝承『古事記』であったと考えられよう。このようにして古代国家の成立期に際会し、わが国の古典的な祭祀制、いわば「和の国制」とも言うべきものが磨き上げられるに至ったのである。王朝文化の盛事を迎えるや、その施行細則たる『貞観儀式』や『延喜式』が編纂され、祭祀の制は愈々整備されることとなった。

ところが周知のように、王朝国家の衰退、中世以降の相次ぐ内乱等によって、こうした古典的国制は崩解し、諸々の朝儀も廃絶のやむなきに至った。けれども、こうした混乱の中で、新しい秩序形成への胎動と言うべきものも、また自ずから萌していたのである。このことについては、内藤湖南の次の指摘がある。

……応仁、文明以後の乱世で、御承知の如く皇室は非常に衰微あそばされたのでありま す。……それ程極端に困つて居られても、……どうしても手離されなかつたものがありますが、之れ一枚脱いだら凍えて死ぬからと云ふので手離さないものは、自分の作つたものと同様に値打があると思ひます。……それから又其の他に本当に寒くて叶はないからと云うて、自分で拵へて着る着物がある、それが自分の本当の着物でありま す。それらがつまり日本人が暗黒の時代でも離さなかつた並びに生み出した所の文化であります。

（「日本国民の文化的素質」）

……寧ろ日本が支那文化の衣を脱いで、自分が丸裸になつてから得た所のものでありまして、……それが皆此の暗黒時代に他の国との関係を大部分失つた時分に出来て居ります。

（「日本国民の文化的素質」）

……それが百年にして元亀天正になつて、世の中が統一され整理されるといふと、其間に養はれた所のいろ〳〵の思想が後来の日本統一に非常に役に立つ思想になりまして、今日の如く最も統一の観念の強い国民を形造つて来てゐるのであります。

（「応仁の乱に就て」）

湖南によれば、次代に向けた秩序形成・文化形成の動きは、まず皇室から始まった。代々の天皇は、朝廷衰微の切実な現状認識のもと、あり得べき朝廷再興・朝権回復に向けて、世代から世代へと、ロングスパンの模索を繋いでいったのである。

その復興の指標の両輪が、皇室文化のソフトパワーの結晶とも言うべき「和歌」と「祭り」の再興であった。朝廷の勅撰和歌集編纂は、後花園天皇（第一〇二代）の『新続古今和歌集』を最後として途絶していた。また和歌と並ぶ天皇の使命である「祭祀」について言えば、天皇即位の重儀たる大嘗祭は、後土御門天皇（第一〇三代）大嘗祭を最後に中絶のやむなきに至っていた。この前後、神祇令・延喜式以来の季節祭も、その殆どが廃絶するに至ったのである。

こうした中で、室町後期に在位した後柏原天皇（第一〇四代）は、あたかも勅撰集停止を承けるかのように、御前披講の型式による正月歌会始の儀を定めた。すなわち今日に受け継がれる正月歌会始の端緒である。続く後奈良天皇（第一〇五代）は、「上下和睦し、民戸豊饒」なる社会秩序の回復、そのもとでの大嘗祭はじめ朝儀の復興を誓う烈々たる遺訓を遺した（「神宮宣命案」天文十四年八月）。

続く正親町天皇（第一〇六代）は、群雄を駕御して朝権の回復に努めた。ついで桃山期に在位した後陽成天皇（第一〇七代）は、とりわけ日本古典の研究に精励、『伊勢物語』『源氏物語』等を自ら講義した。さらに慶長四年、当時最先端の木製活字による活版印刷技術を用いて勅版『日本書紀』神代巻を上梓し、これ以降の日本古典研究興起の緒口を開いたのである。

江戸幕府草創期に在位した後水尾天皇（第一〇八代）は、幕府との確執を経て、宮廷文化の体現者として自らを確立した。廷臣を率いて「和歌の力」「学問・文化の力」による国民統合回復を目指したのである。既に室町後期、有志公家や連歌師らは、あたかも宮廷文化の使徒のように各地を巡り、詠歌と古典の普及に努めていた。このような「宮廷文化の地方伝播」の流れを承け、江戸初期以来の文運興隆・大衆文化形成の時代潮流にも棹さしながら、わが国の古典が、朝野において、あらためて再発見されていったのである。

本居宣長による『古事記』のリバイバルは、最古の古典の解読によって、開闢以来のわが国の由緒を明らかにする営為でもあった。この前後、列島の津々浦々においても、古典学の学知をもって「地域の由緒」を明らかにする広汎な文化運動――新風土記編纂・地誌編纂事業が相次いで進められてゆくこととなる。

長い歴史を有する日本の国土の隅々には、古代以来の膨大な由緒来歴が包蔵されていた。その共通の標識が、宮廷文化由来の「名所」や「歌枕」等と共に、各地所在の「式内社」と「山陵」であった。古来の国制においては、式内社も山陵も、共に朝廷の幣物供進に与る由緒を誇っていた。こうした古典制度に由来する祭祀伝統が、在地において各々発掘され、地域復興の拠り所として希求されていったのである。

この動きに伴い、中古以来の神仏習合（混淆）の慣行からのテイクオフもまた胎動してゆくことも見逃せない。近世の神仏分離の嚆矢と言うべきは、寛文年間における出雲大社の神仏判然であった。これ以降、水戸、岡山等々、各地で神仏隔離の動きが見られるようになる。すなわち神仏分離とは、わが国の古典的国制や古典文化の再発見、中世から近世への「知の枠組」の再編に伴って、本地垂迹・神仏一体といういわば中世的な思考様式・宗教意識が漸次過去のものとなり、「古来の神々」と「外来の諸仏」が、それぞれの位置に振り分けられてゆく、ということでもあったのである。

この一連の流れの中で、歴代天皇の宿願とも言うべき「朝儀再興」「祭祀復興」の課題も、ゆっくりと、しかし着実に成果を挙げていった。天正年間、伊勢両宮・式年遷宮の復興は、近世の朝儀再興の魁であった。後光明天皇（第一一〇代）の御代には、東照宮例幣使発遣開始と抱き合わせで、神宮の神嘗祭例幣使発遣が再興される。ついで東山天皇（第一一三代）の御代始めに大嘗祭が再興されるが、此度はこれ一回限りで再び中絶を余儀なくされる。桜町天皇（第一一五代）の御代始めに至って、再び大嘗祭が行われ、翌々年再興された新嘗祭と共に、これ以降その斎行が定制となっていった。それは、歴代天皇の「年来の所願」たる「神膳供進の思召」を、幾星辰を隔てて実現するものだったのである。

このように、御代替わりの大嘗祭、恒例祭祀の新嘗祭・神嘗祭といった祭典は、近代を待たずして、近世において既にその再興が完了していた。それは、当時の朝幕関係の政治的・財政的制約下、何世代にも亙って粘り強く積み重ねられてきた「朝儀再興」の成果にほかならなかったのである。

○

孝明天皇（第一二一代）の御代に至るや、欧米勢力は競ってわが国に殺到した。この「未曾有の国難」に際して、孝明天皇は、将軍・大名へ率先勅旨を伝える等、実質的な国家君主としての行動を示すと共に、その「天子」としての天職たる国家の祭主としての職掌も漸次拡大していった。その最大のレガシーが、朝儀再興の最後の宿題とも言うべき山陵復興事業、すなわち皇室祖先祭祀形成の基盤整備事業だったのである。

孝明天皇の治世下、いわゆる「草莽の民」にまで及ぶ「攘夷」の熱狂が、かのフランス革命にも比肩し得るような四民総参加を以て燃え盛った。そうした中、わが国は、とりわけ攘夷戦の完敗によって、「徹底した改革」を行わなければ、到底国家の存続を維持し得ないことを、完膚なきまでに思い知らされることとなった。開闢以来とも言うべき世界史の変動に直面した日本人は、「旧弊一洗・諸事御一新」という「グレートリセット」によって、自らのサバイバルを図るという、命懸けの決断を行ったのである。そうした改革の起爆剤ともなったのが、「王政復古」「神武創業」の根本理念、すなわち「復古即維新」のダイナミズムだったのである。

「王政復古」を経て即位した明治天皇は、いわば初代神武天皇の再来として新国家を「創業」してゆくことになった。そこにおいては、建国の原点、開闢の原始に遡るわが国の底力が奮い起こされ、前代未聞の「死の跳躍」(『ベルツの日記』)を以て、国家存亡の危機が乗り越えられていったのである。

明治四年、宮中神殿創祀と大嘗祭斎行に前後して、岩倉使節団が米欧に派遣される。その約定書には、既に信教の自由の保障が明記されていた。この翌年、神祇省は教部省に改組されてゆくことになるが、その目途は、「皇上奉戴」のもとの国民教化政策実行と宗教界刷新にあった。そこにおいては、寛永以来のキリスト教禁圧の歴史を再編し、いかにわが国のあり得べき政教関係を構築してゆくのかという課題が、試行錯誤を経ながら模索されてゆくこととなったのである。

これより先、明治四年五月、「神社ノ儀ハ国家ノ宗祀」を謳う新神社制度が制定された。この制度は、『延喜式』の神社制度に準じ、全国の神社に社格（官国幣社・府県郷村社）を与えると共に、とりわけ官国幣社への幣帛供進（祈年祭・新嘗祭・例祭）を定めるものであった。その祭祀制度は、全国の式内社に幣帛を頒った『延喜式』の制度の、いわば明治改訂版とも言うべきものであろう。

併せてこの布告を以て、全国の社家の世襲廃止が宣言される。それは、士族の特権を取り上げた「士族処分」と軌を一にする「社族処分」ともいうべき施策であり、これに続く国民教化政策展開も目途として、全神職の総入れ替え、その「精選補任」を断行するものであった。そこでは、これに先立つ上地処分（現有境内地以外の社有地・社領等、経済基盤公収）と併せて、神社に関わる旧来の既得権の全面的な清算が図られていったのである。

これ以降推し進められていったのは、事実上の「神社リストラ政策」であった。まず府県社以下神社に対する処遇が漸次停止されてゆき、そうした政策は、やがてすべての官社に及んだ。明治二十年以降の「官国幣社保存金制度」は、官国幣社に期間限定の保存金を支給し、その積立金を原資とする各社の独立採算と「民営化」を促すものであった。すなわち政府は、幣帛供進を除き、官社の「国家からの切断」をも、公然と予定するに至ったのである。

ここに及んで「神社ノ存亡不可知ニ至ランコトヲ過慮スルノミ」（三条実美）という窮地に追い込まれた全国の神職・神社人は、開設間もない議会を動かし、政府の神社政策の見直しを求めていった。そうであれば、明治末期から大正期にかけての神社政策の転換は、地域と社会による「下から」の力が、政府を動かすことによって齎されていったという側面も、決して見落とすことはできないであろう。

〇

本書で扱ったのは、孝明天皇から明治天皇に至る「御代替わり」の時代である。顧みれば、令和の御代替わりの起点となったのは、上皇陛下の「象徴としてのお務めについてのおことば」であった（平成二十八年八月八日）。「おことば」では、「全身全霊」を要する象徴のお務めの恙なき継承を期して、譲位のご意向が示された。すなわち、「おことば」こそが、令和の御代替わりへの扉を開いたのである。

「おことば」によれば、そもそも天皇の務めは、国民に寄り添い、国民のために「祈る」ことにあった。「天皇の祈り」とは、夙に識者が指摘するように、「祭祀における祈り」と不可分であろう。ここにおいて、天皇の象徴的行為のいわば核心として、祭祀の存在が示唆されたのである。

そもそも戦後において、宮中祭祀は常に新憲法の「政教分離」原則との関わりで捉えられ、公務の埒外にいわば封印されてきた。しかしここに至って、天皇自らが、象徴的行為のいわば精神的基底として「祭りと祈り」が存在していることを開示されたのである。

翻って考える時、わが国の古典的国制を承け、近世以降連綿として形作られてきた祭祀制度は、敗戦というカタストロフによって再編を余儀なくされた。天皇は、統治権の総覧者から、政治的権能を有さない「象徴」へと転換した。新たな皇室典範においては、神器継承条項・大嘗祭条項が削除され、皇室祭祀令はじめ諸々の皇室諸令もすべて失効した。宮中祭祀は、法的根拠を失った上で、皇室の「私事」として存続を許された。それは、あたかも旧体制の残滓のように貶められ、その廃止すら公然と取沙汰されたのである。

そもそも新憲法のもとで、神器継承・大嘗祭等の皇位継承儀礼は行われ得るのか……。戦後初の御代替わりである平成の皇位継承に前後して、国論を二分する議論が沸騰するに至った。こうした中で、昭和天皇崩御を承け、新憲法下で初めての皇位継承儀礼が行われることとなった。その行事は、憲法の原則から決して逸脱しないことを旨として、国事行為と皇室行事に二分されたのである。

かくて即位以来、上皇陛下は、全身全霊を以って「国民統合の象徴」としての役割を追い求めてこられた。かの「おことば」は、憲法上には規定のない象徴の務めの何たるかを、憲法制定以前の皇室伝統に遡って、あたらための再定義・再解釈するものであったとも言えよう。

令和の時代に入るや、わが国は、コロナ禍の試練に苛まれることとなった。その疫禍の只中、令和三年正月元旦、今上天皇は、元旦四方拝の神事と時刻を合わせ（午前五時半）、国民に向けたビデオメッセージを公表された。そのメッセージは、国民にこう呼びかけるものであった。

……この一年、私たちは、新型コロナウイルスという、今の時代を生きる私たちのほとんどが経験したことのない規模での未知のウイルスの感染拡大による様々な困難と試練に直面してきました。

……新型コロナウイルス感染症が収まり、再び皆さんと直接お会いできる日を心待ちにしています。

そして、今年が、皆さんにとって、希望を持って歩んでいくことのできる年になることを心から願います。ここに、我が国と世界の人々の安寧と幸せ、そして平和を祈ります。

顧みれば、平成、令和と、わが国は打ち続く災厄に直面し続けてきた。そうした「時代の試練」の渦中にあって、天皇の務めは、やはり「国民の安寧と幸せを祈ること」「事にあたっては、時として人々の傍らに立ち、その声に耳を傾け、思いに寄り添うこと」であった（上皇陛下「おことば」）。そして、その精神の基底に存在するのが、先帝から、さらには歴代天皇から受け継いだ「祈りの心」にほかならなかった。ここに「民に寄り添い、民のために祈る旅」「天皇の長い歴史を繋ぐ旅」が、なお受け継がれていることを、如実に窺うことができるであろう。

〇

本書は、平成八年、神道学プロパーのまことに地味な専門書として刊行された。版元の廃業後は、久しく世に埋もれていたのである。そんな旧著文庫化のお誘いを、仏教系学術出版の老舗・法藏館からいただいたことは、私にとって驚き以外の何ものでもなかった。

何分本書は、およそ四半世紀も以前の著作である。「論文（寿命）五年」と言われることの世界で、賞味期限を遥かに過ぎた本書の復刊に、今更どんな意味があるのか、我ながら疑念を抱かざるを得なかった。

そうした躊躇いを覚えながらも、あらためて本書を再読してみると、各論文執筆当時のことが、懐かしく思い出された。あの頃の私は、勤め人生活の傍ら、史料探索がささやかな生き甲斐であった。まずは史料たちとの出会いがあった。そうした史料たちの点と点を繋ぎ、ひと筋の流れを見い出してゆくこと。あの当時、それが私の密かな愉悦であり、また何よりの慰謝でもあった。

もちろん本書の叙述には、「おいおい」と窘めたくなるような若年客気の断案が散見する。けれども、そうした欠点や偏りも含め、出来る限り刊行当時の姿を以て再刊することとした。どうか諒とされたい。本書を手にとった若い読者が、ともすれば閑却されがちな神道の歴史探訪・史料探索に、少しでも興味を抱くようなことがあれば、それは筆者にとって望外の喜びである。

本書文庫化に際しては、法藏館編集部各位、とりわけ担当の大山靖子さんに行き届いたご配慮を賜った。衷心より感謝申し上げる次第である。

令和五年九月

武田秀章

人名索引

凡　例

本文注記載の主要人名のみを掲載。引用資料・註記での人名は省略した。

武田秀章（たけだ　ひであき）

1957年生まれ。博士（神道学）。

神社新報社、神社本庁を経て、現在、國學院大學教授。

著書に『プレステップ神道学〈第２版〉』（共著、弘文堂、2023年）、『近代の神道と社会』（共著、弘文堂、2020年）、『モノと心に学ぶ伝統の知恵と実践』（共著、國學院大學研究開発推進機構伝統文化リサーチセンター、2012年）、『霊魂・慰霊・顕彰：死者への記憶装置』（共著、錦正社、2010年）、『わかりやすい神道の歴史』（共著、神社新報社、2005年）、『神道人の書』（共著、神社新報社、1998年）、『日本型政教関係の誕生』（共著、第一書房、1987年）ほか。

維《い》新《しん》期《き》天皇《てんのう》祭祀《さいし》の研究《けんきゅう》

二〇二四年　一月一五日　初版第一刷発行

著　者　武田秀章
発行者　西村明高
発行所　株式会社　法藏館
京都市下京区正面通烏丸東入
郵便番号　六〇〇-八一五三
電話　〇七五-三四三-〇〇三〇（編集）
　〇七五-三四三-五六五六（営業）

装幀者　熊谷博人
印刷・製本　中村印刷株式会社

ISBN 978-4-8318-2660-2　C1121

法蔵館文庫既刊より

価格税別

さ-1-1
増補 いざなぎ流 祭文と儀礼　斎藤英喜著
高知県旧物部村に伝わる民間信仰・いざなぎ流。中尾計佐清太夫に密着し、十五年にわたるフィールドワークによってその祭文・神楽・儀礼を解明。
1500円

キ-1-1
老年の豊かさについて　キケロ著　八木誠一・八木綾子訳
老人にはすることがない、体力がない、楽しみがない、死が近い。キケロはこれらの悲観的通念を吹き飛ばす。人々に力を与え、二千年読み継がれてきた名著。
800円

た-1-1
仏性とは何か　高崎直道著
「一切衆生悉有仏性」。はたして、すべての人にほとけになれる本性が具わっているのか。日本仏教に根本的な影響を及ぼした仏性思想を明快に解き明かす。解説＝下田正弘
1200円

さ-2-1
アマテラスの変貌　中世神仏交渉史の視座　佐藤弘夫著
童子・男神・女神へと変貌するアマテラスを手掛かりに中世の民衆が直面していたイデオロギー的呪縛の構造を抉りだし、新たな宗教コスモロジー論の構築を促す。
1200円

て-1-1
正法眼蔵を読む　寺田透著
多数の道元論を世に問い、その思想の核心に迫った著者による「語る言葉（パロール）」と「書く言葉（エクリチュール）」の「講読体書き下ろし」の読解書。解説＝林　好雄
1800円

い-1-1

地獄

石田瑞麿著

古代インドで発祥し、中国を経て、日本へとやってきた「地獄」。その歴史と、対概念として浮上する「極楽」について詳細に論じた恰好の概説書。解説＝末木文美士

1200円

く-1-1

王法と仏法

中世史の構図

黒田俊雄著

強靱な論理力で中世史の構図を一変させ、「武士中心史観」にもとづく中世理解に鋭く修正を迫った黒田史学。その精髄を示す論考を収めた不朽の名著。解説＝平　雅行

1200円

な-1-1

折口信夫の戦後天皇論

中村生雄著

戦後「神」から「人間」となった天皇に、折口信夫はいかなる可能性を見出そうとしていたのか。折口学の深淵へ分け入り、折口理解の新地平を切り拓いた労作。解説＝三浦佑之

1300円

あ-1-1

禅仏教とは何か

秋月龍珉著

仏教の根本義から、臨済宗・曹洞宗の日本禅二大派の思想と実践までを体系的に叙述。難解な内容を、簡潔にわかりやすくあらわした入門書の傑作。解説＝竹村牧男

1100円

ほ-1-1

増補 宗教者ウィトゲンシュタイン

星川啓慈著

ひとつの孤独な魂が、強靱な理性と「神との和解」のはざまで悩みぬく。新発掘の二つの『日記』等をめぐる考察を縦横にもりこんだ、宗教学からの独創的アプローチ！

1000円

ア-1-1・2

評伝 J・G・フレイザー

その生涯と業績　上・下（全二冊）

R・アッカーマン著
小松和彦監修
玉井　暲監訳

大著『金枝篇』で世界に衝撃を与えた人類学者の画期的評伝。研究一筋の風変わりな日常から、出版をめぐる人間模様、悪妻とも評された妻との結婚生活まで。未公開書簡や日記も満載。

各1700円

い-2-1
アニミズム時代
岩田慶治著
森羅万象のなかにカミを経験する。その経験の場とは。アニミズムそしてシンクロニシティ空間論によって自然との共生の方法を説く、岩田アニミズム論の名著。解説＝松本博之
1200円

か-1-1
信長が見た戦国京都
城塞に囲まれた異貌の都
河内将芳著
同時代史料から、「町」が社会集団として成熟していくさまや、戦国京都が辿った激動の軌跡を尋ね、都市民らの視線を通して信長と京都の関係を捉え直した斬新な戦国都市論！
900円

や-1-1
宗教とは何か
現代思想から宗教へ
八木誠一著
理性と言語による現実把握の限界をどう超えるか。ニーチェの生の哲学から実存主義、さらには京都学派の哲学までを総覧し、現代人のための宗教に至る道筋を鮮やかに指し示す。
1300円

つ-1-1・2
平安人物志
上・下（全二冊）
角田文衞著
考古学と文献史学を駆使した角田の博識と推理が冴え渡る、41篇の人物伝。緻密な分析で、平安朝を生きた人々の数奇な生涯を鮮やかに描き出した、歴史的名著。解説＝山田邦和
各1700円

か-2-1
インド人の論理学
問答法から帰納法へ
桂紹隆著
インド人の思考法は、観察から法則を導き出す帰納法的思考であった。事実に基づく論証法がインドでどのように展開したのか。その淵源を仏教の縁起の教えに見出した名著。
1300円

た-2-1
悟りと解脱
宗教と科学の真理について
玉城康四郎著
徹底した禅定実践と学問研鑽によって仏道を求め、かくして到達したブッダの解脱に基づき、一切の枠組みを超えた真理を究明する。稀有の求道者の最後の書。解説＝丘山　新
1000円

さ-3-1

ブッダとサンガ
〈初期仏教〉の原像

三枝充悳著

一人のブッダから多くの仏が生まれたのはなぜか。サンガはどのように成立したのか。仏教の根本問題を論旨明快な叙述で解きほぐす、恰好のインド仏教史入門。解説＝丸井　浩

1100円

し-1-1

ポストモダンの新宗教
現代日本の精神状況の底流

島薗　進著

一九七〇年代以降に誕生・発展した「新新宗教」の特徴を読み解き、「新新宗教」を日本・世界の宗教状況とリンクさせることで、現代宗教論に一つの展望を与えた画期的試み。

1200円

や-2-1

〈方法〉としての思想史

安丸良夫著

安丸史学が対峙し、目指したものとは――。自身の研究や経験を回顧した論考・時評等を中心に収め、その思想的格闘の軌跡を示した歴史学徒必読の名著。解説＝谷川　穣

1300円

ア-2-1

英国の仏教発見

フィリップ・C・アーモンド著　奥山倫明訳

19世紀の英国人らによる仏教表象を分析し、西洋近代において、仏教が称賛や蔑視を交えながら「創造」されていく過程を、オリエンタリズムと宗教をめぐる観点から解明。

1300円

か-1-2

改訂　祇園祭と戦国京都

河内将芳著

創作物を通じて戦国期の祇園祭に託された「権力に抵抗する民衆の祭」というイメージは実態に合うものなのか。イメージと史実を比較し、中世都市祭礼・祇園祭の実像に迫る。

1000円

ブ-1-1

儀礼と権力　天皇の明治維新

ジョン・ブリーン著

日本の「近代」創出に天皇がはたした身体的役割とは何か。天皇はいかにして「神話の体現者」となったのか。従来とは異なる儀礼論的アプローチから迫ったユニークな試み。

1300円

も-1-1

梁の武帝

仏教王朝の悲劇

森三樹三郎著

皇帝菩薩と呼ばれた武帝の餓死、王朝の滅亡は、仏教溺信が招いた悲劇だったのか。類い稀な皇帝のドラマチックな生涯とその時代の精神を描出した不朽の傑作。解説＝船山　徹

1000円

む-1-1

天平芸術の工房

武者小路穣著

正倉院や東大寺をはじめとする花やかな天平芸術の創造にたずさわった工人たちの盛衰を明らかにしていくなかで、古代国家の文化の形成基盤の全体像を考察。解説＝山岸公基

1200円

た-3-1

改訂

歴史のなかに見る親鸞

平雅行著

数少ない確実な史料を緻密に検証することで、歴史研究者として親鸞の事蹟の真偽を究明する一方、民衆の苦難と自らの思想信条とのはざまで悩み苦しむ親鸞の姿をも描きだす。

1100円

す-1-1

東洋の合理思想

末木剛博著

インド仏教、中国仏教、中国古典に形式論理を見いだし、西洋思想とは異なる、非自我的な「楕円思考」を東洋の合理思想の根幹として解明する。野矢茂樹氏の解説も再録。

1200円

か-3-1

増補

菩薩ということ

梶山雄一著

迷いと悟りの世界を生きる菩薩の存在は、大乗仏教の真髄である。大乗仏教がめざした人間像を探究しつづけた著者が最終的に到達した菩薩像と、その生き方とは。解説＝桂紹隆

1000円

キ-2-1

ウィトゲンシュタイン・文法・神

アラン・キートリー著

星川啓慈訳

ウィトゲンシュタインの「文法」概念を宗教研究に応用し、自然主義・相対主義・還元主義をのりこえる視点を提供。そして「本物の宗教」に迫らんとする、宗教哲学の好著。

1200円

か-4-1

死と運命
中国古代の思索

金谷治 著

「このっぴきならない生命とはいったい何なのか」。孔孟、老荘、荀子等の言葉をてがかりに、中国古代における死、運命、欲望に関する思索を討尋する。解説＝中嶋隆藏

1100円

よ-1-1

劉裕
江南の英雄 宋の武帝

吉川忠夫 著

劉裕は微賤な武人に生まれながらも、卓越した行動力と徹底した現実主義によって皇帝となった。だが、即位後その生彩に翳りが――。南朝の権力機構の本質を明らかにする好著。

1000円

か-5-1

一遍語録を読む

金井清光
梅谷繁樹 著

一切を捨てた「捨聖」一遍。その思想的背景と生涯を法語から読み解き、巻末では一遍の和讃「別願和讃」を『節用集』『日葡辞書』などを駆使して詳論する。解説＝長澤昌幸

1200円

な-1-2

祭祀と供犠
日本人の自然観・動物観

中村生雄 著

動物を「神への捧げもの」とする西洋の供犠との対比から、日本の供養の文化を論じ、殺生・肉食の禁止と宗教との関わりに新たな光を当てた名著が文庫化。解説＝赤坂憲雄

1500円

さ-4-1

ラジオの戦争責任

坂本慎一 著

戦前最強の「扇動者」、ラジオ。その歴史を五人の人物伝から繙き、国民が戦争を支持し、また玉音放送によって瞬く間に終戦を受け入れるに至った日本特有の事情を炙り出す。

900円

は-1-1

明治維新と宗教

羽賀祥二 著

近代「神道」の形成と特質を仏教までもを含んだ俯瞰的な視野から考察し、「国家神道」に止まらない近代「神道」の姿をダイナミックに描いた、日本近代史の必読文献。

1800円

か-6-1

禅と自然　唐木順三著

近代という無常が露わになった時代をどう乗り越えるか。その克服の可能性を、逆に無常を徹底させる中世の禅思想のなかに見出した卓異の論考を精選。解説＝寺田透・飯島孝良

1100円

ひ-1-1

無神論　久松真一著

「絶対的自律」へ至る道を考究し続けた稀代の哲人・久松真一。その哲学の核心を示す珠玉の論考と自叙伝的エッセイ「学究生活の想い出」を収録。解説＝星野元豊・水野友晴

1000円

た-4-1

聖武天皇　「天平の皇帝」とその時代　瀧浪貞子著

高い政治力を発揮し、数々の事業を推進した聖武天皇。「天平の皇帝」たらんとしたその生涯と治世を鮮やかに描写。ひ弱、優柔不断といった旧来の聖武天皇像に見直しを迫る。

1300円

し-1-2

精神世界のゆくえ　宗教からスピリチュアリティへ　島薗進著

なぜ現代人は「スピリチュアリティ」を求めるのか。宗教や科学に代わる新しい思想を網羅的に分析し、「スピリチュアリティ」の興隆を現代精神史上に位置づけた宗教学の好著。

1500円

よ-2-1

日本人の身体観の歴史　養老孟司著

日本の中世、近世、そして現代哲学の心身論から西欧の身体観まで論じる。固定観念を揺さぶり、常識をくつがえし、人と世界の見方を一変させる、養老「ヒト学」の集大成。

1300円

ぎ-1-1

現代語訳　南海寄帰内法伝　七世紀インド仏教僧伽の日常生活　義浄撰　宮林昭彦・加藤栄司訳

唐の僧・義浄がインドでの10年間にわたる留学生活で見た7世紀の僧侶の衣・食・住の実際とは。戒律の実際を知る第一級資料の現代語訳。原書は、鈴木学術財団特別賞受賞。

2500円

や-3-1

藤原道長

山中裕著

道長の生涯を史料から叙述すると共に、人間関係を詳しく説き起こして人物像を浮かびあがらせる。既存の図式的な権力者のイメージをしりぞけ史実の姿に迫る。解説＝大津透

1200円

た-5-1

安倍晴明の一千年

「晴明現象」を読む

田中貴子著

スーパー陰陽師・安倍晴明はいかにして誕生したのか。平安時代に生きた晴明が、時代と世相にあわせて変貌し続ける「晴明現象」を追い、晴明に託された人々の思いを探る好著。

1200円

ふ-1-1

江戸時代の官僚制

藤井讓治著

一次史料にもとづく堅実な分析と考察から、幕藩官僚＝「職」の創出過程とその実態・特質を解明。幕藩官僚制の内実を、明瞭かつコンパクトに論じた日本近世史の快著。

1100円

た-6-1

宗教民俗学

高取正男著

民俗学の見地から日本宗教史へとアプローチし、日本的信仰の淵源をたずねる。高取正男の真骨頂ともいうべき民間信仰史に関する論考12篇を精選。解説＝柴田實／村上紀夫

1400円

み-2-1

天狗と修験者

山岳信仰とその周辺

宮本袈裟雄著

修験道の通史にはじまり、天狗や怪異伝承、修験者の特性と実態、恐山信仰などを考察。入手困難な記録や多様な事例から修験者の固有信仰を幅広く論じる。解説＝鈴木正崇

1200円

た-7-1

法然とその時代

田村圓澄著

法然はいかにして専修念仏へ帰入するに至ったのか。否定を媒介とする法然の廻心を基軸に、歴史研究の成果を「人間」理解一般にまで昇華させた意欲的労作。解説＝坪井剛

1200円